本丛书由上海社会科学院创新工程项目资金支持

中国周边外交丛书
China's Neighborhood Diplomacy Series

第三方与大国
东亚冲突管控

李开盛○著

THIRD PARTIES AND CONFLICT

MANAGEMENT AMONG

GREAT POWERS IN EAST ASIA

中国社会科学出版社

图书在版编目（CIP）数据

第三方与大国东亚冲突管控／李开盛著. —北京：中国社会科学出版社，
2018.7

ISBN 978 - 7 - 5203 - 2171 - 6

Ⅰ.①第⋯　Ⅱ.①李⋯　Ⅲ.①国际关系—研究—东亚　Ⅳ.①D831

中国版本图书馆 CIP 数据核字（2018）第 042810 号

出 版 人	赵剑英
责任编辑	赵　丽
责任校对	杨　林
责任印制	王　超

出　　版	中国社会科学出版社
社　　址	北京鼓楼西大街甲 158 号
邮　　编	100720
网　　址	http://www.csspw.cn
发 行 部	010 - 84083685
门 市 部	010 - 84029450
经　　销	新华书店及其他书店

印　　刷	北京明恒达印务有限公司
装　　订	廊坊市广阳区广增装订厂
版　　次	2018 年 7 月第 1 版
印　　次	2018 年 7 月第 1 次印刷

开　　本	710×1000　1/16
印　　张	15.25
插　　页	2
字　　数	236 千字
定　　价	66.00 元

周边外交的"痛"与"通"

李开盛

《黄帝内经·素问·举痛论》有言:"客于脉中则气不通,故卒然而痛。"这就是我们所常说的"痛则不通,通则不痛"的由来。众所周知,周边外交对中国极其重要,但有几个"痛点"始终横亘其中,如与日本和一些东盟国家的岛礁主权争端,与印度的陆地边界争端,朝核问题的困扰,还有美国军舰在东亚的"搅局"等。上述中医理论告诉我们,要解决这些"痛点",关键还是在于"通",即不只是针对具体的问题制定具体的办法,更要针对问题背后的深层次症结,打通与周边关系的"脉络",从而做到"通则不痛"。

众所周知,中国与周边关系"脉络"的复杂性前所未有。体现为:第一,主体多,差异大。与中国直接接壤的陆地邻国就有 14 个,隔海相望的还有日本、韩国以及菲律宾、马来西亚、印度尼西亚、文莱等东南亚马来群岛上的国家,虽不接壤与中国距离接近的国家如孟加拉、乌兹别克斯坦、土库曼斯坦等也属于周边范畴。这些国家民族、宗教均不相同,政治制度与经济发展水平各异,要一起相处本非易事。另外,已视中国为头号竞争对象的美国虽非亚洲国家,但在中国周边的政治、经济和军事存在根深蒂固,甚至可以说是中国周边关系中的最大变量。第二,问题多,办法少。涉华的政治安全方面的问题大致有四类,其一是领土争端,其二是与地区大国(如日、印)间的复杂地缘政治关系,其三是全球性权力变迁背景下中美在东亚的竞争,其四是一些虽与中国无直接关系但对中国利益有重要影响的地区热点(如朝核问题、阿富汗战争与克什米尔冲突等）。所谓办法少，主要因为中国周边可能是世界上诸地区中最为碎片化、欠制度化的一个区域。虽不乏各种地区组织与论坛，但在政治安全领域对中国有效力、起作用的少，出了问题往往还是得依靠中国与相关国家的双边关系。而双边关系往往机制化程度低，受对方国家内政因素影响很大。一旦某国政府变更，中国外交努力就可能付诸东流。

面对上述种种问题，各种具体的对策必不可少。但要从根本上解决中国与周边关系中的"痛点"，关键还是要做到以下三"通"，才能走出"头痛医头、脚痛医脚"，"按下葫芦浮起瓢"的窘境。这三"通"是：

第一是利益要通。

政治安全方面的利益，往往带有零和的性质。如中国与相关国家的领土争端，你之所得就是我之所失。由于领土在近代民族建构过程中的特殊性，还常常成为东亚诸国民族主义寄托的对象，导致领土争端更加对立、难解。还有中美、中日之间的权力竞争，也往往被理解为"东升西降"的跷跷板游戏。但历史给中国提出来的挑战就是：零和性的问题，不能、不应也无法再通过零和式的手段解决。在与小国的主权争端中，把一个岛礁夺回来容易，但由此在地缘政治博弈与中国整体外交方面造成的短期损失与长期后果都会特别巨大。而当代大国之间的权力竞争，更难想象通过战争的手段去决定胜负。因此，面向未来的根本之道，也是一个必须解决的挑战就是要把"不通"的利益拉"通"。在这方面，中国事实上一直在进行各种思想上和实践上的尝试。邓小平提出"搁置争议、共同开发"，其潜在理念就是要把不通的政治安全利益变为相通的经济利益。如果未来能够实现争议领土的主权共享或是通过谈判达成公平的解决，则是直接把不通的政治安全利益变为相通的政治安全利益。对于中美争端，习近平主席也提出"宽广的太平洋有足够的空间容纳中美两个大国"。党的十九大报告把"建构人类命运共同体"作为外交部分的总标题，而命运共同体的基础就是要建立利益共同体。因此，利益相通的大方向对中国来说已不是问题。目前的问题是美国、一些相关国家反倒越来越不相信这一点，仍然在以传统的零和政治思维看待中国崛起。当然，中国在主权与权力共享方面如何实现利益相通，也需要有更加具体的方案，否则也难服人。

第二是规则要通。

这里所指的规则，是指包括有关社会运行的规范与程序，背后往往有着某种价值、理念的支持。国家之间打交道，利益是根本，但不是全部。国家本身作为一定规则的产物，规则自然也是其政策目标考虑的一部分，甚至有时是很重要的内容。例如，美国把维护它的政治价值与生活方式看得比一般安全利益还重要，而中国也视坚持社会主义制度为核心利益。所以，国家间的合作与斗争，也常常与规则有关。相关的规则包括国内规则、国际规则两部分，分别涉及不同国家对于国家发展以及国际社会运行的看法。当前，中国与一些国家间的矛盾就与政治制度的不同有关，至少是政治制度方面的不同加剧了彼此间的矛盾，而且这种矛盾近些年间还呈日益激化之势。对此，中国模式与以西方为代表的政治道路之间必须要找到结合点，这方面并非不可努力。例如，双方都坚持民主、平等、法治的价值，只是在实现方式上有不同的看法。如果双方能够从彼此间的共同点而不是差异点看问题，可能冲突就会少很多。实在是认识不可调和的时候，如果双方都能坚守互不输出、互不干涉的底线，也能做到和平共处。在国际规则方面更加复杂，因为它不像国内规则那样可以在国界后面相互分开，它是必须一体化的，中国与其他国家共处一个国际社会，必须同享一个国际规则。更有挑战性的是，现在很难在国际规则方面明确界定谁是现状国家，谁是挑战者。例如，中国经常被西方认为是挑战现有秩序的修正主义国家，但当前的事实是美国特朗普政府而不是中国在破坏以自由贸易为基础的战后国际经济秩序。面对国际规则争议，一方面是要尽可能扩大有关规则内容的共识，另一方面是相关各方要达成有关规则变化的规则。考虑国际社会从根本上说仍处于无政府状态，建立有关规则变化的规则至关重要。正是由于没有这样的共识，历史上新老大国的权力更替才会通过战争来进行，现实中各国才会各执一词、相互指责对方破坏国际规则。要在国际社会中建立关于规则变化的规则，关键是国际社会的法治化程度要有更大的提高，各国也要更多的国际法治意识，而不是动辄诉诸实力、权力甚至是武力。作为事实上的国际社会的"班长"，美国在这方面承担着不可推卸的责任，而作为潜在的"班长"候选人，中国也有义务更要有紧迫感，推动建立有关规则变化的规则，这不但于整个国际社会有利，对希望实现和平崛起的中国也是有利的。

第三是交流要通。

如果国家间利益不同、所奉行的国内国际规则有别，那么就必须要有通畅的交流管道，才能促使各种差异不至于上升成矛盾，或是矛盾不至于激化成冲突与战争。要实现这种交流，从根本上讲，就是中国要坚持改革开放的历史进程，在政治、经济、社会、文化与国际社会特别是周边国家保持全方位的交流与沟通，通过交流促进理解，促进利益与规则的趋同。改革开放之前，中国长期与外部隔绝，不但先后与美苏交恶，与许多周边国家也相互对立，国际环境空前险恶，结果国内也发展不起来。改革开放以后，尽管中国实力迅速增强、与美国等一些国家的权力结构斗争日益明显、与周边相关国家的主权争端更加突出，但基本上保持了和平稳定的国际环境与基本正常的大国关系、周边关系，这与坚持对外开放、国际交流，促进了利益相互依赖以及政府、民众等层次相互间理解有着重要的关联。从技术层次看，所谓的交流要通，就是在具体的外交工作中，中国要保持并不断拓展与相关国家的积极沟通。在武力代价巨大、国际法律手段又不充分的情况下，矛盾只能通过不断接触、谈判的方式去化解。那种双边关系一出现问题就切断政治往来、限制经贸关系的手段在特定情况下有其价值与必要性，但总的来说不宜多用，更不能滥用。如果以更高的标准衡量，所谓交流要通还要求：其一，要有更高水平的交流能力。我们现在提倡讲中国故事，提中国方案，但不能讲的故事别人听不懂、不爱听，或是提的方案不合当地的需求，受到政治、舆论方面的反弹。其二，中国与相关国家建立更多、更有效的双边和多边沟通机制。如果能够把交流通过机制化的方式规定下来，而不只是依赖于领导人之间的联系，国家间交往就可能更少受具体的情势与问题影响，从根本上保持一种畅通的状态。可以说，在上述方面，中国还任重道远。

以上三"通"，实际上可以应用于整个中国外交，但笔者以为周边才是重中之重。这不但是因为周边十分重要，还因为周边是中国推行上述三"通"的最佳试验田。中国与周边地理相近、文化相似，更有利于做到利益、规则与交流相通。随着三"通"的逐步推进，前面所提到的那些“痛点”才有可能有一个更好的解决背景，找到新的路径，甚至是在新的时代背景下化于无形。党的十九大正式将“建构人类命运共同体”写入报告，这不是宣传口号，而是中国外交要超脱传统的国际政治旧秩序旧思维、走出“修昔底德陷阱”实现和平崛起的必然选择，而打通与周边关系的“脉络”，解决“沉疴”，则是走向这一宏大目标的第一步。

目　录

导　论

在 2017 年 7 月中国大连举行的夏季达沃斯峰会上，"修昔底德陷阱"理论的提出者格雷厄姆·阿利森在接受采访时表示，新兴大国与老牌强国间的战争未必由这两国引起，很可能是第三方所致。① 当他说这番话时，他想到的是朝鲜，当时中美两国正在因为朝核问题而大伤脑筋。但是，这个话题确实触及了一个中美关系的现实：如何看待第三方在触发和管控中美冲突中的作用？尽管关于中美冲突的讨论不断，但很少有人认为两个大国间的直接战争迫在眉睫。即使是在中国的安全利益与力量聚集的周边地区，一些学者也坚持，"中美发生军事冲突的可能性不高"。② 这在很大程度上是因为，中美经济高度相互依存而且都有核武器，避免冲突与战争符合双方共同利益。应该承认，从双边关系的视角看确实如此，但如果有第三方变量的加入呢？在那种情况下中美还能比较理性和容易地管控冲突吗？在大国政治的丛林中，不应期待那些两国相争中的第三方（常常是小国）扮演决定性的角色。但是，这些小国的存在无疑改变了大国丛林的生态甚至是竞争法则，在存在众多第三方的中美东亚竞争丛林中尤其是如此。阿利森教授提到的朝核问题就是一例，其实南海问题也多次使得中美发生摩擦。这种第三方到底在多大程度上、通过什么样的机理影响了中美冲突及其管控？正是本书所要探讨的内容。笔者不拟夸大这种作用，但可以肯定地指

① 王昉：《阿利森：朝鲜可能把中美拖入战争泥潭》，2017 年 7 月 7 日，FT 中文网（ht-tp：//www.ftchinese.com/story/001073317? full = y）。

② James Dobbins, David C. Gompert, David A. Shlapak and Andrew Scobell, *Conflict with China：Prospects，Consequences，and Strategies for Deterrence*, RAND Corporation, 2011, p. 1.

出的是，如果不理解这些第三方，就无法完整地理解中美在东亚的竞争。

一　中美冲突及其管控：历史回顾

中美目前处于和平状态，但冲突却不断出现在双边关系的历史中。冷战前期，中美被固化于两极对抗的格局中，此一时期冲突更多的是美苏博弈的反映。例如中国对 1950 年的朝鲜战争的卷入在某种程度上是被迫的[①]，但结果是中美兵戎相见，中方阵亡人数达到 18 万之多，而美军也死亡 3 万多人。在 1958 年的金门炮战中，美国军舰为国民党舰只护航，又差点与中国发生冲突。此后中苏关系开始交恶，但中美之间仍然延续了敌对的惯性。在长达近十年的美越战争中，中国不但给越南提供了大量的武器、物资、金钱支持，还先后向越南派出防空、工程、铁道、后勤保障等用于二线作战的志愿部队 32 万余人[②]，实际参与了对美作战。中美关系正常化以后，双方在对抗苏联方面有着共同的利益，冲突自然不再是双边关系主题。在冷战即将结束之际，中国发生了"八九政治风波"，美国带头对中国进行制裁。1993 年 7 月，又发生了美国强制登临检查中国货船"银河"号事件。这些事件并不足以将中美两国带入冲突，但显示出冷战余波的影响，特别是美国对社会主义政权残存的敌意。

从 20 世纪 90 年代后半期起，中美关系出现了重大的背景转换。一方面，随着中国共产党重新巩固政权，中国经济也开始持续发力。1996 年，中国的国内生产总值（GDP）只有美国的 1/10，而 2016 年已占到美国六成。这一中国实力增长趋势使得世界普遍认为中国是美国霸权的最有力挑战者，双方间结构性的权力矛盾日益浮现。另一方面，中国的经济发展主要是通过融入以美国为主的西方经济体系下实现的，而美国也离不开中国。根据 2016 年的情况看，中美贸易额共计 5196.1 亿美元，美国是中国第二大贸易伙伴和第一大出口市场，而中国是美国第一大贸易伙伴

[①]　关于朝鲜战争的发动过程，可参见沈志华《毛泽东、斯大林与朝鲜战争》，广东人民出版社 2013 年版。

[②]　谢益显主编：《中国当代外交史》，中国青年出版社 1997 年版，第 237 页。

和第三大出口市场。① 虽然美国对双方间的巨额贸易逆差不满，但它又需要通过与中国的合作解决全球政治、经济等各方面的难题。在此种复杂性的背景下，中美间很难发生那种类似于朝鲜战争甚至是越南战争期间那样的直接或间接武装对抗，两个国家在主观上也不希望走向真正的战争。但是，一方面双方的结构性矛盾由于实力的日益接近而僵硬难解，彼此间敌意甚至战略互疑还在加深②；另一方面中美间还存在各种具体的矛盾，而且军事力量"接近"的机会日益增加：美国一直在中国周边有着长期的军事部署和活跃的军事存在，而中国则不断充实、发展自己的军事力量。在这种背景下，发生摩擦的概率就大大增加。

概括来看，冷战后中美发生军事摩擦主要有以下三种类型：

一是因双方间重大矛盾导致的军事摩擦，如 1996 年台海危机导致的中美力量在海上的短暂对峙。1996 年 3 月，中国政府为震慑以时任台湾地区领导人李登辉为代表的台独势力，在台湾海峡地区举行了一系列的军事演习，当时的克林顿政府出于美国自身的战略利益考虑，向台海附近水域派出了两个航母战斗群。"美国两艘航母战斗群同时部署在西太平洋，这是 1958 年第二次台海危机以来美军在该地区最大规模的集结，同时也是越南战争结束以来，中美两军第一次隐然呈对抗之势。值得庆幸的是，双方都对对方的意图有较准确的把握，都无意使危机升级，局面自始至终处于可控状态，这样台海局势才得以较快恢复平静。"③

二是意外事件导致的军事摩擦，如 1999 年的炸馆危机。1999 年 5 月 8 日，正在北约对南联盟进行狂轰滥炸之际，中国驻前南斯拉夫大使馆突遭美军轰炸，中方 3 人死亡，20 余人受伤。消息一出，世界震惊。"中国各地的学生和群众情绪激愤，很快聚集在驻北京、上海、广州、成都、沈阳、香港等城市的美、英、德、法、意、荷等国外交机构附近举行抗

---

① 商务部新闻办公室：《中美经贸关系沿着互利共赢的方向继续前行》，2017 年 1 月 23 日，中华人民共和国商务部网站（http://www.mofcom.gov.cn/article/ae/ai/201701/2017010250 6285.shtml）。

② 参见王辑思、［美］李侃如《中美战略互疑：解析与应对》，北京大学国际战略研究中心，2012 年 3 月。

③ 吴心伯：《反应与调整：1996 年台海危机与美国对台政策》，《复旦学报》（社会科学版）2004 年第 2 期。

议示威活动，要求以美国为首的北约正式道歉，并降半旗向死难者致哀。在此过程中，美国驻华使馆办公楼、驻成都总领事官邸等遭到一定程度损坏。"① 中国政府对美国提出最强烈的抗议，提出了道歉、严惩肇事者等要求，同时推迟了中美两军高层交往、有关防扩散磋商以及人权对话等。美国表示这是属于地图不准确的误炸，但又迟迟不肯做出正式道歉。虽然最后双方就事件的性质争执不下，但就像美方一位前高官在事后分析这一事件时所说的那样："最重要的是双方越来越意识到美中关系绝不能再恶化下去。"② 最终，美方处理了有关责任人员，并对中方的人员和财产损失进行了赔偿，一场危机最终平息。

三是双方军事力量接近产生的军事摩擦，如 2001 年的撞机事件。2001 年 4 月 1 日，当一架美国 EP - 3 侦察机在中国海南岛附近海域上空侦察时，与一架正在对其进行监视和拦截的中国战斗机发生碰撞，中国战斗机坠毁，飞行员跳伞后下落不明，后被中国确认牺牲，而美国军机则未经允许迫降海南岛陵水机场。撞机事件在中美引起轩然大波，"形势一度有失控的危险。在中国，出现了要求审判美方机组人员、扣留美机、举行示威游行、质疑政府对美政策，甚至质问政府为何不击落美机的十分激愤的情绪；在美国，则出现了要求召回大使、中止两军交往、取消在华投资美商政府担保、不延长给予中国的正常贸易关系、反对中国主办 2008 年奥运会和加入 WTO、将事件与售台武器挂钩等呼声，美国国会还迅速通过了若干反华议案"。③ 在交涉中，中方要求美国道歉，而美国则要求中方尽快放人、还机。经过反复交涉，事件才最终以美国提交道歉信表示"深表歉意"（very sorry）、中方放人放机结束。

由于第一、二种类型比较少见，在多数情况下，最为困扰双方的是第三种类型，中美也为此做出了不少努力。这是因为，美国频繁地对中国进行军事侦察和挑衅活动，而中国在军事力量不断增强的情况下，自然不可能像以前那样容忍。具体来说，由于双方军事力量接近而发生军

---

① 吴白乙：《中国对"炸馆"事件的危机管理》，《世界经济与政治》2005 年第 3 期。

② ［美］库尔特·坎贝尔、理查德·韦兹：《中国大使馆遭轰炸案：危机处理的例证？》，载张沱生、［美］史文主编《中美安全危机管理案例分析》，世界知识出版社 2007 年版，第 280 页。

③ 张沱生：《中美撞机事件及其经验教训》，《世界经济与政治》2005 年第 3 期。

事摩擦的具体情况包括两种：一是美国经常对中国进行抵近侦察。所谓抵近侦察，是指除了"战争状态下的近距离侦察行动之外，还包括和平状态下一国在另一国领空、领海以外的安全空域对对方进行的侦察，自然也包括历史上某些占据装备技术优势的国家使用先进的飞行器深入别国领空进行的侦察，以及通过间谍、奸细对对方重要战略目标和军事设施等进行的就近侦察等。抵近侦察最常见的方式是使用侦察机做空中侦察，有时也使用水面舰艇或潜艇进行水面、水下侦察，主要是监控被侦察方的重要军事目标或军事部署，监听雷达和通信设备的电子信号，获取电子情报数据等。最近十几年，对我国进行抵近侦察最频繁的，就是美国和日本"。① 二是美国推行的所谓航行自由计划（Freedom of Navigation Program，简称"FON 计划"）。该计划并非特别针对中国，它是美国卡特政府在 1979 年制定的一项行动计划，旨在抵制《联合国海洋法》，维护其主张的所谓海洋自由原则，防止沿海国家的所谓"过度海洋主张"（excessive maritime claims）对美国海洋大国地位的挑战。卡特之后，这一计划为美国历届政府所沿用，但具体在何时何地开展航行自由计划，则根据各届政府的政策需求来定。在中美战略矛盾渐显而中国又与一些邻国存在海洋领土争端的时候，对中国实施航行自由计划就成了美国牵制中国的一个重要政策选项。

因美国抵近侦察和航行自由计划而起的战术摩擦在 20 世纪 90 年代中期开始进入公众视野，同时中美也为管控因此而发生的摩擦和冲突而做了不少努力。1994 年，美国航母"小鹰"号在黄海实施航行自由计划时与中国潜艇不期而遇，美方从反潜机上投掷反潜声呐，而中国海军立即出动战机护航，但最终"中国在判定事件性质的基础上，决定把冲突和危机控制在非暴力范围内"。② "黄海事件"使美国开始认识到有必要与中国探讨海上军事安全问题，于是向中方提出商谈海上军事安全协定的建议。经过一年多的协商，双方于 1997 年 10 月江泽民主席访美期间达成协议。1998 年 1 月 9 日，中央军委副主席、国务委员兼国防部长迟浩田与美国国防部长科恩在北京正式签署《关于建立加强海上军事安全磋商

---

① 李显荣：《说说抵近侦察那些事儿》，《世界知识》2014 年第 14 期。
② 蔡鹏鸿：《中美海上冲突与互信机制建设》，《外交评论》2010 年第 2 期。

机制的协定》。① 该协定共有九款，其中有关建立磋商机制的规定，主要
涉及以下几项：第一，举行年度会议机制，议事日程涉及海事安全惯例、
建立互信措施、搜救和沟通程度、避免海上事故等；第二，工作组由专
家组成，研究年度会议上一致确定的议程；第三，可以举行双方特别关
切的会议，磋商同各自海空力量海上活动有关的问题。② 这是双方就海上
军事力量相遇问题进行沟通的开始。

　　但是，这一协定没产生什么成果，因为双方所依据的原则与政策并
不相同。③ 结果是，这一机制并不能消除中美军事摩擦的大背景，不能就
军事力量相遇的规范达成一致，更不能避免类似甚至更加严重事件的发
生。2000 年 3 月初，在中国九届人大四次会议期间，曾发生过两起美国
军用飞机在中国领海附近上空进行侦察活动被中国战机拦截、迫走事件。
同月底，在中国黄海海域还曾发生过中国军舰驱赶一艘美侦察船的事件。
最严重的事件当然还是前述 2001 年撞机事件。由于该事件影响重大，此
后的数年里，双方都对类似军事"接触"保持谨慎，在一定程度上减少
了此类事件的发生。而且，在此后小布什政府执政后的大部分时期里，
美国把战略重心对准了反恐，并且深陷于阿富汗战争和伊拉克战争之中，
中美战略矛盾出现了相对缓解期。2003 年 9 月，时任美国国务卿的鲍威
尔在一次外交政策演讲中，称"美国对华关系处于尼克松访华以来的最
好时期"。④ 这种战略背景的改善在很大程度上防止了中美再次发生军事
上的摩擦与对抗。但是，奥巴马 2009 年年初成为美国总统后，中国再次
成为美国的首要战略对手。他提出"亚太再平衡"的主张，与此同时中
国的海军能力与雄心在不断扩展。⑤ 根据"亚太再平衡"战略，美国计划
把 60% 的海外军事力量部署到亚太地区。相应地，美国对华军事"接触"

　　① 钱春泰：《中美海上军事安全磋商机制初析》，《现代国际关系》2002 年第 4 期。

　　② 蔡鹏鸿：《中美海上冲突与互信机制建设》，《外交评论》2010 年第 2 期。

　　③ Mark J. Valencia, "The US-China MOU on Air and Maritime Encounters", November 17,
2014（http：//thediplomat. com/2014/11/the-us-china-mou-on-air-and-maritime-encounters/）.

　　④ "Powell Says US-China Ties Best Since 1972", September 7, 2003（http：//en. people. cn/
200309/07/eng20030907_ 123883. shtml）.

　　⑤ Mark J. Valencia, "The US-China MOU on Air and Maritime Encounters, The US-China MOU
on Air and Maritime Encounters," November 17, 2014（http：//thediplomat. com/2014/11/the-us-chi-
na-mou-on-air-and-maritime-encounters/）.

行动也增加了。据不完全统计，2009 年美军侦察机对中国实施抵近侦察约 260 余架次，而 2014 年已超过 1200 架次。① 而中国则于 2013 年 11 月 23 日宣布划设东海防空识别区，这在很大程度上是针对日本的，但也进一步增加中美空中相遇的危险性。

随着战略关系的再度紧张，两国担心发生战术上的摩擦。2013 年 6 月，中国国家主席习近平访美时和奥巴马总统达成关于中美两军建立重大军事行动相互通报机制和海空相遇安全行为准则的共识，中美两国国防部就上述"两个互信机制"建设开展了沟通与合作。2014 年 4 月 22 日，在由中国海军承办的第 14 届西太平洋海军论坛年会上，由澳大利亚、新西兰于 2000 年提出的《海上意外相遇规则》终获通过。但根据中国海军海上安全政策研究室主任任筱锋大校的说法，该规则并不具有法律约束力，是否遵守以及何时何地使用这些规则还有待于相关国家间的双边讨论。② 在 2014 年 11 月 12 日奥巴马访华、与习近平举行峰会会谈之后，中美两国国防部签署了《中美关于海空相遇安全行为准则谅解备忘录》。该备忘录包括《舰舰相遇安全行为准则》的附件，在美方看来，这份备忘录是"历史性的"③。但对于空空相遇的问题并没有解决。而且，根据该备忘录第五条规定，该备忘录长期有效、双方自愿支持，单方面书面通知即可终止，而且无意在国际法上具有约束力。④ 2015 年 9 月 24 日，在中国国家主席习近平访美期间，中方宣布中美双方就海空相遇安全行为准则新增"空中相遇"附件完成正式签署。舰舰相遇和空中相遇两个附件对双方舰机在意外接触时如何沟通、操作，避免意外安全事件的发生，有着重要的意义。在此基础上，美方希望更进一步，即将《中美关于海空相遇安全行为准则谅解备忘录》扩展到地区海上执法船只，中方未接受美方要求，但同意参照《中美关于海空相遇安全行为准则谅解备忘录》为两国海警制定类似的安全行为准则。目前，中美双方海警

---

① 中国南海研究院：《美国在亚太地区的军力报告》，时事出版社 2016 年版，第 24 页。

② 《美媒：中国会遵守〈海上意外相遇规则〉吗?》，2014 年 4 月 28 日，新华网（http://news. xinhuanet. com/mil/2014—04/28/c_ 126439525. htm? prolongation＝1）。

③ US DoD, *Asia-Pacific Maritime Security Strategy*, August 14, 2015, p. 30.

④ 参见《中美关于海空相遇安全行为准则谅解备忘录》全文，2014 年 12 月 6 日，中国国防部网站（http://www. mod. gov. cn/regulatory/2014—12/06/content_ 4617799_ 3. htm）。

对于"准则"已经开展了两轮实质性商谈，取得了一些进展，但尚未完全达成共识。①

　　尽管在规则制定方面取得了重要的进展，但没有理由认为双方间由于海空偶遇造成冲突的可能性就会必然降低。第一，这些规则、准则没有改变中美两国针锋相对的军事战略（如反介入/区域拒止对空海一体战）②和政治要求（中国要求美国终止抵近侦察，而美国坚持所谓航行自由）。第二，相关的规则并没有澄清所有的问题。正如美国海洋安全专家瓦伦尼克（Mark J. Valencia）所指出的那样，《中美关于海空相遇安全行为准则谅解备忘录》事实上只是重复了相关的国际法声明以及原来实际存在过的一些相遇行为准则。但这些本身就是不充分的，特别是联合国海洋法中的很多概念，如"和平目的""航行自由"和"权利滥用"等，双方的解释各有不同，而《中美关于海空相遇安全行为准则谅解备忘录》并没有澄清这些不同。③第三，更重要的是，海空相遇规则的本意是解决"非计划相遇"，事实上这些相遇并不是真的"非计划"的。拦截行动往往是有意为之，旨在向对方发出信号，以一种"不友好"的方式对被认定为"不友好"的行为作出回应，而新定的规则不会使这些行为就变得"友好"。④第四，规则的出台可能反而刺激其中一方进行与规则初衷背道而驰的"实践"。例如，如同《中美关于海空相遇安全行为准则谅解备忘录》签订后大家所看到的那样，美国舰机时不时会在我国附近海域拿"规则"进行"验证"，"验证"之后有时还会有美方对中国海军表现"专业"的良好评价。⑤

　　上述因素表明达成的规则在管控冲突方面的作用将是有限的。如果双方政治安全关系良好，这些规则还会发生一定的作用，但如果缺乏此一条件，甚至一方或双方还有意对对方做出某种政治安全挑衅姿态时，

　　① 赵伟东、彭颖：《美国力促中美海警达成"海上相遇行为准则"探究》，《公安海警学院学报》2016 年第 4 期。

　　② Mark J. Valencia, "The US-China MOU on Air and Maritime Encounters", November 17, 2014（http://thediplomat.com/2014/11/the-us-china-mou-on-air-and-maritime-encounters/）.

　　③ Ibid.

　　④ Ibid.

　　⑤ 赵伟东、彭颖：《美国力促中美海警达成"海上相遇行为准则"探究》，《公安海警学院学报》2016 年第 4 期。

这些规则就会形同虚设。例如，当2015年、2016年中美菲围绕南海仲裁案的博弈渐趋高潮时，美国在南海的航行自由行动也开始进入一个新的高潮。2015年10月27日，就在习近平访美后不久，美军导弹驱逐舰"拉森"号进入中国南海南沙群岛渚碧礁邻近的12海里水域，中国海军则派出"兰州"号导弹驱逐舰和"台州"号巡逻舰对其进行跟踪、告诫和警告。2016年1月和5月，就在南海仲裁裁决即将出台前夕，美国海军又分别派出"威尔伯"号导弹驱逐舰和"劳伦斯"号导弹驱逐舰分别进入中国西沙群岛和南沙永暑礁的领海范围。2017年年初特朗普上台后，出于期待中国在朝核问题上与其配合的需要，一度减少在南海的航行自由宣示，但是，由于中国的政策没有达到美国的预期，美国又开始在南海和其他地方对中国施加"刺激"。2017年7月23日，美方指控中国2架歼－10战机在东海上空对美海军1架EP－3侦察机进行"危险"拦截，迫使美方做出规避动作，双方最近距离约91米。而中方则反驳说，中方飞行员的操作是合法、必要、专业的，美军飞机抵近侦察，威胁中国国家安全，损害中美海空军事安全，危及双方飞行员人身安全，是造成中美海空意外事件的根源。①

更重要的是，随着中美实力的进一步接近（2016年中国的国内生产总值即GDP为美国的六成），双方间的战略性矛盾将进一步扩大而非缩小。2017年年初特朗普出任美国总统后，有意改变奥巴马的亚太再平衡战略（如退出TPP等），而且在朝核问题上寻求与中国的合作。但另一方面，他致力于扩大美国海军在亚太的存在，而且其作风一反奥巴马时期的理性与谨慎，以多变和不确定性著称，这就使得接下来几年的中美关系可能呈现出战略矛盾与战术矛盾相互交织的状态。从引发中美冲突的因素看，2016年6月杜特尔特出任菲律宾总统从而改变了一边倒向美国的政策后，在中美间保持相对平衡的立场，减少了两个大国在南海针锋相对的可能性。但是，南海问题仍然会是中美较量的一个热点之一。此外，其他方面的挑战仍然存在甚至更加突出，如：特朗普爱打触犯中国核心利益的"台湾牌"（未上任就给台湾地区领导人蔡英文打电话，上任

---

① 国防部：《美侦察机东海被拦截 国防部敦促立即停止抵近侦察》，2017年7月25日，新华网（http：//news.xinhuanet.com/2017－07/25/c_1121378878.htm）。

后批准对台军售以及鉴署《台湾旅行法》)、朝核问题上中美间的温差仍然存在（如合作不成特朗普很可能在其他问题上对中国翻脸）以及作为美国盟友的日本牵制中国的热情明显增加，等等。从这些角度看，中美间发生冲突的可能性反而进一步增加了。

二 被忽视的第三方：中美冲突管控研究述评

如前所述，中美为避免因为军事力量接近发生冲突而绞尽脑汁。但在笔者看来，这可能是一种政策注意力的错配。其一，对于由于军事力量接近而产生的摩擦与冲突关注过多。正如前面分析所展示的那样，中美冲突的可控程度在很大程度上与战略关系是否改善相关，而与具体的技术规则的制定关系不大。另外，即使再次发生类似于撞机事件的危机，其影响终究是局部的，因为任何一方都不会将此类事件视为对方有意发动战争的表示。总的来说，军事力量接近所产生的摩擦与冲突影响不如人们所想象的那么大、后果也不会有想象的那样严重，而且其根本对策不在于规范双方军事力量的接近，而在于双方战略关系的根本改善。

其二，过于强调从中美互动的视角关注和研究冲突，而忽视和低估了第三方因素的作用。事实上，许多中美摩擦都与第三方因素有关。中美在朝鲜战争中刀兵相见是最惨烈的一次冲突，但它完全非中美的本意，而是被半岛局势卷入的结果。而大国之所以被卷入，缘自一些它们也难摆脱的结构性因素。在当时，影响中美的主要是冷战结构：美国视朝鲜的行为为共产主义扩张的一部分，而中国则认为美国兵至鸭绿江边严重威胁到自己和社会主义阵营的安全。冷战结束后，意识形态的结构性对立大大淡化，但其他的结构性矛盾仍然普遍存在。例如，中国与一些东亚国家存在领土争端等方面的安全利益冲突，其中有的与美国存在安全同盟的关系，这就使得中美仍有"非自愿"陷入冲突的可能。1996年的台海危机其实也是这方面的一个例子。尽管台湾是中国领土的一部分，但美国在传统美台关系的背景以及所谓"与台湾关系法"的名义上，自认为对台湾承担了安全的义务，这就对中国的统一大业造成了直接的干扰，而且有可能将中美双方拖入到一场谁也无法让步的冲突之中。这样的冲突一旦发生，其规模与后果就远非撞机事件所能比拟。

美国对中国进行的所谓航行自由行动，在很多情况下也受到某些第三方因素的驱使，或是与之密切相关。一个重要的例子是，当菲律宾于2013年1月对中国正式提出所谓的南海仲裁案后，美国在南海针对中国的航行自由行动也急剧升温。例如，2015年10月27日，美国"拉森"号军舰进入南沙群岛渚碧礁12海里航行，行使所谓的"航行自由权"。同年12月10日凌晨，美军一架B－52战略轰炸机"无意"飞进南沙群岛华阳礁上空12海里范围内。进入2016年南海仲裁案即将最终宣判的关键时刻，美军在南海的活动更加频繁。2016年1月30日，美国"柯蒂斯·威尔伯"号驱逐舰擅入属于西沙群岛的中建岛区域12海里。3月初，美军"斯坦尼斯"号航母在"莫比湾"号巡洋舰、"史托克尔"号驱逐舰和"钟云"号驱逐舰的陪同下进入南海巡航。5月10日，美军导弹驱逐舰"劳伦斯"号未经中国政府允许，驶入中国南沙群岛永暑礁邻近海域。6月，"斯坦尼斯"号航母与"里根"号航母在南海进行了防空、海上侦察以及远程攻击演习。10月21日，美军又派出"迪凯特"号驱逐舰擅自进入中国西沙领海。而且，与美军以往"静悄悄地"执行航行自由计划截然不同的是，这段时间美国对其在中国南海有关岛礁进行所谓的巡航行动，通常予以高调宣布，并配合大量的媒体炒作，这在世界其他海域和国家均未出现过。[①] 显然，美国的目的是在为菲律宾提起的仲裁案造势。但从另一个角度看，正是菲律宾提出仲裁案，把中美带入到一个更加容易发生军事摩擦甚至冲突的境地。

还有许多第三方因素，截至目前，它们并没有把中美两国拉入对抗，但其潜在的可能性不能排除。例如，朝鲜的核计划被美国政府视为重大安全挑战，一旦中美不能合作好解决这一危机，朝核问题马上就会成为相互指责甚至是整体关系恶化的一个最好理由。在特朗普尤其希望中国协助其管控朝核问题的情况下，朝核问题有可能成为中美提升安全合作与信任关系的良机，但同样也可能成为促使两国走向对抗的催化剂。如果半岛生战生乱，中美还很有可能介入其中，甚至不排除再次在战场上刀兵相见的可能。另外，在奥巴马政府时期，美国还多次宣称要协防钓鱼岛，这可能把美国直接置于一场中日对抗之

---

① 中国南海研究院：《美国在亚太地区的军力报告》，时事出版社2016年版，第34—35页。

中。而且，与中美两国军事力量"接触"而引发的摩擦与对抗相比，这些第三方因素引发冲突的规模可能更大，后果也更加难以控制，更应该成为中美冲突管控的对象。

尽管第三方因素重要，相关的研究并不充分。根据笔者的整理，目前有关中美冲突管控的研究众多，但如果从第三方因素研究的视角看，不外乎以下三类：

第一，完全无视第三方。

大部分的成果建立在双边的视角之上。① 有的是在理论的棱镜下漏掉了第三方。例如，弗里德贝格（Aaron L. Friedberg）从现实主义、自由主义和建构主义等视角分析了中美冲突的可能性，但这种分析主要局限于双边层面：中美两个国家在制度、权力与安全目标、身份与文化方面的特征。不同的研究视角因为关注不同的方面，而对未来中美冲突持乐观或悲观的看法。在他的分析中，只看到对中美两国自身特性与角色的强调，看不到第三方因素的存在及其影响。② 有的则是关注中美两个大国之间的某些"大问题"，这些大问题大到似乎足以忽视第三方的存在。例如，有的研究成果关注中美核危机管控。美国战略与国际问题研究中心的一个工作小组在其报告中指出："研究发现，要把核战争和武器使用的可能性降到最低，太平洋两岸的政治领导人肩负首要责任。……然后，工作小组的关切是，改变中的地区常规军事平衡、紧张的当前来源和可能的冲突，以及中国核武库质量和数量的增加，都是未来美中核关系稳定所面临的严肃问题。本报告的建议是，要将重点放在促进美中之间的核稳定上面，首要的工作是提出一系列的双边和单边政策和立场调整，这将有助于危机和军备竞争的稳定化，同时也为未来的双边和多边核接

① 参见［美］罗纳德·塔门、亚采克·库格勒《权力转移与中美冲突》，《国际政治科学》2005 年第 3 期；James Dobbins, David C. Gompert, David A. Shlapak and Andrew Scobell, *Conflict with China: Prospects, Consequences, and Strategies for Deterrence*, RAND Corporation, 2011；王帆《美国对华战略底线与中美冲突的限度》，《外交评论》2011 年第 6 期；Kenneth Lieberthal and Wang Jisi, *Addressing U. S. -China Strategic Distrust*, The John L. Thornton China Center at Brookings, 2012；等等。

② Aaron L. Friedberg, "The Future of U. S. -China Relations: Is Conflict Inevitable?", *International Security*, Vol. 30, No. 2, 2005, pp. 7 – 45.

触打下基础。"① 确实，在面临紧迫的核挑战面前，那些缺乏核武器、力量更为弱小的第三方在中美关系中作用甚微。但是，可以肯定的是，中美关系在绝大多数情况下都不会走到那一时刻，冲突如果来到，它完全有可能在不涉及核因素的情况下发生。那么，在对中美关系的全面管理中，是否应该对第三方的作用予以更充分的重视呢？

但多数成果仍并非如此。例如，中国学者潘振强认为："要形成一个长期稳定的中美合作关系，有四个基本要素。这四个要素是：两国更为接近的力量平衡；双方利益、目标和意图的更大兼容性；建立起合作的规范和习惯；以及一个有利的国内环境。"② 其中没有一个要素涉及第三方。资深的中美关系研究学者哈里·哈丁（Harry Harding）教授在为未来中美关系走向合作提出建议时，总共列出了七个方面的内容，其中也没有一条提到第三方。在他看来，如果中美能做到以下几点，两国关系的天平将会向合作一方倾斜：第一，确认并认可更多的共同利益。第二，在追寻这些共同利益时将合作交流的形式从相对被动（缺乏成效的"对话""搁置分歧"、对彼此倡议不冷不热）转变为更积极、更公开和更富成效的合作。第三，确保两国关系的竞争层面受到双方都认为公平的规则和制度的管理，每一方都要遵守这些规则和制度，并认可对方的表现。第四，将两国竞争关系中的战略因素降至最低，尤其是在亚洲。在军事采购和军事部署方面，单方面克制或通过谈判加以限制尤为重要。第五，预防可能威胁两国关系稳定的争议问题。第六，在管理两国关系不和谐因素的问题上，明确确认对方不应逾越的红线，并坚持谨慎行事的原则以降低对方越过红线的可能性。第七，在坦率表达分歧的同时双方都作出合理让步，防止出现制裁与反制裁的升级态势。③

第二，仅视第三方为某方的政策工具，忽视其主动性，低估其作用。

---

① Elbridge A. Colby, Abraham M. Denmark and John K. Warden, *Nuclear Weapons and U. S. - China Relations*: *A Way Forward*, Washington D. C.: Center for Strategic and International Studies, March 2013.

② 潘振强：《论一个长期稳定和合作性的中美战略关系的基本要素》，载［美］刘易斯·邓恩主编《构建长期稳定、合作的中美战略关系》，中美专家"二轨"联合研究成果，2012年12月，第22页。

③ 参见［美］哈里·哈丁《美国对中美关系未来的展望》，载［美］沈大伟主编《纠缠的大国：中美关系的未来》，丁超、黄富慧、洪漫译，新华出版社2015年版，第291—292页。

在那些提到第三方影响与作用的研究中，也往往忽视了第三方的主动性，更多的视之为中美竞争的场域、议题或是可以操控的工具，强调中美的主导地位。例如，有一篇中国学者的文章这样看待中美关系中的越南因素："中美关系受到了来自美越合作负面因素的干扰，但这并未改变中美关系的合作主调，两国关系包含的内容广泛，不可能被第三方因素挟持。"[①] 中国国际问题研究所在其一份研究报告中，对如何从多渠道构建新型大国关系提出如下途径：第一，降低选举政治的无端干扰。第二，把新型大国关系确立为中美关系发展的共同愿景。第三，探索增信释疑的新渠道。第四，秉持包容性原则，共同参与亚太未来秩序的构造。第五，提升中美在中东合作的层次和水平。其中也提到美国要公正地管控亚太地区冲突，打消一些国家试图利用"再平衡"绑架美国、借以实现本国一己之私的念头。[②] 但是，这些国家如何以及能否"绑架"美国和改变中美关系，这份研究报告并没有涉及。

由于美国拥有众多的亚太盟友，如何以同盟的视角应对所谓的中国挑衅，是美国学者关注的一个重点。如史文（Michael D. Swaine）主持的一份研究分析了中国军事能力崛起对美日同盟的挑战。他提到，未来15—20年最可能的挑战来自北京增长中的强制性权力，因为日益增长的中国军事能力可能会促使北京去影响或尝试解决与东京的争端。[③] 但是，第三方对中美关系的介入是否产生一些深刻的结构性影响，以及如何从第三方角度观察中美关系，并不是他们关注的主要内容。例如，在美国外交关系委员会于2015年发表的一份报告中，由于报告的主题是南海问题与中美关系，作者葛莱仪（Bonnie S. Glaser）视东盟国家为美国管制中国的一个工具。但也仅此而已。她在报告中是这样论述东盟在美国政策中的作用的：

● 在中国与东盟关于具有约束力的南海各方行为准则（COC）

---

① 刘卿：《美越关系新发展及前景》，《国际问题研究》2012年第2期。

② 阮宗泽等：《中美新型大国关系：挑战与契机》，《中国国际问题研究所研究报告》第1期，2013年9月。

③ Michael D. Swaine et al. , *China's Military & The U. S. -Japan Alliance in* 2030：*a strategic net assessment*, Washington, DC：Carnegie Endowment for International Peace, 2013.

谈判方面缺乏进展的情况下，为了在南中国海地区避免危机，美国应该鼓励东盟发展它自己的 COC 方案，其中包括减少风险措施和一个争端解决机制。然后，美国应该和东盟一起努力，说服北京签署和执行这一规则。

●美国应该继续帮助菲律宾和越南提升它们的海洋巡查和安全能力，如通过更多的监控系统，以致它们能够探测到中国是否进入其专属经济区水域和上空并做出反应，而不是让中国逃避惩罚。如果马来西亚提出要求，也应该给它提供类似的援助。

●美国应该准备对中国未来的强制行为做出反应，包括使用美国海军遏制中国持续使用准军事船只。其他反应（例如，如果中国能源公司在争议水域进行钻探活动，则对它们进行经济制裁）也是可行的，但应该事先加以宣布。

●美国应该清晰而且公开地宣布，北京如果宣布设立南中国海防空识别区将是破坏稳定的行为，华盛顿不会承认。

●为了进一步减少美中军事力量之间的事故风险，两军应该履行其共同承诺，在年底前就空空相遇的问题达成协议。①

第三，基于历史教训与现实挑战而重视第三方在触发双边冲突中的作用，但没有从国际关系理论的视角进行分析。

在这些成果中，大部分作者强调了第三方的作用。特别是美方的研究成果十分担心被盟友"牵连"而陷入一场自己并不想要的冲突之中。哈佛大学教授理查德·罗斯克兰斯（Richard N. Rosecrance）和史蒂文·米勒（Steven E. Miller）等人在回顾第一次世界大战历史教训的基础上，对"结盟陷阱所带来的危险""美国有可能因为支持盟友而被拖入与中国的争端之中"②而充满担心。罗斯克兰斯写道："由于一两个国家之间的问题，导致其他国家被卷入冲突，最终造成世界大战的爆

---

① 参见 Bonnie S. Glaser, *Conflict in the South China Sea*, New York：council on Foreign Relations, April 2015, p.3。

② ［美］史蒂文·E. 米勒：《序言》，载［美］理查德·罗斯克兰斯、［美］史蒂文·E. 米勒主编《下一次大战?："一战"的根源及对中美关系的启示》，陈鑫、程晹译，新华出版社 2016 年版，第16、19 页。

发。这是一种'连锁囚犯'（chain-ganging）现象。……较为弱小的盟友经常会带来以下难题：它们要求大国对自己的对手采取强硬立场，却不能提供强大的力量支持。它们助长了开战的动机，而不是有效防止战争的爆发。……过度重视关键盟友甚至是非核心盟友是引发大国冲突的重要因素。这一因素不太可能在未来几年里得到改观，并且会在东亚地区导致中美两国不断发生冲突。"① 这一论证是基于历史分析而进行的，也充满了穿越时空的洞见。但从国际关系理论的角度观察，以下问题仍然没有被解决，如第三方造成的冲突到底在性质上、后果上与双边直接冲突有何区别？第三方因素是否以及如何改变了新老大国间的冲突结构？其导致改变、产生影响以及实施管控的路径如何？基于国际关系理论的研究或许能够为这些问题提供比较系统和清晰的答案。

在现实的政策研究中，第三方触发中美冲突的担心也日渐上升。例如，在最近中美智库学者联合开展的一项研究计划中，中方学者注意到如下现实挑战，即近年来"第三方因素"集中发酵，中美关系日益受到朝、韩、日、越、菲、俄等"第三方因素"的牵扯。他们提到，应该对"第三方因素"进行更好的管理，避免被干扰甚至绑架，另外要发挥"第三方"正面效应。双方各自发表的报告中都在亚太部分强调了中美关系涉及的第三方议题，中方列出的是："台独"问题、南海问题和朝核问题，而美方列出的是对地区秩序的界定、在南海和东海的"强制"问题、中国台湾和朝鲜问题。而在解决方案上，中美学者提出的都是基于双边框架之上的建议，如中方提出，推动中美关系良性发展，双方应做如下努力：第一，有效的沟通与对话是缓解分歧的基础。第二，相互的战略调适是中美长期和平的保证。第三，共同塑造包容性的亚太秩序是两国的根本路径。第四，坚持用合作和非对抗性的方式来面对和处理中美之间的一切争议和冲突，是保持两国关系稳定和健康发展的关键。而美方提出的是管理战略分歧、增进建立信任措施和透明度、避免虚假希望、

---

① ［美］理查德·罗斯克兰斯：《盟友、失衡与战争》，载［美］理查德·罗斯克兰斯、［美］史蒂文·E. 米勒主编《下一次大战？："一战"的根源及对中美关系的启示》，陈鑫、程旸译，新华出版社2016年版，第89、95、103页。

无端民族主义和在有共同利益的领域扩展合作等。① 通过这一份研究可以
看出：在分析冲突原因时，第三方因素较前得到了更多的重视，而在管
控和解决冲突时，第三方因素仍然被弃置一旁。从理论上看，这种逻辑
是矛盾的，因为既然第三方因素被视为一个主动而且是独立的变量，那
么在管控由其引起的冲突时，就无法将其搁置一旁。之所以出现这种矛
盾的情况，一方面可能是因为第三方因素并未得到真正的重视，另一方
面则是需要通过国际关系理论工具的帮助，建立起第三方与大国冲突关
系的系统理论，以一个系统的逻辑指导人们在此一问题上的认识。本书
即试图在此方面做一个初步的尝试。

三　本书的主要内容及其观点

本书将致力于强调，第三方不只是为中美合作与竞争提供了场域、
议题与政策工具，它们还作为一个主动的变量介入到中美关系之中，并
在很多情况下使得中美关系发生某种结构性变化。正是这种结构性变化，
使得第三方成为评估和管控中美冲突一个不可缺少的变量。要把这种结
构性变化说清楚，引入一定的理论分析是必要的。因此，本书不仅是从
经验事实和政策分析的角度指出第三方的结构性影响，而且首先从理论
上提炼、界定第三方的这种作用与影响。当然，经验分析必不可少，本
书将把经验分析聚集于东亚，因为这是中美利益交集最密切，也最有可
能发生冲突的区域。通过把理论分析与案例研究结合起来，作者希望能
够把第三方在中美东亚冲突发生及管控中的结构性作用作一个全面的、
客观的呈现。

第一、二章主要是理论分析。在第一章，笔者从大国冲突的几种类
型出发，将因为第三方介入而导致的冲突称之为间接结构冲突。大国间
还有其他类型的冲突，但间接结构冲突日益体现出其重要性。因为与结
构冲突相比，偶发冲突属于可以避免、容易管控和后果有限的冲突。大

---

① 王辑思、袁鹏、赵明昊：《总论》，朱锋、黄仁伟、胡波：《中美亚太分歧与缓解路径》，
载《超越分歧，走向双赢：中美智库研究报告（中方）》，2017 年 5 月 22 日，第 4、6、18—22
页；Michael J. Green, Richard C. Bush and Mira Rapp-Hooper, "Asia-Pacific Security Issues in the
U. S. -China Relationship," *Joint US-China Think Tank Project on the Future of US-China Relations: An
American Perspective*, July 2017, pp. 22–25。

国间直接冲突后果严重，但在现实中却不易发生。相比之下，间接结构冲突既有结构冲突的严重性，同时又有因为第三方介入引起的管控困难。在两个大国之间，如果一方与第三方之间存在重大安全利益冲突，而另一方对对方负有安全义务（最典型的方式是结成安全同盟），那么两个大国间就存在间接结构冲突。大国的利用动机以及第三方的主动性，促成了这种冲突结构，往往最终使得大国自身陷入进退两难的境地。当前中美间除了直接结构冲突之外，还因为众多第三方因素而存在间接结构冲突，这使得中美冲突结构更加复杂，应对起来也更加困难。

第二章分析了如何从第三方因素的角度管控大国间冲突，其中最重要的当然是如何避免第三方介入大国竞争而形成间接结构冲突，以及这种冲突一旦形成如何进行管控。根据间接结构性冲突产生的根源与路径，可以推导出三条管控的路径。第一，结构性预防，即消除由于第三方介入而导致的两大国间的冲突的权利义务结构，主要是大国实现"隔离"战略，特别是与第三方的结盟大国实施自我抑制。第二，与第三方结盟的大国对与第三方关系的管理。笔者强调，把这种关系建立在法律化与机制化的基础上至关重要，同时保持全方位的实力优势、发挥好战略水平与政策技巧也十分关键，以实现对第三方的有效管理而不是被它们牵着鼻子走。第三，第三方的政策选择。不管如何管控，第三方的主动性不可忽视。一般来说，面对两个竞争而且自己无法置身事外的大国关系，第三方的选择可能包括选边站，或是成为制度推动者与中间沟通者，地缘政治、历史记忆、意识形态和领导人偏好是决定他们做出选择的关键因素。第三方选择之所以重要，不但在于它可以从根本上解除间接结构冲突，还在于它可以突破第三方平衡政策的局限，更加积极地创造有利于各方共赢的稳定与和平。

第三章强调，东亚已成为中美战略竞争的关键地区。而且，由于该地区的一系列特点，如缺乏地区合作导致的碎片化、存在各类安全问题、民族主义因素等驱动下的第三方自主性突出等，许多第三方国家如日本、朝鲜、韩国、菲律宾、越南、新加坡、缅甸等都深陷中美关系之中。但它们所发挥的作用是不一样的，有的是结构性因素，即它们与一个大国存在利益冲突而与另一个大国有着盟友关系，其结果就是中美之间的间接结构冲突。有的则是关键因素或次要因素，它们没有导致间接结构冲突，但能够在不同程度上对中美竞争态势施加影响。根据前面的理论框架，本章对东亚第三方在中美冲突方面所扮演的历史与现实角色进行了分析，强调东亚第三方国家应该积极正视自己可能发挥的作用，把中美冲突管控与自身长远利益结合起来，特别是通过扮演制度推动者与中间沟通者的角色，协助管控中美冲突。

第四、五章是案例分析，分析对象是菲律宾与韩国。这两个案例并不能概括所有东亚第三方的情况。之所以选择这两个国家是因为：第一，菲律宾是引发中美间接结构冲突的国家之一，而韩国目前是作为关键因素的第三方，但未来有可能成为引发中美间接结构冲突的新来源，各自具备一定的代表性；第二，它们分别位于东北亚与东南亚，而且与极大影响中美东亚关系的两个问题分别相关：朝核问题与南海争端。基于上述考虑，通过韩国与菲律宾来具体研究第三方与中美东亚冲突管控的关系，应该既具有典型性，又有重要的现实意义。

第四章分析的是菲律宾。其特点是它与中国由于南海争端而存在领土主权和权益方面的争端，另一方面它又是美国的长期盟友，而美国又一直视南海为牵制中国的重要筹码。近些年南海局势以及菲律宾对外政策的变化表明，一方面中美两国的战略与政策变化直接影响了双边关系与南海局势，另一方面作为第三方的菲律宾的作用也至关重要，特别是其国内政治变局与领导人变化对其外交选择发挥了关键性的影响。要管控好中美在东南亚的冲突，首先在于中美需要把南海问题与中美竞争隔离开来。由于历史、文化与美国紧密相关，菲律宾要扮演中间沟通者的角色比较困难，其积极作用主要体现在奉行有限平衡政策方面。作为中美间接结构冲突的引发者，如果菲律宾能够奉行有限平衡政策，将有助于直接消除引发中美冲突的火种，具有积极而现实的意义。另外，作为东盟成员国，它在一定的情况下也可扮演制度推动者的角色。

第五章分析的是韩国。韩国一方面是美国的坚定盟友，另一方面它与中国的联系也越来越密切。对于韩国来说，它对中美的态度在很大程度上围绕着朝核问题来展开，同时与其国内执政党与领导人偏好有着重要关系。从当前中美韩关系来看，韩国不是引发中美间接结构冲突的第三方，但一旦中韩在朝核和半岛统一问题出现立场完全对立的情况，那么它就有可能扮演这一角色。从管控中美在半岛的冲突来看，当前关键在于美国能否修正美韩同盟使之不针对中国，而中国需要管控好朝鲜通过发展核计划等手段改变现状的行为。韩国则有必要通过推动美韩同盟的转化与地区合作，促使中美消除战略疑虑，并通过积极参与朝核问题的解决，推动中美走向合作而非冲突。

需要说明的是，本书中所指的第三方，主要是指那些综合实力远小于相关大国的国家，例如"二战"前的捷克之于法德，现在的菲律宾之于中美。那些综合实力相近的第三方如果介入一对双边大国关系，往往被称为三边关系或三角关系。三边关系或三角关系强调的是"三个国家或行为体之间形成相互牵制、牵一发而动全身的作用与反作用的关系"①，三个行为体之间实力大致相等，而且较体系内其他行为体而言更具实力优势，其互动能够对更广泛的国际关系产生影响。因此，三边关系常常对于世界或地区政治格局具有主导性甚至决定性的作用，如中美俄、中美欧等三边关系。但在这里，第三方是作为一个实力较小的变量而存在的，而且本书主要围绕第三方的主动作用及其后果展开研究，而不是像三边关系研究那样关注三对双边关系之间的互动。

总的来看，本书的所有分析都在致力于强调第三方在引发和管控中美冲突方面的结构性影响。尽管战略性的直接结构矛盾一直存在甚至有可能上升，但由于中美都拥有可以相互毁灭的核武器，以及具有积极作用的经济相互依赖，同时还建立起了各种形式的直接沟通机制，它们之间的直接冲突几乎是不可想象的。但是，第三方的介入增加了中美关系的复杂性以及管控冲突的难度。有时候，正是因为正面的直接冲突无法想象，中美可能会更加重视和利用第三方去与对方竞争，但殊不知这样增加了陷入一场难以控制风险的竞争甚至冲突之中的风险。就像美国声称协防钓鱼岛一样，或许有一天它会发现自己会因此陷入一场本不想与中国发生的对抗之中。因此，第三方因素的存在，应该让中美意识到冲突管控更有挑战性，更应该引起双方的重视。中美能否做到这一点，以及第三方能否意识到卷入中美冲突的危险以及能否积极地参与管控中美冲突，而不是囿于短视的一己之私冷眼旁观，笔者并不抱有乐观的态度，只是试图指出其中的原理、危险以及路径，供它们在做出明智抉择时提供参考。

---

① 刘卫东：《新世纪中的中美日三边关系》，中国社会科学出版社 2014 年版，第 14 页。

第 一 章

中美间接结构冲突：概念与现实

在新老大国的冲突之间，第三方特别是力量弱小的第三方往往作为受害者、被动者或是政策工具的次要形象出现。一句常说的俗语是：大象打架，小草遭殃。在修昔底德（Thucydides）所著的《伯罗奔尼撒战争史》中，雅典使者对弥罗斯人的话更是被广为引用：强者能够做他们有权力做的一切，弱者只能接受他们必须接受的一切。① 在肯尼思·沃尔兹（Kenneth Waltz）的结构现实主义那里，大国间的权力关系构成了国际政治的骨架，小国的身影干脆隐而不见，因为"将国际政治视为强者的政治，就可以根据小数量系统的逻辑来对国际政治加以研究"②。然而，这些流行的政治逻辑无助于我们理解一些关键的国际政治事实。例如：如果不是发生在塞尔维亚的刺杀奥匈帝国皇太子事件，第一次世界大战即使照样发生，但面貌肯定不同③。当代的朝核问题中，是作为小国的朝鲜而不是作为大国的中美在扮演着事件推动者的角色。即使是伯罗奔尼撒战争，小约瑟夫·奈（Joseph Nye，Jr.）也指出，是一个较小城邦内战所引起的连锁反应最终导致了大战的爆发，他得出结论说："大规模冲突常

---

① ［古希腊］修昔底德：《伯罗奔尼撒战争史》，谢德风译，商务印书馆 2007 年版，第 466 页。

② ［美］肯尼思·华尔兹（也译为肯尼思·沃尔兹）：《国际政治理论》，上海人民出版社 2003 年版，第 175 页。

③ 例如，著名的美国国际政治学家小约瑟夫·奈在研究"一战"教训时认为："如果 1914 年没有发生刺杀事件，也没有发生危机，全世界可以和平地进入 1916 年，那么德国很可能被威慑住，不敢冒险发动两线作战。"参见 ［美］小约瑟夫·S. 奈《必然性与战争》，载 ［美］理查德·罗斯克兰斯、［美］史蒂文·E. 米勒主编《下一次大战?："一战"的根源及对中美关系的启示》，陈鑫、程旸译，新华出版社 2016 年版，第 289—290 页。

常是由一些发生在边缘地区的那些规模较小和不太重要的危机所导致的。"① 这些事实提醒我们，在大国扮演主角的国际政治中，仍然有那么一些小国，能够在特定的条件下对大国政治甚至是新老大国间的结构性冲突发挥着十分显著甚至关键的作用，甚至是产生结构性影响。而本章的目标，就在于把这种影响纳入冲突理论的考察范畴，特别是探究弱小的第三方因素如何引起大国冲突的结构性变化，以及这种结构性影响的后果。与把小国在大国冲突中的作用简单打发掉或是作为边缘性因素相比，这样的考察更有利于我们了解大国冲突的复杂性，尤其是对于理解中美关系有着重要的现实意义。

第一节　第三方与间接结构冲突

第三方介入而导致的冲突只是大国间冲突的一种类型。要理解这一冲突究竟有多大的影响与作用，就需要先对国家间冲突诸类型做一概述。

一　冲突类型的理论分析

本书根据冲突的来源与路径来划分冲突类型。冲突的起因各不相同，而来源往往决定冲突的性质，对理解冲突的本质以及管控至关重要。正如有学者所指出的那样，"许多研究都是从起源的角度来研究冲突的"。②正是根据冲突来源的不同，可以将国家间冲突分为结构冲突与偶发冲突。冲突的路径在本书中主要是指冲突发生和演变的途径，主要包括直接与间接两种，旨在揭示第三方在大国冲突中的作用。

1. 结构冲突与偶发冲突

从冲突的根源来看，中美冲突可以分为结构冲突与偶发冲突。所谓结构冲突，是指由于某种结构性安排下各行为体之间的权力或重大权利/义务分配矛盾所导致的冲突，在国际政治中最常见的是新老大国之间的矛盾，以及重大的主权争端。结构冲突具有某种必然性，例如，古典现

---

① ［美］小约瑟夫·奈:《理解国际冲突:理论与历史》，张小明译，上海人民出版社2012年版，第20页。

② 刘俊波:《冲突管理理论初探》，《国际论坛》2007年第1期。

实主义的无政府状态假定国家追求权力，新老大国必然会因为竞争霸权而发生矛盾和冲突。偶发冲突则与结构安排无关，主要是指由于个别事件、较小利益纷争以及误判或意外引发的冲突。① 即使行为体都处于某种结构安排之下，但如果某一冲突是由于某种意外事件引发的，也属偶发冲突。例如，2001 年中美军机相撞就属于这种类型，尽管双方存在结构性的权力矛盾，而且可以说这种结构性权力矛盾是此次事件的背景与终极根源。但就该冲突而言，它并非双方有意设计好的，也不是双方所期待发生的，更不是任何一方旨在重新改变权力结构而进行斗争的一环，而是在误判与缺乏沟通之下的意外事件。

区分结构冲突与偶发冲突的重要性在于，两者的性质及其特征完全不同。在无政府状态之下，国家之间关于权力的结构性矛盾、有冲突关系的重大权利/义务安排是显见而且相对固定的，因此相关各方对于彼此间矛盾的不可避免性都有很清醒的认识，但又很难去改变。所以，结构冲突的要点在于它可以预见，但很难根除，而且后果很可能是灾难性的，因为它往往涉及国家的根本甚至核心利益，相关方甚至不惜动用最激烈的手段如战争加以应对，历史上的历次权力转移斗争就是结构冲突。而偶发冲突则与重大的权力、权利/义务安排无关，它可能纯粹是因为管理不当或行为误判所发生的结果，并不意味着双方间有根本性的矛盾或利益冲突。在现实的国际社会中，偶发冲突可能并不会比结构冲突的频率低，因为国家之间交往频繁，但相关的信任机制、管理规范却相对缺乏，或者在某些特殊情况下要有效沟通与协商存在困难。例如，印度尼西亚农民烧林垦荒造成的浓烟引起了新加坡等邻国的愤怒，战争条件下经常发生友军之间的误炸误伤事件等。但是，一旦相关方意识到某个问题，或是在问题发生后进行紧急沟通，偶发冲突往往是可管理的。因为其发生本来超出彼此间本意，而且往往不涉及双方根本利益，解决起来也相对容易。因此，相对于

---

① 因为误判而引发冲突的一个当代例子发生在泰柬边境，2008 年 10 月 3 日，正值柬埔寨军队换防，泰国部队误认为是柬埔寨军队侵入泰国境内，随后双方发生交火，结果造成 3 名泰国士兵和 1 名柬埔寨士兵受伤。参见《泰国第二军军长说泰柬边境冲突是意外事件》，2008 年 10 月 4 日，环球网（http://world. huanqiu. com/roll/2008—10/243043. html）。

结构冲突来说，偶发冲突的特点是一旦发生，其后果其实比较有限。另外，它很难预见，但从理论上来说是可以避免的，在实践中往往是可以管理的。当然，也可能存在这样的情况，即一方在面对偶发冲突时，或出于国内政治动机，或出于民族主义压力，有可能被迫扩大甚至主动利用冲突而不是管控冲突。但这属于另一个领域的问题，与冲突本身的性质无关了。

2. 直接冲突与间接冲突

如前所言，从发生的路径来看，冲突可分为直接冲突与间接冲突。所谓直接冲突，是指由于大国直接互动引发的冲突，也就是说，冲突是在没有第三方参与的情况下发生的。例如，2012 年中国对日本决定将钓鱼岛"国有化"进行反击一事就属于直接冲突。冷战时，美苏两国间核军备竞赛也是一种直接冲突。尽管也有其他国家拥有核武器，但与美苏基本上不在一个数量级，也无法对美苏核军备竞赛造成有意义的影响。所谓间接冲突，是指因第三方因素介入而引起的双方间冲突。这种介入可以发生在原本没有冲突关系的两个国家之间，也可能是这样一种情况：两个国家间本存在冲突关系，但第三方的介入提供了新的冲突发生点或是驱动力。在这些情况下所发生的冲突就是间接冲突。

直接冲突的特征有两个：第一，相对于间接冲突而言，其过程可控性强，因为即使双方存在沟通不畅的情况，但毕竟没有第三方的介入，管理起来相对直接、简单，可能在发生冲突的紧要关头实现悬崖勒马。第二，破坏性大，因为在现代战争技术和物质条件下，两个大国一旦发生直接对抗，其后果就难以想象。间接冲突的特征是：第一，过程可控性弱。一般而言，在同盟关系或准同盟关系中，大国往往拥有更大的发言权与控制权。但是，第三方毕竟是独立因素，其主动性不可忽视。特别是在主权平等这一当代国际规范之下，即使第三方是小国，往往也能独立实施自己的外交政策，这就给大国管控其政策增加了难度。冷战时期，大国能够更好地掌握小国，这甚至被一些国际政治理论家看作冷战时和平得以保持的重要原因。① 但冷战结束后这种情况较大地改

---

① 参见 Kenneth N. Waltz, "The Origins of War in Neorealist Theory," *The Journal of Interdisci-plinary History*, Vol. 18, No. 4, 1988, pp. 39 – 52。

变了。尤其是在全球治理背景下的多边主义体制下，小国往往有重要的作用。[①] 一些外交技巧十分成熟的小国，更是在不少情况下扮演了关键第三方的角色，其典型例子是新加坡一度在中美之间左右逢源。部分由于新加坡的推动，东盟也企图在中美间扮演这种角色。有学者因此指出，在东亚，美国东盟之所以走得更近，不但有美国的作用，也是东盟"两面下注"战略推动的结果。[②] 正因如此，不少学者都对小国的作用越来越表示关注。[③] 第二，由于最终还是导致了两个大国间的对抗，所以间接冲突的破坏性同样不容小觑。但一个不同于直接冲突的地方是，由于有了第三方的卷入，所以大国对抗可能会采取相对间接、非正式的形式，典型的例子就是朝鲜战争中的中美对抗。中国不是以正式宣战而是通过派遣人民志愿军的方式参战，而美国也有意将战场限制在朝鲜境内，这就意味着，由于第三方充当着缓冲地带或是两国矛盾的"遮羞布"，双方在战争的进程及其后果方面不至于撕破脸皮，而是有可能保持一定的克制。

根据上面的分析，不同冲突的特性可根据可预见性、可解决性（矛盾大小）、危害程度、可控性等标准归纳如表 1—1 所示。从冲突管理的角度而言，越不可预见、越难根除（矛盾越大）、危害程度越大的冲突就越难管理，反之则较易管理。

表 1—1　　　　　　　　　大国冲突的特性

	可预见性	可解决性	后果的危害程度	可控性
结构冲突	可预见	难根除	灾难性	
偶发冲突	难预见	可避免	有限	

---

① 李少军:《大国何以开展小国外交?》,《社会观察》2013 年第 12 期。

② Cheng-Chwee Kuik, "The China Factor in the U. S. 'Re-Engagement' with Southeast Asia: Drivers and Limits of Converged Hedging," *Asian Politics & Policy*, Vol. 4, No. 3, 2012, p. 4.

③ 如［俄］尼古拉·兹洛宾《世界进入"小国牵制大国"时代》,《国防时报》2010 年 11 月 8 日第 19 版; 谢晓光、岳鹏《小国挑战大国的原因与策略》,《国际政治科学》2013 年第 4 期; Renato De Castro, "The Philippines Confronts China in the South China Sea: Power Politics vs. Liberalism-Legalism," *Asian Perspective*, Vol. 39, 2015, p. 72。

续表

	可预见性	可解决性	后果的危害程度	可控性
直接冲突			灾难性	相对较强
间接冲突			灾难后果被缓冲	相对较弱

二　间接结构冲突与其他冲突的比较

上述两种冲突分类在实践中是分不开的，一定来源的冲突总是需要通过一定的路径体现出来。如果将上述两种分类组合起来，可能的大国冲突将有以下几类，而间接结构冲突就是其中一种。

表1—2　　　　　　　　　　　**大国冲突的组合类型**

	结构冲突	偶发冲突
直接冲突	Ⅰ：直接结构冲突	Ⅱ：直接偶发冲突
间接冲突	Ⅲ：间接结构冲突	Ⅳ：间接偶发冲突

以上组合仅仅是逻辑上的，虽然不同类型的场景均有可能，但其可能性程度是不一样的：有的可能是大国冲突的普遍场景，而有的则可能很少出现。另外，考虑到每种冲突类型都有其特性，组合后的不同冲突场景在特性上也将出现因组合而发生的新变化，而这些特性正是我们对冲突的重要性、影响进行衡量的关键指标。以下就对各种冲突场景的可能程度以及特性进行分析，通过下面的比较，可以对间接结构冲突的概念、重要性有较清晰的了解。

第一，直接结构冲突。

即直接发生在大国之间、由于某种结构性安排导致的权力或重大权利/义务冲突。这一冲突可能发生在相关大国的领土上或是公共海域和空域，如英国与阿根廷间的马岛战争。也可能在第三地，甚至跟第三方有一定关系，但其主要起因仍在于大国间的直接矛盾与自身政策考虑。如冷战时的三次柏林危机涉及不同的情况，但都是美苏之间的直接结构冲突。第一次柏林危机发生于1948年"二战"结束美苏等战胜国仍然分区占领柏林之际，苏联为了阻止西（美英法）占区成立西德，对西柏林实行封锁①。但苏联封锁并未达成目的，最后撤除封锁，并相应地在苏占区成立东德。这一次危机发生在第三地，但第三方（西德与东德）要到危机快结束时才成为真正的政治实体，因此对冲突的发生与进程毫无影响。1958 年的第二次柏林危机缘于苏联知道德国统一无望，遂退而求其次希望迫使西方承认东德，其采取的办法就是要求美英法限时撤出西柏林驻军，否则苏联将把西柏林的过境检查改由东德负责。但西方反应强烈，称不惜以武力回应，一时陷入外交僵局。第三次柏林危机事实上是第二次的延续，1961 年，苏联再提西方军队撤出西柏林要求，美苏双方都宣布增加军费，军队征召后备人员，大有冲突一触即发之势。最后结果是苏联未能迫使美国撤军，而东德则筑起了分隔东西柏林的柏林墙。在这两次危机中，第三方因素是两大国采取行动的重要借口和工具，但并没有起将美苏带入冲突的主动作用，也没有对危机进程产生关键性影响。这三次危机也说明了直接结构冲突的特性，第三方无论在冲突的起源还是演变过程中均没有发生有意义的作用。双方冲突源于美苏及其领导的两大阵营之间的冷战对抗，其矛盾是结构性的，难以调和，因此其发生在某种程度上具有必然性。而且，一旦失控，其后果将是灾难性的②。但是，由于这是发生在美苏之间的直接冲突，双方可以直接进行沟通而不受制于第三方因素，因此反而相对容易管控。这也是冷战期间美苏冲突频频，但最终均没有升级为直接热战的根本原因。

第二，直接偶发冲突。

这是指两个国家之间直接发生的冲突，与第三方无关。但与直接结构冲突不同的是，这种冲突是由一些偶发因素触发的，并非双方间的结构性利益安排冲突所致。这里所谓的偶发因素，包括个别事件、次要利益分歧、一线指挥官的误判、军事舰机的误撞等。在多数时候，这些冲突发生在具有一定程度竞争关系的国家之间，甚至是发生在友好国家之

———————

①　西柏林即柏林的美英法占领区，柏林在苏占区内，但像整个德国一样，当时由美苏英法分区占领。

②　在第二次柏林危机之前的 1954 年，苏联进行了首次核试验，从而与美国一起成为掌握核武器的国家。就像 1962 年古巴导弹危机一样，如果美苏因为柏林危机而引发战争，也很可能成为核战争。

间。例如，当美英联军在伊拉克和阿富汗作战时，就发生过不少美国空军误炸友军的事件。这种冲突有一定的难预见性，因为在复杂的地缘和军事条件下，误伤误炸随时可能发生，而且与双方的敌意和矛盾（友军友国之间不存在这样的矛盾）没有直接关系，因此缺乏可以预判的基准。但如果两个国家有充足有效的协调、配合机制的话，这类冲突本是可以减少的。而且，这类冲突一旦发生，由于各方间本没有敌意，而且可以直接沟通不受第三方影响，事件一般都容易解决，不会酿成大的后果。

需要注意的是，直接偶发冲突也可能发生在具有结构性冲突的国家之间。例如，进入21世纪第二个十年之后，中印边境曾经发生过多次边境对峙事件。作为相邻的两个有地缘竞争关系的大国，特别是在印度认定中国在克什米尔争端中支持巴基斯坦、中方认定印度支持达赖分裂势力的情况下，双方间的矛盾可以视为是结构性的。边境对峙事件就是在这样的大背景下发生的。但是，这类事件的发生又有其偶然性，因为它往往不是双方有意策划的结果，而是在偶遇、误判以及在边境地区建筑设施（并非想与对方冲突）等情况下发生的。所以，这类事件较发生在友军、友国之间的偶发冲突危险性更大，但只要双方决策层迅速沟通、掌控局势，往往还是能够较好地实现控制，前面所提到的多次中印边境对峙事件就均没有酿成实际武装冲突。但是，由于中印边界对峙涉及敏感的主权问题，如果任何一方被民族主义情绪驱使、绑架或是有其他的国内政治目的，就可能导致失控的局面。例如，在2017年年中发生在中印边界锡金段的对峙事件，就已演变成严重的外交争端，双方国内舆论一度都出现了备战求战的声音。① 另外，在实践中，一些国家为了自己的政治目的，会有意将挑衅伪装成"边境意外冲突"，其后果更加严重，但它在性质上就不是"偶发"冲突，而可能是结构冲突的一种具体表

---

① 2017年6月18日，印度边防部队270余人经无争议的中印边界锡金段进入中国境内，阻止中国在自己边境之内的道路施工活动。在双方僵持、对峙中，外交交涉与舆论谴责一度步步升级。例如，2017年8月3日，中国国防部发言人发表声明强调："善意不是没有原则，克制不是没有底线。印度要打消任何以拖待变的幻想。任何国家都不应低估中国军队履行保卫和平之责的信心和能力，都不应低估中国军队维护国家主权、安全、发展利益的决心和意志。"参见《国防部新闻发言人任国强就印度边防部队非法越界进入中国领土发表谈话》，2017年8月3日，中国国防部网（http://www.mod.gov.cn/info/2017—08/03/content_ 4788200. htm）。

现了。

第三，间接结构冲突。

即因为第三方介入而产生的结构性冲突。其基本情况是，第三方与一个大国之间存在重大的安全利益冲突，但与另一个大国之间存在安全上的同盟关系，结果导致两个大国之间产生间接结构冲突。需要说明的是，安全同盟关系应该包括明示或暗示的安全承诺，而且绝大多数体现为书面的条约[①]，但也可能缺乏这一形式。例如，美国与以色列之间的特殊关系就没有通过条约规定下来，而美国对中国台湾的安全承诺，则是基于双方间关系的历史以及美国国会单方面制定的《与台湾关系法》，而不是双边条约。不管何种形式，一旦第三方与一国存在安全矛盾与冲突，又与一个大国产生安全上的相互权利义务关系时，两个大国间间接结构冲突也就因此出现。

从理论上讲，间接结构冲突的生成有以下两种情况：

一是第三方与 A 大国发生重大安全冲突，因此与 B 大国结成同盟，从而使得 A、B 两个大国间发生安全上的权利义务冲突。其中的典型例子是 1959 年古巴的卡斯特罗在推翻亲美政权后，为了对抗美国而选择与苏联结盟（尽管没有正式的联盟条约）。一般来说，在这种情况下，在是否选择与第三方结盟的问题上，大国会很慎重。因为共同的威胁被普遍认为是联盟形成的前提条件[②]，如果没有共同威胁，很难想象一个国家仅仅会基于国际责任或是威望去缔结同盟。这种同盟即使存在，往往也难以持久或是流于形式。但第三方国家常常选择的是那些同样敌视其敌人或对手的国家，而这些国家出于自己的安全目的，也往往对利用第三方牵制和对抗敌对大国感兴趣。

二是第三方本来就与 B 大国存在同盟关系，但后来与 A 大国发生重大安全利益冲突，因而使得 A、B 大国间也出现了安全上的权利义务冲突。在这种情况下，B 大国往往会区别对待不同的情况。如果它与 A 大

---

① 由于现在的国际法要求条约公开，此类条约一般都不会公开载明针对哪一个国家，而往往是笼统地规定缔约方中任何一方受到攻击时，另一方有义务提供协助。但实际上，其指向性往往都是十分明显的。对第三方小国来说，条约就是用来对付与之有争端的大国的。

② 参见［美］斯蒂芬·沃尔特《联盟的起源》，周丕启译，北京大学出版社 2007 年版。

国间没有安全冲突，往往会担心"由于受到盟友行动的牵连而去履行与它们自身安全关系不大的义务"①，因此倾向于限制自己对第三方的安全义务，以缓解或避免间接结构冲突。例如，美韩是同盟关系，韩国与日本在独岛（竹岛）归属问题上存在争端，但美国与日本没有安全冲突，而且也是安全盟友。因此，美国历来持"尽最大可能自此争端脱身"的立场，还一度试图在韩日之间撮合。② 如果 B 大国发现自己也与 A 大国之间存在矛盾或冲突，就倾向于利用第三方，对自己对第三方的安全义务做扩大化的解释。美国对日本、菲律宾等盟友的立场就是如此，因为这些第三方与中国之间存在安全上的争端，而美国则与中国存在结构性权力冲突。

需要指出的是，无论是在哪种情况下生成间接结构冲突，关键都是第三方与其结盟大国对它们之间的安全承诺做了有针对性的解释。考虑到国际政治的复杂性，同盟中关于安全义务的条款常常是比较含糊的，可能不会在针对对象、义务所覆盖的范围、履行义务条件和程序等方面做出过于具体的规定。但是，它们出自不同的目的，将这种安全承诺的针对对象指向另一个大国，结果就产生了间接结构冲突。

因此，在现实中，间接结构冲突常常是与大国间的直接结构冲突相伴随存在的，至少是以大国竞争关系的存在为前提。但这并不意味着间接结构冲突仅仅具有次要的地位。由于直接结构冲突往往具有灾难性的后果，大国往往通过第三方来进行博弈与竞争，从而使得间接结构矛盾成为突出的主要矛盾。但这一矛盾由于第三方加入其中而更加难以管理，如果管控不好的话，仍可能导致重大的后果。这方面的教训是"一战"前德国、法国等国对于奥匈皇储在塞尔维亚遇刺后的态度。这本是奥匈与塞尔维亚之间的问题，但作为奥匈的盟友德国与作为塞尔维亚的后盾法国都不支持妥协，反而为认定是"不可避免"的大战做准备，其结果众所周知。大国被第三方利用的情况也不鲜见，著名的伯罗奔尼撒战争就是一个这样的例子。修昔底德认为，雅典人和斯巴达人都不愿向对方

---

① ［美］詹姆斯·多尔蒂、小罗伯特·普法尔茨格拉夫：《争论中的国际关系理论》，世界知识出版社 2003 年版，第 575 页。

② 参见吕平《奥巴马执政时期美国对独岛争端的控管研究》，《东疆学刊》2017 年 4 期。

开战，但他们各自的盟国让他们相信战争不可避免，结果导致这两个大国都试图夺取决定性的先发优势，从而引发了一场大战。① 因此，所谓的修昔底德陷阱并非仅仅是一场新老大国之间的冲突，还突出地反映了第三方在其中的作用。当然，也有大国对间接结构冲突持谨慎态度的。冷战时期的"普韦布洛"号事件就是一例。1968 年 1 月 23 日，朝鲜拘捕了在其领海附近进行情报搜集的美国"普韦布洛"号及其船员。面对这一突发事件，驻太平洋的美国海军第七舰队派出了以"企业"号核动力航空母舰为核心的大批巡洋舰、驱逐舰、核潜艇等舰艇，集结在朝鲜以东海域，摆开准备开仗的阵势。而朝鲜方面也下令做一切战斗准备。在这种情况下，苏联也被卷入这一事件中，甚至面临与美国开战的危险。因为根据1961 年签订的《苏朝友好合作互助条约》，缔约任何一方遭受任何国家或国家联盟的武装进攻而处于战争状态时，另一方应立即尽其全力给予军事及其他援助。事件发生后苏联向美国在内的国际社会表明了自己完全支持朝鲜的立场，斥责美国对朝鲜进行的"霸道无耻的侵略行径"，并进行了海军调动。但事实上，当时苏联对朝鲜的支持主要是口头上的，它无意与美国冲突，而美国也不想再在半岛进行一场战争。事件最后通过外交方式实现了解决，以美国道歉、朝鲜放人而结束。② 如何推动相关国家管控而不是利用间接结构冲突，正是本书要进行系统分析的目标。

第四，间接偶发冲突。

它类似于直接偶发性冲突，区别在于它是由第三方因素引发的意外冲突。由于是偶发性冲突，具有难以预见的性质。特别是在第三方的介入下，相对于直接偶发冲突管理起来要更加困难。但由于两国并不具有结构性矛盾，不但从性质上来说是可以避免的，其后果也相对有限，不太可能恶化为大规模冲突。与间接结构冲突相比，虽然同为间接冲突，但间接结构冲突是第三方引起了两个大国间的权利义务结构性冲突，而

---

① ［英］克里斯托弗·科克尔：《大国冲突的逻辑：中美之间如何避免战争》，卿松竹译，新华出版社 2016 年版，第 129 页。

② 关于"普韦布洛"号事件过程以及苏联的态度，可参见周明《择日再来：回首"普韦布洛"号事件》，《国际展望》2003 年第 3 期；马德义《苏联对普韦布洛号事件的低调政策》，《西伯利亚研究》2009 年第 2 期。

间接偶发冲突则类似于擦枪走火的性质，两大国并没有因此陷入结构性冲突的困境。例如，我们可以假想这样一个例子。A 国与 B 国处于交战状态，而 C 国保持中立。当 A 国军舰追击 B 国军舰时，后者进入 C 国领海然后被尾随进入的 A 国军舰击沉，这里就可能出现 A 国与 C 国冲突的问题。但 A 国与 C 国并没有敌对性的矛盾。一般情况下，双方也不会就此大动干戈，多半可能以 A 国道歉而结束。这里要强调的是，必须是 B 国进入了 C 国领海而引起了 A 国、C 国之间的冲突。在现实中，完全符合这一标准的案例并不多。

根据上述分析，不同的大国间冲突呈现出不同的特性，具体可见表1—3：

表1—3　　　　　　　　　大国冲突的组合类型及其特性

	结构冲突 （可预见、难避免、灾难性）	偶发冲突 （难预见、可避免、后果有限）
直接冲突 （过程可控性强、 后果灾难性）	直接结构冲突 （可预见、难避免、灾难性， 但过程可控性强）	直接偶发冲突 （难预见、可避免、过程可控性 强，后果难上升到灾难程度）
间接冲突 （过程可控性弱、 后果被缓冲）	间接结构冲突 （可预见、难避免、过程可控性弱， 后果相对可控但仍有重大的破坏性）	间接偶发冲突 （难预见、可避免、后果有限， 但过程可控性弱）

在上述四种冲突类型中，本书将重点对与第三方因素直接相关的间接结构冲突进行分析。相对结构冲突而言，偶发冲突即使过程不可控，难以预见，但其后果往往是可控的。而在结构冲突中，正如前言中所分析的那样，对直接结构冲突的分析已经很多，但对第三方因素重视不够。而从间接结构冲突的角度理解第三方冲突，有利于对第三方的作用、影响做出比较系统、客观、公正的理论分析。

第二节　中美间接结构冲突

从理论上看，在中美可能冲突的类型中，最为重大的当然是直接结构性冲突。但在现实中，间接结构冲突可能更多地困扰着中美关系，因此值得特别重视。

一　中美冲突的类型

根据前面所述的冲突类型，中美冲突也可以分为以下几类。

1. 直接结构冲突，即中美之间由于权力安排或重大权利/义务分配所导致的直接冲突。考虑到中美远隔重洋，当前没有直接的安全利益冲突，最突出的挑战就是由于中国迅速而且持续的崛起所引起的新老大国权力矛盾问题。自奥巴马任总统开始，美国开始视此为重大挑战。正如澳大利亚学者休·怀特所概括的那样，奥巴马主义是非常清晰的，那就是美国将动用全部力量抵抗中国对亚洲现有秩序的挑战。在他看来，奥巴马所做的一切"是一项声明：美国正在对中国做出选择，这个选择就是对抗"。[①] 特朗普政府执政后，一边在朝核问题上谋求与中国合作，一边在中国台湾、贸易等问题上对中国小动作不断，对中国警惕之心不减[②]。以2017 年年底美国《国家安全战略报告》发表为标志，视中国为首要战略竞争对手成了美国战略界的共识。但需要指出的是，中国领导人基本上保持了清醒的战略头脑，致力于寻求与美国建立新型大国关系，尽力避免所谓"修昔底德陷阱问题"。当然，面对美国的战略牵制，中国国内也有提出要抛弃韬光养晦、要打破美国"C"形包围圈的声音。总的来看，两国关系的主导权掌握在美国手中。美国视中国为竞争对手，使得中美间的直接结构矛盾根深蒂固。如果直接结构冲突发生，要么就是美国以武力制止中国崛起，要么就是中国武力夺取霸权。由于中美两国的巨大经济体量与军事实力，如果冲突开启且未得到有效的管控，其后果必定是灾难性的。正如兰德公司在 2016 年的一份报告中所描述的那样："两

---

① ［澳］休·怀特：《中国抉择：美国为什么应与中国分享权力》，樊犇译，世界知识出版社2013 年版，第11—12 页。

② 例如，2017 年 12 月 2 日，特朗普国家安全事务助理麦克马斯特（H. R. McMaster）在出席美国国会和军方领导人参加的里根国防论坛上发表演讲时表示，今天的美国站在与 1987 年里根制定第一个国家安全战略时相似的"十字路口"。他妄言俄罗斯和中国正在破坏"二战"后的政治、经济和安全秩序，以牺牲美国及其盟友为代价推进它们自己的利益。参见《特朗普欲罕见在上任首年公布国家安全战略，"或急于出成绩"》，2017 年 12 月 5 日，澎湃新闻网（http：//www. thepaper. cn/newsDetail_ forward_ 1891760）。

国间的战争可能以灾难性的打击开始，很难控制、持续数月（如果不是数年的话），没有赢家，给双方军事力量造成巨大损失。"① 但正是由于双方对后果的灾难性有清晰的预见，以及双方的沟通与协调可以直接进行，而不是必须经过第三国，从而有可能建立更加迅速、有效的沟通与管控管道，这些因素都有利于促使避免直接结构冲突的发生。中美一旦意识到冲突的危险后果，就有可能采取措施避免冲突的爆发，即使在冲突爆发中也有可能采取一定的管控措施，实现冲突的降级或中止。当然，由于涉及权力矛盾与重大利益，直接间接冲突要完全消除是很难的，但比较容易实现管控。正基于此，不少学者相信中美冲突不大可能②。这种冲突，主要指的就是结构性矛盾导致的直接军事冲突。

2. 直接偶发冲突。典型的例子是 2001 年中美撞机事件。如果从美方的角度来看，1999 年轰炸中国驻南联盟大使馆事件也可属于这一类，因为它坚持"误炸论"，也就是并非故意为之。正如导论中回顾中美冲突管控历程所展示的那样，直接偶发冲突是中美双方最为担心出现的事件，特别是在 2012 年至 2016 年南海争端一度激化、美方频频进行所谓航行自由宣示的情况下，双方舰、机接触的频率进一步增加，但相关的管控规则建设最初并没有跟上，因此出现摩擦起火的可能性是完全存在的。2015 年，《国家利益》杂志上的一篇文章设想并详细描述了三种可能导致中美在南海进入战争的情况（尽管两者都不想战争）：第一，中国进行跳跃式填岛行动，美国舰机进入中方所宣称拥有权利的海域；第二，双方飞机在空中遭遇，特别是在中国设立防空识别区的情况下；第三，潜艇之间的相遇。③ 在上述任何一种情况下，如果出现一些人为的、偶然因素，就有可能导致类似于撞机事件的冲突再次发生。正是出于对这一冲突前景的担心，中美间经过多次协商，于 2014 年 11 月签署了《中美关

---

① David C. Gompert, Astrid Stuth Cevallos, Cristina L. Garafola, *War with China: Thinking Through the Unthinkable*, Published by the RAND Corporation, Santa Monica, Calif., 2016, Summary xvii.

② James Dobbins, David C. Gompert, David A. Shlapak and Andrew Scobell, *Conflict with China: Prospects, Consequences, and Strategies for Deterrence*, RAND Corporation, 2011, p. 1.

③ Robert Farley, "3 Ways China and the U.S. Could Go to War in the South China Sea," June 6, 2015（http://nationalinterest.org/feature/3-ways-china-the-us-could-go-war-the-south-china-sea-13055）.

于海空相遇安全行为准则谅解备忘录》。虽然这一备忘录作用有限,但也正如撞机事件所表明的那样,这类冲突即使发生,结果也是可控的,只要双方最终能够有效管控国内民族主义的话。

3. 间接偶发冲突。它类似于直接偶发性冲突,区别在于它是由第三方因素引发的意外冲突。第三方引起的意外冲突如果发生,通常发生在离当事大国距离较远且不涉及其核心利益的地方。因为如果发生在当事大国附近,往往会涉及其核心的安全利益。在这种情况下,如果是第三方引起,那么可能引发大国间的间接结构冲突,如果没有涉及第三方,那么可能是当事大国间的直接结构冲突。当前,尽管美国的基地遍布全球,但由于中国的军事力量当前仍主要在周边活动,在远离周边的地区部署较少,因此由第三方因素引发中美直接偶发冲突的可能性较小。而且,考虑到中美在全球范围内的共同安全利益要大于竞争性安全利益(与在东亚的情况恰恰相反),如反海盗、维护索马里的稳定、控制巴以冲突、反对恐怖主义等,中美即使因为第三方因素而发生摩擦(如双方围剿恐怖分子过程中出现误伤),也不太可能上升为重大冲突。而且,分布在世界许多地区的联合国派驻机构的协调机制也能够部分地解决包括中美在内的各国海外军事力量协调的问题。当然,随着中国军事力量开始承担全球责任①,中美间发生间接偶发冲突的概率可能会有所增加。

4. 间接结构冲突,即中美因为第三方因素而被动地陷入某种冲突的状态。尽管我们当前谈论的是中国崛起背景下的间接结构冲突,但事实上这样的冲突已在中国崛起之前就发生过,那就是两极对抗格局下的朝鲜战争。当战争爆发之时,美国为了其一手扶植成立起来的韩国免于灭顶之灾而组织了"联合国军"。当战火烧到朝鲜境内时,中国又主要基于"根据国际分工为社会主义阵营承担的责任"以及对自身的安全考虑而参战②。在这场残酷的战争之后,中美开始陷入一场长期的对抗之中。越南战争在某种程度上也算间接结构冲突,美国支持其盟友南越,而中国则向北越派出了军队,但主要承担的是后勤、防空任务,中美之间的冲突

---

① 2017年7月11日,中国人民解放军第一个海外保障基地吉布提基地成立,8月1日正式进驻。9月22日,中国完成了8000人规模的维和待命部队在联合国的注册工作。

② 沈志华:《毛泽东、斯大林与朝鲜战争》,广东人民出版社2013年版,第321—328页。

没有体现为战场上的刀兵相见。这些历史的教训说明，中美间的冲突主要是间接结构冲突，而不是其他。而且，朝战和越战还以血淋淋的事实说明，间接结构冲突其实可控性更差，发生的可能性更大（相对于直接结构冲突）、后果更具灾难性（相对于偶发冲突，不管是直接的还是间接的）。越战乃至冷战结束之后，由于直接涉及中美的东亚热点的降温，以及两极对抗格局不再，类似朝战、越战那样规模的战争较少可能再在东亚出现。但是，中国崛起背景下中美结构性权力矛盾的增加以及东亚第三方因素仍然众多而且复杂（具体请见第三章），间接结构冲突仍然是笼罩中美关系前景的关键性变量。

根据上述分析，中美间的冲突类型及其可能性有如下情况：

表1—4　　　　　　　　　　中美冲突的类型

	结构冲突	偶发冲突
直接冲突	直接结构冲突 如美国武力阻止中国崛起或是中国武力夺取霸权，但迄今从未发生，今后发生的可能性有限	直接偶发冲突 如2001年撞机事件，已经发生，今后也不能排除
间接冲突	间接结构冲突 如朝鲜战争、越南战争，今后仍然需要重视	间接偶发冲突 很少，今后可能有所增加

二　为什么要重视中美间接结构冲突

毫无疑问，对于每一类中美冲突都应该争取避免。但正如导论中所分析的那样，无论是政策界还是学术界，一方面相信直接结构冲突不太可能发生，另一方面将关注的重点集中在偶发性冲突上面，而忽略了另外一种冲突类型：间接结构冲突。这种忽视可能不会立即产生严重的后果，因为从冲突结构的形成到具体冲突的发生可能会有一个相当长的"潜伏期"。正因为如此，人们更容易对间接结构冲突产生麻痹心理。只有充分认识到中美间接结构冲突的下列理论与现实特性，才有利于提高对它的重视程度。

1. 结构性特征导致冲突很难缓解与避免

正如前述，结构冲突的一个重要特性就在于，由于相关各方在权力安排或重大权利义务分配方面存在重大冲突，所以冲突的原因很难根除，冲突因此也更难避免。对间接结构冲突来说，冲突大国与第三方存在重大的安全利益冲突，这是当事方都很难放弃与让步的。例如，中国与一些东盟国家在南沙岛礁主权归属问题上存在争议，由于涉及敏感的主权问题，没有一个国家能够轻言放弃。而在支持大国与第三方之间，其相互的安全义务往往是通过明文的条约固定下来的，具有法律的效力。这就使得两个大国通过第三方而形成一种难以缓解的冲突结构。虽然这种冲突结构不等于冲突本身，但这种结构一旦形成，就始终使得两个大国间存在一种对立的权利义务关系，并随时存在上升为实际冲突的可能。

在中美之间，间接结构冲突之所以突出和难以避免，其中的原因除了前面提到的直接对抗风险太大之外，还有一个重要原因就是双方特别是美国总是试图掩盖双方之间的直接结构矛盾。例如，前任美国总统奥巴马在公开场合多次宣称"欢迎中国的和平崛起"（尽管他的亚太再平衡战略事实上在对中国的崛起加以牵制），而中国领导人也表示无意于挑战美国的领导地位及其主导下的国际秩序。但是，这种权力竞争并不会自动退去，而是采取了另外一种形式。例如，对于占据国际博弈优势的美国来说，它就更乐意转而采取通过第三方博弈的方式——利用自己的盟国或准盟国，特别是其中与中国存在各种矛盾的国家——牵制中国的崛起。在 2017 年特朗普即将访华之前，他的国务卿蒂勒森阐述了一个战略愿景，即拟与印度发展持续 100 年的更紧密的军事、经贸和外交伙伴关系，作为抵御中国的堡垒。[①] 后来特朗普在其亚洲之行中果然提出了印太战略。通过第三方牵制中国，不但掩盖了美国压制中国的私心，而且还容易把它自己打扮为支持弱小国家的正义守护者。这样一来，中美直接结构矛盾常隐居幕后，而间接结构矛盾常走到台前。

2. 第三方因素加大了冲突的可能性与难管理性

前面提到，由于能够悖逆大国的意愿，第三方的主观能动性加大了

---

① 卡特琳娜·曼森：《蒂勒森：美国愿与印度发展百年战略关系》，2017 年 10 月 19 日，FT 中文网（http://www.ftchinese.com/story/001074726）。

冲突管控的难度。不少学者都注意到，美国和中国为赢得中等国家的忠诚而竞争，结果却是中等国家有能力把握地区秩序的方向。① 除此之外，以下因素也增加了中美走向冲突的可能性。第一，由于有了第三方这个中间变量，中美之间的主要矛盾爆发的根源从直接结构冲突转变成了间接结构冲突，但正是这种间接性往往使得大国心存侥幸，以为至多发生与小国的冲突而已，或者是通过小国进行像越战中那样间接对抗，不会与另一个大国发生直接战争。这一状况使得大国在相关情势下，反倒更容易采取挑衅的姿态，或是介入跟对方大国相关的争端，从而增加冲突的可能。第二，大国在与第三方签订有关安全权利与义务的条约时，往往会为了保持自己的行动自由，对自己本应履行的安全承诺保持一定的模糊性。例如，美国与其亚洲盟友的安全条约条款常常是这样的：各方面对入侵威胁时，依据各自国内的宪法程度采取行动。也就是说，这一条款实际上并非自动触发条款，其意图是旨在给第三方盟国开"空白支票"，不被它们牵着鼻子走。但是，这些被政治家、外交官们精心设计的条款往往很难得到各自国内舆论的同样精致化理解。小国盟友常常以为美国的保护是必然的，从而在面对另一个大国时常常促使其政府采取强硬的政策。这反过来又会使其所依靠的大国陷入一个非常尴尬的境地：要么不支持而使自己丧失信誉，要么支持但冒与另一个大国发生冲突的风险。总的来说，在当前中美关系中，大国没有充分意识到利用第三方的危险性，而一些第三方也没有意识到卷入大国冲突的危险性。在奥巴马执政时期，越南、菲律宾与中国的南海争端都是在这种背景下发生的。美国以为不会被这些小国牵着鼻子陷入与中国的冲突，而这些第三方则依靠美国的支持向中国叫板。如有美国学者认为，"美国与日本、韩国、菲律宾、泰国、澳大利亚和新西兰的广泛同盟为这一地区的美国盟友们提供了心理上的安慰，以及一种应对中国潜在侵略行为的有效遏制"。② 是不是"有效"目前还不好说（美国的支持并未使菲律宾在黄岩岛对峙

---

① G. John Ikenberry, "Between the Eagle and the Dragon: America, China, and Middle State Strategies in East Asia," *Political Science Quarterly*, Vol. 131, No. 1, 2016, pp. 11, 35.

② Noel M. Morada, *Multilateralism and Regional Order: Essays on Major Power Relations and East Asian Security*, National Defense College of the Philippines, p. 221.

中占据上风，也未能帮助它实施南海仲裁裁决)，但一个显然的事实是，在这种"安慰"效果之下，这些国家与中国间的紧张关系近几年来出现了增强而非减弱。有学者因此认为，当前亚洲最危险的对抗发生在中国与其邻国之间，而不是中美之间。① 但由于这些邻国不少是美国的盟国，中国与它们间的冲突无疑增加了与美国发生冲突的可能性。

3. 复杂的冲突后果

间接结构冲突一旦发生，可能会有如下不同的情势。第一，造成中美间的直接偶发冲突。即使中美很可能无意于直接发生战争，但在间接性的权利义务关系驱使下，会采取一些导致双方遭遇的行动。例如，由于南海局势的紧张，美国在"航行自由"的名义下加大了向南海派遣舰机巡逻的数量与频率，与中方舰机相遇的概率因此大大增加，这种情况下因为意外的摩擦而发生的冲突就是偶发冲突。第二，重大直接对抗甚至是局部战争。这可能由第三方因素直接引发，也可能是在前述直接偶发冲突的基础上升级而来，特别是在中国民族主义情绪仍然浓厚而美国则仍借机遏制中国的情况下，升级冲突这一手段可能被双方中的某些人所利用。在升级的冲突中，一方甚至双方可能动用有相当数量的舰机对对方军事力量采取一定的有意进攻性行动。虽然中美核战争不太可能，但一场地区层次的冲突是完全有可能的。② 第三，即使中美间没有因此发生直接的偶发冲突和有意的重大冲突，也会造成中美间的长期结构性紧张关系，这正是当前存在的局面。即尽管中美对于冲突的发生保持了充分的警惕，而且采取了适当的沟通、自我抑制等降温措施，但是，第三方因素刺激下的中美间紧张关系却已成为现实。这种紧张关系虽然没有导致战争，但已经严重损害了双方间的信任与合作关系，迫使双方投入大量的战略资源，使得中美关系长期处于一种"亚健康"状态，而这无

---

① Michael S. Chase, Timothy R. Heath and Ely Ratner, "Engagement and Assurance: Debating the U. S. -Chinese Relationship," November 5, 2014 (http://nationalinterest.org/feature/engagement-assurance-debating-the-us-chinese-relationship-11608).

② 例如，2016 年兰德公司的一份研究报告认为，美中之间一旦爆发战争，应该是区域的常规战争。考虑到核武器的严重后果，两国都不会首先使用核武器。参见 David C. Gompert, Astrid Stuth Cevallos, Cristina L. Garafola, *War with China: Thinking Through the Unthinkable*, Published by the RAND Corporation, Santa Monica, Calif. , 2016。

疑也是应该避免的。

4. 东亚第三方众多、热点问题突出

在中美战略竞争最激烈的东亚地区，存在着与中美关系直接相关的众多第三方。例如，美国的亚太盟友主要集中在东亚地区，有日本、韩国、菲律宾、泰国等，都对它们承担了某种安全上的义务，而这些国家不少都与中国存在安全上的争端。中美关系还受到诸多东亚热点问题的困扰，如朝核问题、钓鱼岛争端和南海争端等。对此，本书第三章有详细的分析，此不赘述。总体来看，第三方与其中一个大国的安全关系越紧密，与另一大国的安全矛盾越激烈，那么两大国间的结构性冲突就越紧张，发生实际冲突的可能性就越大。许多中国舆论认为，盟友安全并非美国生死攸关的利益，美国不会为了这样的利益去冒与中国发生冲突的风险。这种思维使得中国在处理与周边国家争端时，对美国的卷入总是抱着一种简单化的心理：美国不会轻易卷入。但也不可低估遵守对盟友安全的承诺这一利益对于美国的重要性，特别是在双边同盟体系已构成美国东亚安全框架基石的情况下。因为盟国体系是美国维护其霸权的重要支撑，没有盟国，美国就不可能有世界霸权。美国可能会失信一次，却无法失信到底，因为这将意味着其亚太同盟体系的崩溃。而且，考虑到具体情势下利益判定的复杂性，以及决策者认知和国内舆论的复杂性，切不可低估第三方把中美两国拖入一场大规模冲突的风险。

结　语

本章致力于通过几种大国间冲突类型的比较分析，突出间接结构冲突的重要性。在现实中，大国间的间接结构冲突常常是与它们的直接结构冲突或竞争关系纠缠在一起的，这不但导致两国间的冲突结构更加复杂，而且往往使得间接结构冲突被淹没在直接结构冲突和大国竞争的形式下面。那种直接发生在大国间的结构冲突当然更加重要，但在现实中往往较难发生，因为直接的战争破坏巨大，新老大国都有意避免。而且，作为直接的冲突，大国都十分重视，彼此沟通起来也更加容易，这些因素都降低了它们实际发生的概率。但是，间接结构冲突是一种后果也很严重，却容易受到大国忽视，同时管控起来也很难的一种冲突，因此更加值得我们重视。对具有结构性权力矛盾而且经常通过第三方进行博弈的中美两国来说,间接结构冲突更加显而易见,危险也更加突出。特别是在美国的战略中,利用第三方牵制中国,一直被当成重要而有效的手段加以使用。对美国来说,它显然更加重视第三方作为政策工具的价值,而忽视了其作为结构性冲突因素的风险。虽然美国和中国一样,在大多数时候一直在小心翼翼地避免双方间发生各种直接或间接的军事冲突,但其手段有时与此目标背道而驰,应该引起我们的充分重视与警惕。

第 二 章

管控冲突：基本原理与路径

    考虑到中美间接结构冲突复杂而且后果严重，如何对之进行预防和管控应该被从忽略的边缘提升到一个值得重点研究的领域。在冲突预防和管理研究中，关于第三方（如国家、公民社会、非政府组织和国际机构）作为调解人或仲裁者身份的研究很多①，但本章强调的是第三方作为冲突触发者甚至是冲突结构塑造者的情况，管理者主要还是冲突双方大国本身。当然，第三方的政策选择也会被论及，但这里主要是分析其应该以何种态度面对大国竞争，而不是一定要以某种身份去参与冲突的解决。另外，需要说明的是，笔者没有对冲突的各个阶段（如冲突预防、冲突管理和冲突解决②）进行细分，因为本章的目的旨在为第三方所引发的中美冲突及其管控作一个整体的概括性分析，而不打算分别对具体的冲突管控各阶段提出政策建议。

    在笔者看来，第一章对中美间接结构性冲突的概念剖析事实上也指明了其管控的路径。只有从这一概念的形成入手，才能找到解决这一问

---

    ① 参见 Robert Lyle Butterworth, "Do Conflict Managers Matter?：An Empirical Assessment of Interstate Security Disputes and Resolution Efforts, 1945—1974," *International Studies Quarterly*, Vol. 22, No. 2, 1978; Ronald J. Fisher, "Methods of Third-Party Intervention", Berghof Research Center for Constructive Conflict Management, April 2001; Chyungly Lee, "Conflict Prevention in Northeast Asia：Theoretical and Conceptual Reflections," Niklas Swanström ed., *Conflict Prevention and Conflict Management in Northeast Asia*, Central Asia-Caucasus Institute and Silk Road Studies Program, 2005; 徐祖迎《公共冲突管理中的第三方干预》，《理论探索》2011 年第 2 期；韦长伟《冲突化解中的第三方干预研究综述》，《甘肃理论学刊》2011 年第 2 期。

    ② Niklas L. P. Swanström and Mikael S. Weissmann, *Conflict, Conflict Prevention and Conflict Management and beyond：a Conceptual Exploration*, Central Asia-Caucasus Institute & Silk Road Studies Program, Washington D. C.：Johns Hopkins University, Summer 2005, p. 10.

题的路径。根据间接结构冲突的概念的内涵与构成，其管控路径主要应包括：第一，结构性预防。由于这种冲突的结构根源在于中美其中一方对第三方做出了安全承诺而另一方与其存在安全冲突，所以如何消除这种冲突的权利义务结构应该成为冲突管控要考虑的根本性问题。第二，与第三方关系管理。由于这种冲突的发生是因为第三方作为一个独立变量而介入，所以从大国角度看，出台有针对性的管理与第三方关系的办法十分必要。第三，第三方的政策选择。考虑到第三方在中美关系中的主动角色，有必要探讨第三方应该采取何种政策的问题。毕竟，管控中美冲突不但对中美关系和地区和平有利，也符合第三方的根本利益。如果两大国发生冲突，最严重甚至最先受害的往往不是大国自己，而是夹在其中的第三方。

从上述思路出发，下面即从结构性预防、与第三方关系管理以及第三方政策等三方面加以展开，论述如何避免间接结构冲突的发生。

第一节　结构性预防

在冲突管理研究中，结构预防通常是指通过着眼于长远的举措（如提升经济发展水平、建立安全共同体、实现社会善治等），找到潜在冲突的深层次原因。[①] 根据此一认识，从解决冲突的权利义务结构入手，也是一种典型的结构预防方式。在大国间接结构冲突中，由于是第三方引起两个大国间的权利义务矛盾，所以根本的办法就是把第三方因素与两国间的权利义务关系"隔离"开来。如果一个大国与第三方的利益或权利义务关系不会与另一个大国发生牵连，那么两个大国自然也不会因为第三方而发生冲突，间接结构冲突因此得以避免。由于大国的位置不同，"隔离"对它们的意义各异。

---

① Niklas L. P. Swanström and Mikael S. Weissmann, *Conflict, Conflict Prevention and Conflict Management and beyond: a Conceptual Exploration*, Central Asia-Caucasus Institute & Silk Road Studies Program, Washington D. C.: Johns Hopkins University, Summer 2005, p. 19; Peter Wallensteen, "Northeast Asia: Challenges to Conflict Prevention and Prevention Research," Niklas Swanström ed., *Conflict Prevention and Conflict Management in Northeast Asia*, Central Asia-Caucasus Institute and Silk Road Studies Program, 2005, p. 40.

一 "隔离"战略

"隔离"的要义在于把负面的第三方因素与大国间的竞争关系区隔开来，使得大国关系尽可能地简单化，从而能够通过直接的双边沟通使之可以管控。如第一章第二节所述，间接结构冲突往往是这样产生的：第三方由于与一个大国存在安全和重大利益冲突而选择与另一方结盟（选边），这时两个大国就以第三方为中介产生了一种新的冲突结构。在这种新的冲突结构中，两个大国的角色是不一样的，一个是冲突大国，即与第三方存在利益冲突关系的大国；二是支持大国，即支持第三方的大国。在不同的大国那里，"隔离"有不同的含义。

第一，对支持大国来说，就是澄清同盟关系常常存在的模糊之处，使其对第三方的安全承诺不主动、不直接涉及冲突大国，而不是对其安全义务做扩大化的解释。相关安全承诺条款的模糊之处既是间接结构冲突产生的根源（因为第三方和支持大国正是据此认为，支持大国对第三方与冲突大国的争端承担安全义务），同时也是避免间接结构冲突的切入点，即支持大国通过澄清自己的安全义务、表明无意也无义务卷入第三方与冲突大国的矛盾而避免间接结构冲突。有学者就曾这样建议美国，"在亚洲领土争端问题上，美国管控争端的思路本质上是要通过两面施压的手段维护亚太秩序的现状，借此可以向亚洲国家传递美国希望维持地区稳定、不希望卷入新的地区冲突的强烈信号，打消一些国家试图利用'再平衡'绑架美国、借以实现本国一己之私的念头，促使试图利用领土争端大做文章的国家回归理性"。[①] 当然，在事实中可能相反的做法更多。例如，奥巴马政府就曾承诺将安保条约覆盖中日争议的钓鱼岛。这种做法其实是鼓励盟友向更强的国家挑战[②]，并不利于缓解相关争端，并最终把两个大国也拖下水，对管控大国争端不利。例如，2010 年 9 月时任美

---

① 阮宗泽等：《中美新型大国关系：挑战与契机》，中国国际问题研究所研究报告第 1 期，2013 年 9 月。

② Amitai Etzioni, *Avoiding War with China*, Charlottesville and London: University of Virginia Press, 2017, p. 111; Anne-Marie Gardner, "Diagnosing Conflict: What Do We Know?" Fen Osler Hampson and David M. Malone eds., *From Reaction to Conflict Prevention: Opportunities for the UN System*, Lynne Rjenner Publisher, Inc., 2002, p. 27.

国国务卿克林顿女士首次明确表明钓鱼岛适用美日安保条约，对此日本欢欣鼓舞，结果后来就发生了日本将钓鱼岛国有化、中国政府进行反制的事件。

需要看到的是，有很多人从维护同盟信誉或威慑理论的角度出发，支持大国更加明确地承担对第三方的安全义务。如从同盟信誉论者的角度来看，如果给盟友的信息是含糊甚至拒绝在危机时刻给予支持，这不但意味着对一国一时的背叛，还会极大地瓦解其他盟国对美国的信任，甚至导致美国的海外同盟体系瓦解，这就要求美国进一步明确美国对第三方的安全义务。而根据威慑理论，支持大国有必要公开承认对第三方的安全义务，因为这样反而更有可能阻止其他大国的野心。如美国相信，"在一定的条件下，威慑能够通过同盟拓展，那就是一方的如下威胁是可信的：如果其盟友受到攻击，它将像自己受到攻击时那样施行报复"。①但是，所谓维护同盟信誉是一个似是而非的说法。因为信誉总是与具体的承诺相关联的，如果没有具体的承诺（安全承诺条款常常是含糊的），自然也就谈不上是否损及信誉。在所谓信誉论的背后，实际上是支持大国内部一些人试图利用这一点去牵制、威慑另一个大国。但事实是，通过同盟来延伸威慑并不可取。大国之间即使要进行威慑，最好通过直接而非间接的方式进行。当依赖盟国对对方进行威慑时，实际上是在一定程度上把决定是否冲突的"扳机"交到了盟友手中，从而失去了对大国关系走向的主导权。其最可能的后果是增加了冲突管控的难度与复杂性，最终助长了冲突而非遏制对手。

所以，同盟关系中大国"如何履行承诺就变得十分关键"②。对支持大国来说，"隔离"战略的要求在于澄清同盟条约中关于安全承诺的模糊性。保持这种模糊往往是同盟条约的惯常做法，但考虑到中美冲突后果的危险性，保持这种模糊性是危险的。一个支持大国即使要履行自己对盟国的安全义务，但至少也应该明确：不支持其主动挑衅或进攻的行为；

---

① Anne-Marie Gardner, "Diagnosing Conflict: What Do We Know?" Fen Osler Hampson and David M. Malone eds., *From Reaction to Conflict Prevention: Opportunities for the UN System*, Lynne Rjenner Publisher, Inc., 2002, p. 27.

② 王帆:《联盟管理理论与联盟管理困境》,《欧洲研究》2006 年第 4 期。

安全承诺范围仅限于那种得到国际公认的权利，不支持另一方违反国际规范的行为。特别是，支持大国应该避免卷入第三方与冲突大国之间的领土争端，因为这些争端使其盟友的权利尚未得到国际公认，不应该被纳入一份正当的安全条约所覆盖的范围。就中美关系而言，当美国界定其对盟友的安全义务时，应该排除对第三方挑衅行为的支持，并明确其安全承诺不包括与中国有争议的主权区域。而中国在界定自己对传统盟友如朝鲜的安全与政治义务时，也需要将那种朝鲜自己挑衅引起的后果明确排除在外。

有学者从冲突管控的角度意识到了在中美关系中这样做的重要性。如赵穗生指出："美国对地区冲突的卷入必须有一定限制，即允许中国与其邻国间的紧张局势降温。美国必须抑制中国和其邻国采取挑衅性的行动，以免招致敌意的反应。对美国来说，要对伴随着每起冲突的法律、历史和情感的主张进行裁决是不可能的，所以美国必须小心翼翼以免陷入地区盟友与中国的领土争端之中。当美国对其地区盟友的安全承诺可能为他们强化其对北京的协商立场壮胆时，美国不应鼓励其地区盟友追求领土主张达到如下程度，即增加与中国冲突的风险，并且升级为更大的国际冲突。"[1] 艾伦·亚历山德罗夫（Alan Alexandroff）从历史的角度对美国的介入政策提出了规劝："我们可以从旧外交中吸取什么样的教训？……美国已经公开强调，它希望中日两国和平解决任何国际争端。此外，如果美国官员私下里警告日本不要采取鲁莽行动，并且为美国在东海爆发军事冲突时能够向日本提供的支持设限的话，也许会比较有用。俾斯麦很可能会采取这种双重策略。"[2] 从减少中美冲突的角度看，这样做确实是必要的。

第二，针对冲突大国而言，所谓的隔离就是把这种冲突局限在与第三方的双边范围之内，使之不成为与支持大国之间的议题。要做到这一点，冲突大国就必须做好第三方国家的工作，使之愿意将冲突局限在双

----

[1] Suisheng Zhao, "A New Model of Big Power Relations? China – US Strategic Rivalry and Balance of Power in the Asia – Pacific," *Journal of Contemporary China*, Vol. 24, No. 93, 2015, p. 392.

[2] ［加］艾伦·亚历山德罗夫：《战争之前：三种类型的外交》，载［美］理查德·罗斯克兰斯、［美］史蒂文·E. 米勒主编《下一次大战?："一战"的根源及对中美关系的启示》，陈鑫、程旸译，新华出版社 2016 年版，第 37 页。

边范畴解决，而不是诉诸另一个大国。作为拥有更多实力资本的一方，冲突大国有许多办法同第三方打交道，促使其不将矛盾诉诸另一个大国，如收买、施压和说服等。但是，要实现这一目的的最好办法还是将争端控制在一定程度，不至于激化到可能引起支持大国干预的地步。毕竟，冲突涉及第三方的安全与重要利益，收买或威压可能生效于一时，但很难使第三方长久地放弃其相关的主权、安全和其他相关重要利益。特别是在第三方与另一个大国（即支持大国）存在传统的安全关系甚至是已经存在同盟关系的背景下，如果冲突持续存在甚至升级，就很难遏止第三方寻求支持大国帮助的冲动。这种情况下，即使支持大国有置身事外的意愿，但可能也难抵制第三方"基于同盟义务"提出的要求。更何况，出于与冲突大国竞争的目的，支持大国往往很乐意接受第三方的帮助请求，甚至有可能主动介入这一冲突之中。在奥巴马政府时期，美国就是主动介入南海局势，推动菲、越与中国对抗。而美国之所以能够这样做的前提就是南海争端持久未决，而且时有恶化。所以，从冲突大国的角度看，如果要把与第三方的冲突"隔离"于大国竞争之外，就需要从根本上重视并处理好与第三方的冲突，以减少支持大国卷入的动机、压力以及空间。

为此，冲突大国至少要做到两点：一是避免争端上升为武力冲突，万一发生武力冲突也要争取在短时间内停止。武力冲突被认为是危及国家安全的重大事态，第三方会尽力寻求支持大国的实际支持，而支持大国也会因此而面临介入的重大道义压力。二是要避免紧张局势的长期化，因为即使没有武力冲突，紧张局势的长期化也会全面恶化双方关系，从而增加第三方寻求支持大国安全承诺的动机以及给支持大国提供更多介入的机会。特别要提到的是，由于第三方常常是小国，一旦冲突大国与第三方之间出现紧张关系，不管其导致紧张关系的实际原因如何，包括支持大国在内的国际舆论常常无条件地同情第三方，从而为支持大国的卷入提供额外的助力。所以，冲突大国在处理与比自己实力弱小国家的冲突关系时应该尤其谨慎。实力差距使大国能够轻易赢得双边博弈的优势，但如果不谨慎使用则可能招致其他大国介入，从而陷自己于不利的国际战略处境。就中国的情况而言，很容易成为中美关系中的第三方的是那些与中国存在主权争端的国家，结果是美国利用这些国家与争端有效地牵制了中国的战略资源与注意力，同时强化了自己在中国周边的存在。所以，对中国来说，"隔离"冲突的一个重要要求就是要防患于未然，统筹推进主权争端的解决。20世纪60年代，中国与缅甸等国家解决了边界问题，为同时与美苏为敌的中国提供了一个稳定的周边环境。冷战结束后，中国与老挝、俄罗斯、中亚国家、越南等确定了陆地边界，进一步将周边稳定环境固定下来。① 今天，中国也有必要从战略高度审视边界主权争端，变"搁置争议"② 为"积极应对和解决争议"，争取在一定的时期内基本解决好主要的边界争端。特别是南海问题，涉及的国家众多，也是美国牵制中国的战略重点，积极推进其管控与解决，有利于解决进一步稳定中国的周边环境与对美战略博弈态势。

二 支持大国的自我抑制

正如前言，要避免第三方引发中美间冲突，中美均应该奉行"隔离"战略。但是，这并不意味着中美负有同等的责任与义务。事实上，在中美的这种战略互动过程中，我们必须充分考虑两个大国面临的不同情势，否则就无助于将"隔离"理论落实为实际的行动。

这种具体的情势就是：与支持大国相比较，冲突大国在间接冲突的结构中处于一种弱势地位，因为第三方是加入支持大国一方的，支持大国因此往往享有某种力量和结构上的优势。在国家行为博弈中，强势方往往面临更小的风险成本和有更强的报复手段，不必担心先行一步后被背叛的问题（如果冲突大国不去管控危机，支持大国还可重新介入），而弱势方却因报复手段较弱而不愿意先行一步。③ 所以，在两方互动推动冲突管控的努力中，支持大国应该率先推行"隔离"政策。另外，还要看到，如果实行"隔离"政策，冲突大国往往要比支持大国付出更大的牺牲。这是因为，对冲突大国来说，"隔离"政策意味着要对与第三方争端

---

① 关于中国与相关国家解决边界的情况，参见高飞《简评中国处理领土争端的原则及理念》，《外交评论》2008年第5期。

② 有学者直接称之为"搁置外交"，参见曹玮《搁置外交——解决领土争端问题的外交理念新探索》，《太平洋学报》2011年第1期。

③ 类似于大小国关系中，双方如要形成良性互动，大国就必须首先采取行动。参见李开盛《地区国际主义与中国东亚外交》，《外交评论》2008年第3期。

实施管控甚至是某种程度的让步，这往往意味着冲突大国为了实现自己的战略利益，而无法充分实现自己在具体争端中的应有权利（即使它拥有充分的法理上的理由来实践这些权利）。在南海等问题上，中国就面临这种"维权"与"维稳"之间的张力与挑战。① 相对而言，支持大国采取"隔离"战略则损失较小，它至多是失去了一个借以平衡冲突大国的工具而已，而且这一工具本来就是利弊互见，搞得不好会将冲突大国拖入一场它所不愿意看到的冲突。因此，从利益对比的角度看，冲突大国往往更难采取"隔离"战略，支持大国应该率先采取行动，带动冲突大国跟进，进而在双方间形成良性互动，实现冲突的管控。

在中美关系中，要看到是美国更多地处于支持大国的位置。因为中国是东亚国家而美国不是，自然会有更多的东亚国家与中国存在一些主权争端与利益冲突，这些国家就很容易成为求助于美国的第三方。从实力对比的角度看，尽管中国在快速崛起，但其总体实力特别是军事实力仍然大大落后于美国。因此，在中美两国战略互动中，作为支持大国的强势方美国，必须首先采取行动推行"隔离"战略。但事实上并非如此，美国在很多情况下扮演了主动介入甚至矛盾挑动者的角色。一个典型的例子是当前仍然未完全平静下来的南海危机，中越、中菲间都曾发生持续紧张的对抗，甚至引发双边国家间关系在数年内持续紧张。这一紧张形势的根源则可追溯到2009年时任美国国务卿克林顿女士参加东盟外长会议时宣布"南海攸关美国国家利益"，从而改变了以前的不在南海争端中选边站的政策，主动把相关国家变成牵制中国的第三方。

美国这一行为的根源在于其对华政策没有从根本上放弃遏制思维（有时作为两面下注的一部分）。美国通过遏制政策成功地应对了苏联的挑战，可能仍然寄希望于在中国身上复制这一战略。但必须指出的是，将遏制思想应用于中国是错误的，对此，赵穗生曾有详细分析。他指出，美国不愿意对中国的崛起无动于衷，或是简单地把统治地位让给中国，遏制因此成为许多美国人眼中唯一可取的选择。但是，这些美国人必须

---

① 参见王生、罗肖《国际体系转型与中国周边外交之变：从维稳到维权》，《现代国际关系》2013年第1期；朱锋《南海主权争议的新态势：大国战略竞争与小国利益博弈——以南海"981"钻井平台冲突为例》，《东北亚论坛》2015年第2期。

意识到，美国任何遏制中国的单边尝试都可能变成零星的努力或是遭遇
自我挫败，因为美中关系比美苏关系要复杂得多。在冷战时期，美国通
过"最小化社会和经济互动"的方式成功地执行了针对苏联的遏制战略，
但美中有紧密的贸易、投资和人员往来。另外，尽管多数地区国家都公
开或私下地表示乐于看到美国强化其对亚太地区的承诺，但它们中很少
有国家负担得起对崛起中的中国进行对抗的后果。赵穗生还列举了其他
因素，最后得出结论说，美国对中国"奉行遏制战略极其困难，如果不
是根本不可能的话"。①

除了赵穗生提到的因素之外，笔者认为还有以下三个方面的原因使
得那种以遏制理论为基础的介入战略只会导致对双方有更糟的结局，达
不到冷战中对苏联那样的效果。这些原因是：（1）尽管美国的整体力量
仍然占据优势，但中美力量对比正在不断接近而不是像冷战后期时美苏
那样逐渐拉开。由于遏制不但基于现实实力对比也基于对前景的预测，
这种不同的趋势势必增加中国对抗美国遏制的信心，从而减弱遏制战略
的效果。（2）中国在历史、文化以及体制上已不同于苏联，它在近代受
到西方的侵略，其复兴目标、民族主义以及公共舆论等情感性因素都在
外交决定中扮演着重要角色，美国的对华遏制战略因此常常激起更大的
敌意而不是顺从。2016 年南海局势正趋于紧张时，对中国领土政策素有
研究的泰勒·弗莱维（M. Taylor Fravel）教授认为，面对美国通过直接派
遣飞机展示力量的挑战，"中国并不会停止它所认为的基于自己领土与主
权权利的活动"。② 这种互不妥协增加了各种冲突的可能性。（3）承诺变
成有效威慑的一个前提在于对手默认而不是挑战这种承诺③，但在间接结
构冲突的情况下，中国还可以采取介于默认与挑战之间的中间办法，即
仅仅针对第三方施加压力，而且注意不达到促使美国武力介入的程度。

---

① Suisheng Zhao, "A New Model of Big Power Relations? China - US strategic rivalry and balance of power in the Asia - Pacific," *Journal of Contemporary China*, Vol. 24, No. 93, 2015, pp. 385 - 389.

② 参见 Andrew Browne, "U. S. Gambit Risks Conflict With China," May 13, 2015（http://www. wsj. com/articles/u-s-gambit-risks-sucking-it-into-conflict-with-china-1431505129）。

③ Charles Lockhart, "Flexibility and Commitment in International Conflicts," *International Studies Quarterly*, Vol. 22, No. 4, 1978, p. 552.

中国可以借此避免主动挑起与美国的冲突,从而使得遏制战略成为美国自身难以选择的困境:兑现对第三方的承诺则"过",不兑现则"不及"。

从美国的角度看,一些智库提出的建议看起来相对可行,如兰德公司的一份报告认为:"为了改善直接防御效果并减少升级危险,措施之一是美国帮助中国的诸多邻国提升军备实力并增强决心。这样的策略不应是——也不应被视作——美国试图拉拢周边国家包围中国,否则会使中国的敌意更强。实际上,美国应该同时努力将中国纳入安全合作的活动中来。这不仅可以避免显得美国在构建反华联盟,而且也会使中国这个世界上第二大国为国际安全做出更多贡献。"① 但是,在实践中,美国政府往往强调的是前半部分——帮助中国邻国提升军力,而忽视了后半部分——将中国纳入安全合作中来。它至多是给予中国一些诸如"欢迎崛起"的空洞言辞,而在实践中却给人以牵制中国甚至是遏制中国的印象,从而不可避免地激起中国的反应。所以,要避免从长远来看对双方都不利的间接结构冲突,处于强势地位的美国必须反省仅仅考虑自我利益的自私政策,抑制其遏制冲动,率先采取"隔离"政策,在管控中美冲突中采取更加负责任和更加主动的行动。

第二节　与第三方关系的管控

在两个大国的竞争关系中,管控与第三方的关系主要是支持大国的任务。这是因为,对于冲突大国来说,它与第三方存在的只有利益冲突的关系,如何管理这种利益冲突并使之不影响到两个大国的竞争,这在前面被称为"隔离"。除此之外,冲突大国无法对第三方的行为加以管理。而对作为第三方安全伙伴甚至正式盟友的支持大国来说,则可以做得更多。除了明示不轻易卷入第三方与另一大国的冲突,并由此明确自己对于第三方的义务(即前面所述的"隔离"战略)外,支持大国还可以也应该采取更加主动的措施。"隔离"战略归根到底是消极的,即通过"不作为"而不是"作为"来避免第三方因素的干扰。考虑到现实中

① James Dobbins, David C. Gompert, David A. Shlapak, Andrew Scobell, *Conflict with China: Prospects, Consequences, and Strategies for Deterrence*, RAND Corporation, 2011, p. 7.

"隔离"战略的困难（盟约中所规定的安全义务常常是含糊的，第三方可以据此提出更多的要求），以及第三方常常有主动采取各种措施把支持大国带入其与冲突大国的关系中的冲动，支持大国如果要避免与冲突大国冲突的话，就有必要采取更加主动的措施，那就是对与第三方的关系进行有效的管理。

相对来说，美国在管理自己的盟国方面有比较丰富甚至成功的经验①，中国则相对缺乏而且当前面临一个严峻的挑战，那就是朝核问题。由于中朝 1961 年签订的《中朝友好合作互助条约》至今有效，朝鲜被认为是中国的盟友。但是，在严重影响中国安全利益以及中美关系的朝核问题上，中国却缺乏影响实力远逊于自己的朝鲜的有效能力与途径。朝核问题这一例子不但体现了有效管理第三方的必要性，而且说明实力对比并非管理第三方关系中的唯一因素。在美国的联盟管理中，"那些拥有较强实力、具有独立外交传统或强势政治家的盟友尤其会让美国的联盟管理效果大打折扣"。② 然而，朝鲜的例子鲜明体现了"外交传统与政治家"而不是"实力"的影响，朝鲜领导人的"悬崖"战术使得其在对中、对美关系中屡屡占据上风。当然，朝鲜是一个特殊的例子。一般而言，支持大国对第三方的管理取决于三个方面的影响：第一，双边实力关系，特别是军事权力和不对称的相互依赖所产生的经济权力，以及支持大国相对于第三方的文化优势及其输出产生的软实力；第二，双边关系的法律化与机制化水平，实际上也是反映了双边政治安全关系的高度与深度；第三，支持大国管理第三方政策、行为的能力。支持大国要提高自己对第三方的影响力，强化对与第三方关系的管理，必须在这三方面下功夫。

这里需要说明的是，第三方即使是小国，也与中美两国具有平等的国际地位。正如有学者所指出的那样，中美地缘政治竞争不应该牺牲其

---

　　①　刘丰认为，如果从美国霸权护持的总体目标来看，美国的联盟管理是有成效的；如果考察促使盟友在重大问题上与美国立场一致的具体目标，美国的联盟管理记录好坏参半。参见刘丰《美国的联盟管理及其对中国的影响》，《外交评论》2014 年第 6 期。

　　②　刘丰：《美国的联盟管理及其对中国的影响》，《外交评论》2014 年第 6 期。

他亚洲国家的合法利益与关切。[1] 强调"与第三方关系的管控"并不意味着要更加"严厉"地把第三方"管"起来,而是意味着探讨大国该如何更加创造性地与第三方打交道,同时与第三方一起探讨把管控大国冲突与第三方利益结合起来的共赢之道。

一　实力关系

在大小国关系中,双方的权利义务常常是不平等的,或至少是不在同一领域对等的。例如,美国有保护"日本国施政的领域下"安全的义务,但日本却没有保护美国领土安全的义务。反过来,美国可以在日本开设军事基地,但日本不可以在美国设立军事基地。正是基于这种不平等的权利义务设计,支持大国在作出军事牺牲的同时,也获得了对于第三方盟友的不对称影响力。但也要看到,基于现代的主权平等原则,无论同盟间的实力差异程度如何,有关同盟的法律规定和机制设计还是尽可能强调平等(至少名义上如此)。例如,当两个盟国的首脑和外交、军事部门负责人会晤时,没有规定说第三方小国必须服从支持大国的要求。事实上,除了驻军、战时指挥权等一些不对称的规定之外,支持大国在平时不可能享受明显置盟友于附属国或仆从国地位的地位优势,因为这与当代的国际规范是背道而驰的。那么,在法律与政治地位平等的情况下,支持大国又如何对第三方施加影响力呢?具体的途径有很多,但大部分都跟实力因素有关。在联盟管理中,"强国的实力越强、与弱国盟友之间的差距越大,该国就越有可能约束盟友,从而成功地维持联盟。其原因在于:一方越强大,弱小一方脱离联盟所要付出的代价就越大,强国对弱盟友的控制力就越强,故而遇到问题时多以小国的妥协而告终"。[2] 如果没有更强大实力作为支撑,那么大国无论在形式还是在实质上均与小国盟友处于同等地位,自然也就不可能对其施加影响,也就不可能按照自己的意愿管理好与第三方的关系。

但需要指出的是,这里所说的实力并非仅仅指军事实力。事实上,

---

① John J. Hamre, "Overview: An American Perspective on US-China Relations," *Joint US-China Think Tank Project on the Future of US-China Relations: An American Perspective*, July 2017, p. 8.

② 苏若林、唐世平:《相互制约:联盟管理的核心机制》,《当代亚太》2012 年第 3 期。

越是有影响力的大国，越是能够通过军事、经济甚至文化软实力等全方位手段影响其盟友。

第一是军事实力，特别是支持大国对第三方提供军事保护的能力，能够使大国获得重要的发言权。天底下没有免费的午餐，第三方要得到大国在军事上的保护，就必须放弃一定的权力。例如，韩国为了获得美国的军事保护，就放弃了自己的战时指挥权。甚至大国在军备技术方面的优势，也能够使其具备影响第三方政策的能力。军事装备是保护安全的必需，同时又具有高度的敏感性，第三方小国为了提升自己的军备与防卫水平，向作为盟友的大国采购是一件很正常的事，甚至是必然之举（因为不太可能向敌对国或竞争国采购）。支持大国当然也需要军售来促进自己的出口，但显然不如第三方盟友的安全需要来得这样迫切。因此，在决定出售武器的种类、水平、数量等方面，支持大国就有着更大的发言权，并有可能以此为筹码来换取盟友在某些方面的让步。这方面体现得最明显的是美国与中国台湾之间。尽管中国台湾不是一个国家，与美国间的共同防御条约也已废除，但双方之间实际上仍是一种准同盟关系。通过给予或不给予对台军售，美国不但就此向中国大陆发出政治信号，也能够借此影响中国台湾岛内的政治局势与两岸政策。

其二是经济实力。一般而言，支持大国拥有比第三方小国更大的经济优势，彼此之间形成一种不对称的相互依赖关系。根据罗伯特·基欧汉（Robert O. Keohane）和约瑟夫·奈（Joseph Nye）的分析，这种不对称的相互依赖就是权力的来源。一对双边关系无论是盟友关系还是非盟友关系，只要存在不对称依赖，脆弱性和敏感性相对较小的一方就容易对另一方施加压力。[1] 在盟友关系中，这种不对称权力可能更容易转化成支持大国的实际影响。这种实际影响可以通过诱饵、补偿、筹码等方式体现出来。总的原则就是当盟友采取某种有利于支持大国的政策时，给予其经济方面的好处，反之则给予经济上的惩罚。例如，冷战时期美国曾长期单方面向日本开放市场，就是换取其在对抗苏中方面的有力支持。相对于使用军事实力，中国政府更偏好在与其伙伴国家的关系中运用经

---

① 参见〔美〕罗伯特·基欧汉、约瑟夫·奈《权力与相互依赖》，北京大学出版社 2002 年版，第 11—20 页。

济实力的影响，特别是通过提供贷款和政府合作项目的形式取得对方的合作。例如，根据联合国通过的制裁决议，2017 年 9 月 28 日，中国政府宣布限期关闭朝鲜实体或个人在中国境内设立的中外合资经营企业、中外合作经营企业和外资企业。

其三是软实力，即支持大国利用自己对第三方盟国在政治制度、意识形态、社会文化等方面的影响，引导其支持自己的政策。有的支持大国与作为其盟友的第三方小国之间有着深厚的历史、文化联系。例如，现代日本、韩国和菲律宾的政治与社会制度都深受美国的影响，或者是在其扶植下成立（如韩国），或者被其彻底改造（如日本），有的甚至就是按照美国这个模板打造出来的（如菲律宾）。这就决定了像美国这样的支持大国对许多盟友常常拥有超越经济、军事关系之外的影响力，这就是利用盟友对美国制度与文化的认同，增强其对美国政策的认同与追随。这种政策常常通过社会舆论、领导人认知等方面来起作用。支持大国的政治、社会、文化影响能够在第三方国内形成一种支持、赞同的舆论，对第三方政府决策形成动力或压力。例如，长期以来菲律宾社会对美国的认同度居高不下，被认为是东南亚国家中最亲美的[①]，而对中国的信任度很低，这就使得任何疏远美国的政策都变得艰难，因为将要面临强大的舆论压力。当然，大国并不总是能够从思想上控制其盟国，那些持有对抗性立场的领导人也经常出现。例如，在日本，当鸠山由纪夫担任首相时，就采取了疏远美国、认同东亚的政策。最明显的例子可能是当前的菲律宾，2016 年 6 月杜特尔特一上台，就反其前任阿基诺三世而行之，采取更加疏远而不是亲近美国的政策。但与此同时，亲美的菲律宾社会舆论又对其形成了制约，对其亲近中国的政策说三道四，形成一定的牵绊。这是美国的软实力而不是军事实力在起作用。

二 关系的法律化与机制化

法律化，即通过双边条约和国内立法的方式把双边间的权利义务加

---

① 参见 Aileen S. P. Baviera, "Changing Dynamics in Philippines-China-US Relations: Impact of the South China Sea Disputes," in Mingjiang Li and Kalyan M. Kemburi, eds. *New Dynamics in US-China Relations: Contending for the Asia Pacific*, London: Routledge, 2014.

以规定，并且使其具有法律效力。一般而言，同盟间都会缔结条约，条约中间就包含了相互的安全权利与义务条款。但条约条文一般都很简约，无法对许多具体的情况做出规定。因此，真正有效的同盟不能只靠条约，还需要通过各种具体的协议、协定去落实一些具体的事项，如基地设置、费用分担、部队使用等。更重要的是，通过不同层次的条约、协议等，同盟间的权利义务成为成员国必须遵守的法律义务，这就使得同盟关系更具正当性和持久性，有利于减少成员国内部的反对（特别是在民族主义浪潮仍然方兴未艾的情况下），而且不会因领导人更换而出现动摇。

机制化是衡量支持大国与第三方的同盟关系或准同盟关系水平重要指标。同盟的核心在于一方为另一方或是双方相互之间承担安全义务。但具体如何承担，以及为承担这种安全义务两国间应该进行何种活动，则需要双方间建立更进一步的相关规范或制度，也就是本章所说的机制化。杰弗里·华莱士（Geoffrey P. R. Wallace）发现，机制化程度越高的联盟对国家的战略选择影响越大，因为机制化程度越高意味着成员国之间对彼此战略选择施加影响的渠道越多，并且能够在军事战略上进行更多的合作。① 不同的同盟或准同盟关系之间，关系的机制化程度常常是不一样的。同盟间机制主要包括两方面：一是政治机制，即定期的领导人、部门首长以及具体事务负责人间进行沟通和协商的机制，最典型的是由双方外长与防长组成的"2 + 2"对话。政治机制的关键是确保盟友就彼此的政治外交意图、目标与政策进行意见交流，强化彼此间的政策协调。二是军事机制，包括军事情报交流、联合演习、后勤合作、军售机制、军事互访以及战时协同机制等。军事机制的关系则是旨在强化两军间的军事联动能力，以在出现同盟规定情况时承担安全义务。与此同时，正如前述，支持大国也能够借助军事机制对第三方施加影响，其中最常见的是军售机制。在美韩同盟中，美国甚至掌握了战时对韩国军队的指挥权，从而可能在战时直接指挥韩国军队服务于美国的战略目的。概而言之，机制化的作用在于为支持大国有效管控与第三方关系提供有效的渠

---

① Geoffrey P. R. Wallace, "Alliances, Institutional Design, and the Determinants of Military Strategy," *Conflict Management and Peace Science*, Vol. 25, No. 3, 2008, pp. 224 – 243. 转引自董柞壮《联盟类型、机制设置与联盟可靠性》，《当代亚太》2014 年第 1 期。

道与手段。

通过机制化、法律化手段管控与盟友关系的范例是美国。总的来看,美国对其盟国的管控是基本成功的,其同盟体系成为维系其全球与地区霸权的核心支柱。美国之所以能够实现这种效果,一个重要因素就在于它与盟友间的关系实现了法律化、机制化。在法律化方面,主要是指通过防御条约以及更加具体的协议落实了美国的安全影响,如军事基地的设置、军事力量的派驻、国防费用的分担等。例如,在美菲之间,不但有原先所签订的《美菲共同防御条约》,1998年双方还签署了《访问部队协议》,2014年又签署《增强防卫合作协议》。正是这些协议的存在,使得即使是有反美倾向的总统杜特尔特上台执政,也难以从根本上改变美菲结盟的态势。在制度化方面,美国通过双方防长和外长对话(2+2)、联合军演、日常联络协调机制甚至是共同指挥机制等方式把美国的主导性落实下来。尽管这些安排也常常遭到第三方国内民族主义的反弹,但总的来看,它们在使得同盟抹上一层薄薄的平等色彩的同时,把美国的影响力合法化、持久化、具体化了。

相反的例子是中国与朝鲜的关系,中国之所以缺乏相应的影响力,在很大程度上就与这种法律化与制度化的缺失有关联。尽管《中朝友好互助条约》对双方安全关系做了抽象规定,但除此之外,中朝之间没有有效的相关双边协议与机制去加以落实。两国部队虽然也会有一些互访和交流,但从来没有举行过联合军事演习,更没有在信息、后勤等方面建立协同体制。由于缺乏相关的具体机制与制度化,中国事实上无法充分对朝发挥相应的影响力[1],因此也就不能有效管控与朝鲜的关系。20世纪90年代开始的朝核危机十分现实地反映了这一状况,尽管中国十分不满朝鲜发展核武器与导弹的决策,但却无法加以有效的制止,这在很大程度上与中朝"互助友好"关系的机制化、法律化不够有关。如果不能有效解决这一问题,中国对朝鲜的影响与管控就难以获得根本的改善。

三 战略水平与政策技巧

与实力对比不同,大国并不必然一定具有较小国更好的战略水平与

---

① 参见李开盛《中国对朝核问题影响的定量分析》,《世界经济与政治》2007年第4期。

政策技巧。这种能力在很大程度与领导人以及相关政策部门负责人的视野、素质与决断能力有关，而与国家的实力无关。这方面有一个令大国尴尬的例子是朝鲜，在朝鲜执意发展核武器的过程中，这个小国领导人体现出了高超的战略水平与政策技巧。尽管朝鲜一再违反联合国相关决议，其发展核武器的行为也与地区稳定背道而驰，但不得不承认的是，在利用大国矛盾方面，朝鲜领导人表现出了高超的政策水平。另外，在一场实力极其不对等的博弈游戏中，朝鲜也充分利用了"比胆大"的游戏，不断冲破相关国家设立的政策底线，令其他大国无可奈何。当然，从长远来看，朝鲜很可能选择了一个错误的战略方向——拥核使其国际环境长期紧张，严重制约了其发展，但从外交博弈的战术角度而言，朝鲜的表现十分突出。朝核问题上的这种情况也迫切地反映出，大国政府及其领导人必须提高自己的战略水平与政策技巧，以便更好地管理与第三方的关系，而不是被第三方牵着鼻子走。

一般而言，大国要管理好与第三方的关系，在政策战术上做到以下几点十分重要。第一，能够引领相关事态的发展，而不是被动地反击、受制于人。要做到这一点，就需要有准确的战略判断力和迅速的战略决断力，抓住主要矛盾，善于下先手棋，能够推出一些"牵一发而动全身"的措施。例如，美国奥巴马政府推出的亚太再平衡以及具体的跨太平洋伙伴关系（TPP）等决策，就是属于战略主动之举，而且确实也在相当程度上改变了中美竞争与亚太格局，给中国崛起造成了不小的牵制与压力。在利用第三方牵制中国方面，美国的一些手段也很"高明"。2017 年 5 月，美国向越南海岸警卫队赠送了六艘巡逻艇以及一艘汉密尔顿级的远洋巡逻舰，实质上鼓励了海警力量落后的越南在南海问题上继续与中国对抗的决心与能力。第二，善于根据主客观情况进行政策组合，能够不受意识形态和历史的束缚，灵活地进行政策调整。在大国与第三方打交道过程中，善用多种政策手段是必要的。例如，"尽管美国在多数情况下倾向于使用言语行为和正面激励的手段来促使其盟友按照美国的意愿行事，但在必要时美国也会对不服从其指令的盟友采取惩罚措施，威胁或实际采取制裁措施以强迫它们服从美国的要求"。① 同样重要的是，在不

---

① 刘丰：《美国的联盟管理及其对中国的影响》，《外交评论》2014 年第 6 期。

同政策手段进行变换时，应该能够时时以国家利益与需要为依归，而不是受制于意识形态、历史束缚、个人情感等非理性因素。例如，中国的对朝、对日政策就在一定程度上受到"鲜血凝成的友谊"和南京大屠杀等历史与情感因素影响，从而限制了中国相关政策的灵活性与有效性。第三，政策实施能力强。一个好的政策决策要最终顺利落实，还离不开优秀的政策实施能力，这主要体现在相关政策部门（主要是外交部门）对政策的理解程度，对实施对象的深入了解，以及在具体环境下落实政策的变通能力，甚至还包括是否具有推进政策执行的相应形象条件，等等。

需要指出的是，要实现上述目标，不但要提高相关人员（包括领导人与外交官）的政策水平，还需要一整套政治、社会、教育等方面的政策配套。否则，一个大国的战略水平与政策技巧仅仅建立在期待领导人具有较高战略素质的偶然性因素之上，这显然是极其危险的。较小的国家如朝鲜可能还可以将其决策优势建立在其领导人素质的基础之上，但这对于大国来说几乎不可能，也不应该，因为小国把对外交往的精力主要集中在几件事上面，而大国的外交涉及面广，变化迅速，仅靠领导人的高素质是不够用的。美国自建国以来，总统们的素质显然有高有低，但总的来说其外交战略是成功的，这与背后的制度支撑与制约不无关系。[①] 笔者以为，要推动整个国家的战略水平与政策技巧提升，至少应该重视以下几个方面的因素：第一，有效的决策体制是关键。大国决策都是在一个庞大的官僚机构中做出来的，这种决策体制的结构往往也就决定了决策的质量。中国在南海撞机事件上的经验教训表明，在各部门之间建立协同有效的决策体制十分重要。当前，中国已建立了中央国家安全委员会，但其具体效果还有待衡量。第二，以高素质的社会与人才为支撑。这样的社会往往重视教育，能够给包括政治阶层与政府管理部门提供优秀的人才供给。这样的社会也应该是开放和多元的，关于外部世界的信息能够得到充分的展现、吸纳与消化，同时避免过度的民族主义等情绪化思维，从而为明智的决策提供基础而不是干扰。在这方面，新

---

① 这方面的论述参见［美］沃尔特·拉塞尔·米德《美国外交政策及其如何影响了世界》，曹化银译，中信出版社、辽宁教育出版社2003年版，第89、91、334页。

加坡是一个典型。作为一个城市国家，却能够奉行老练的外交政策并取得广泛的影响，与这种人才和社会基础有很大的关系。

对支持大国来说，以上努力的目标旨在实现对第三方关系的有效管控，避免被第三方拖入一场它所不愿意看到的与另一个大国的对抗之中。当然，这并不是说第三方不能没有自己的选择权，只能够无条件地听命于大国。事实上，事态最后的结果往往取决于支持大国、冲突大国以及第三方的各自意愿与努力的合力。最理想的图景是第三方把自身利益与地区稳定结合起来，做出有利于管控大国冲突的选择，实现各方的共赢，这就是下面第三节所要论述的内容。

第三节　第三方的选择

在"中美＋第三方"关系中，第三方作为拥有一定主动性的一方，其政策选择对于管控中美冲突也十分重要。事实上，由于小国政策转变导致中美竞争态势变化的例子不胜枚举。例如，2016 年以前，越南、菲律宾在美国的鼓励和支持下，在南海问题上采取了与中国对抗的政策，中国因此十分被动。但自 2016 年越共十二大换届以及杜特尔特出任菲律宾新总统以来，这两个国家分别调整了对华政策，从而在较大程度上改变了中美间原有的战略平衡。总的来看，第三方的主动性主要体现在两个方面：第一是冲突生成方面，即当第三方将自己与冲突大国的矛盾求诸支持大国时，就可能导致两个大国间产生间接结构冲突；第二是冲突管控方面，即面对两个大国的竞争关系（不管间接结构冲突是否已经生成）时，第三方的选择将在很大程度上影响竞争或冲突的走向。当第三方的选择导致间接结构冲突生成时，其行为逻辑一定是现实主义的（与一个大国对抗而与另一个大国结盟）。但本节主张，第三方的行为其实可以摆脱纯粹的现实主义逻辑，特别是在冲突管控的环节，第三方可以也应该在更广泛的政策光谱中比较其选项，最终找到实现包括避免大国冲突在内的各方共赢的目标。

一　大国和平的理论路径

从理论上看，大国之间要实现和平共处，在不同的理论视角下有不

同的方案:

第一，权力现实主义。包括两种不同的路径:一是霸权稳定论，即一方拥有稳定性的足够权力优势，使得对方无法向其发起挑战。"足够"的标准很难量化，它可能意味着一国的权力（特别是军事权力）至少翻倍于另一国，或是更多，总之使另一国无法确信自己能在一场挑战中获胜。而"稳定性"则意味着在可预期的时间里，另一国无法跨过这一权力差距，因此也失去挑战其地位的信心与动机。但这只适用于管控新兴大国对于守成大国的战争动机，而无法阻止拥有更多权力的守成大国对于新兴大国的战争欲望，甚至可能鼓励这种欲望。二是权力均衡论，即双方较稳定地保持大致同等的权力，所以谁也无法向另一方发起挑战，因而实现和平。汉斯·摩根索强调:权力均衡和旨在维护权力均衡的政策，是主权国家构成的社会得以稳定的基本因素。[1] 当然，权力均衡并非意味着相关因素（如 GDP、军队、导弹）在数量上的完全对等，而是指只要一方的实力优势不足以促使其有信心发动对另一国的战争即可。另外，之所以强调"较稳定"的均衡，是因为战争与和平这样的重大问题往往基于对一定时期内敌我国力的估量，如果这种均势只是短时的，可能并不会成为影响一个国家决策的重要因素。

第二，新现实主义，其典型代表是肯尼思·沃尔兹的核武器稳定论。他主张，核武器是"巨大的和平力量"，极大地减少了核拥有国之间的战争可能性。[2] 这是一种当代技术条件下的相互确保摧毁战略，使得谁也不敢首先发动战争，从而保持平衡。实现这一状态取决于两个因素:一是相关国家是否拥有第二次核打击能力，即在遭受对方先行核打击之后是否还有核还击的能力。所以，"有效威慑需要不断进行高投入的技术革新（现代化），通过有计划地提高安全可靠的第二次打击能力，来维持国际

---

① ［美］汉斯·J. 摩根索著，肯尼思·W. 汤普森修订:《国家间政治——寻求权力与和平的斗争》，徐昕、郝望、李保平译，中国人民公安大学出版社 1990 年版，第 221 页。

② Kenneth N. Waltz, "Nuclear Myths and Political Realities," Marc A. Genest, *Conflict and Co-operation: Evolving Theories of International Relations*, Beijing: Peking University Press, 2003, pp. 96. 110.

战略的稳定。"① 在达到这一标准后，双方间的核弹头数量多少并无意义。二是相关国家是否仅部署有限的导弹防御系统。如果一国建立了充分的导弹防御系统，也就意味着取得可以核打击别国但可以免受别国核报复的能力，这就破坏了相互确保摧毁战略，鼓励拥有足够导弹防御能力的国家发动战争，因此不利于和平。

第三，新自由制度主义。该主义认为，国际制度所具有的权威性、制约性和关联性，使得其成为国际合作的有效保障。② 其功能具体体现在：降低合法交易的成本，增加非法交易的代价；减少行为的不确定性；推进政府之间的谈判，以达成互相有益的协议；通过对各个议题的联系以及机制自身同这些议题的联系，影响遵守所必需的激励因素。③ 具体而言，制度要在国家间起到保障和平的作用，主要是通过：其一，通过制度化的裁决或是协商，就冲突的利益达成妥协。一般来说，越是不重要的利益就越容易通过制度的方式达成妥协，那些被认为是核心的利益很少能够通过制度进行协调，甚至制度的成员国会预先将核心利益排除在制度协调的范围之外。其二，通过制度化的各层级交往（如外交磋商、战略对话、定期峰会等）减少误解与误判，避免不必要冲突的发生。其三，通过制度安排（如 WTO）生成共同利益或提高发动冲突的机会成本，从而使各方不愿意或不能够发动战争。其四，在冲突发生之前，该组织能够通过信任建立措施和预防性外交，减少冲突出现的可能性。其五，或许更为基础和重要的是，地区性组织有利于培养地区的集体身份与认同感，减少成员之间的不信任与疏离感，从而从根本上避免冲突的发生。影响制度管控争端能力的一个重要因素是制度的强度，如那种采取多数表决的制度往往较协商一致决策方式的制度要更加有效，因此联合国安理会体现出了较国联理事会更有效的一面。另外，要注意到的一点是：权力、性质不同的国家，可能受制度的影响不一样。理想地看，无论大小国均应

---

①　[美] 詹姆斯·多尔蒂、小罗伯特·普法尔茨格拉夫：《争论中的国际关系理论》，世界知识出版社 2003 年版，第 379 页。

②　秦亚青：《权力·制度·文化：国际关系理论与方法研究文集》，北京大学出版社 2005 年版，第 101—102 页。

③　[美] 罗伯特·基欧汉：《霸权之后——世界政治经济中的合作与纷争》，苏长和、信强、何曜译，上海人民出版社 2001 年版，第 130 页。

受制度的同等约束，但事实上，权力较大的国家或是对制度认同感差的国家，即使已经加入制度之中，制度对其约束力可能相对较小。

第四，相互依存论。如果两国经济达到一荣俱荣、一损俱损的地步，即使存在权力竞争，任何一个国家也不敢随意发动战争。但这一约束带来的结果很可能是不平衡的。因为经济相互依赖的程度常常是不同的，依赖程度小的一方更有可能受到较小管控，相对来说更有欲望和能力主动对另一方发动战争，或是借此对另一方进行"敲诈"。对此，相互依存论提出敏感性与脆弱性的概念，在不对称相互依赖的情况下，敏感性和脆弱性均较大的一方更容易受到约束，而另一方则受到的约束较小。另外，需要注意的是，经济上的依赖也难以完全压倒军事上的考量。即使一个国家在非对称相互依赖中处于优势，在某些情况下也可能遭受处于劣势一方的军事反击，1941 年日本对珍珠港和美国控制下的菲律宾发动进攻就是一例。[①]

第五，建构主义。该主义相信，无政府体系至少有三种文化，强调敌人角色的霍布斯文化、强调竞争对手角色的洛克文化和强调朋友角色的康德文化，而且暗示三种文化之间存在一种发展性进化关系。[②] 根据这种逻辑，如果国家间改变对方为对手和敌人的观念，彼此建构出伙伴或朋友的身份，也就意味着相信对方不会为权力而发动战争，或是愿意建构一种和平竞争的关系。相对权力与安全均衡来说，观念建构往往是一个较长的过程，但常常是双方发展关系的重要预防性手段。事实上，很多国家都注重推动与其他国家间的人文交流，其一个重要目的就是改变彼此社会、人民间的看法，从而建构理解与信任，避免未来的冲突。

二　小国的大国政策：可能的选项

第三方要在管控大国争端中发挥作用，也脱离不开上述路径。关键是要弄明白，在不同的路径下，第三方可以发挥什么样的作用。下面即

---

① ［美］罗伯特·基欧汉、约瑟夫·奈：《权力与相互依赖》，北京大学出版社 2002 年版，第 18 页。

② ［美］亚历山大·温特：《国际政治的社会理论》，秦亚青译，上海人民出版社 2000 年版，第 384—387 页。

逐一进行分析。

1. 权力现实主义

从维护和平的角度看，权力现实主义行为逻辑有霸权稳定与均势和平两种。但第三方能否根据这两种逻辑发挥促进大国冲突管控的作用，还需要具体的分析。

第一，霸权稳定，即第三方实行追随强者的政策，加入优势一方并使该方达到"拥有稳定性的足够权力优势"的地步，使得另一方放弃挑战的希望。但小国的这种选边要发挥管控冲突的作用也是有前提条件的，其中的关键是第三方自身相对于大国的实力体量。如果第三方的权力对于两个大国的权力差距产生不了有意义的影响，那么它就没有办法在这方面影响到大国关系。另外，对第三方实力体量的要求也与两大国之间的实力差距及其变化有关系。如果差距小，第三方即使为小国，其实力加入某一国后也可能有实质性的意义。如果在上述情况下第三方对强者的追随均无助于改变两大国间的实力分布，无助于使其加入的一方形成"稳定性的足够权力优势"，其加入对于管控大国冲突来说没有正面意义，而且还有消极意义，因为它的加入造成了大国间的间接结构冲突，使得大国关系更加复杂化、更加难以管控。另外，即使有第三方的加入有助于形成霸权和平，它也仅仅有利于管控较弱一方大国的行为，而无法遏制霸权大国的行为。在某些情况下，第三方加入优势大国一方，甚至可能鼓励后者主动向较弱势大国进行挑战。所以，总体上看，所谓霸权稳定路径无法真正管控大国间冲突，第三方追随强者的策略是不值得提倡的。

第二，均势和平，即第三方总是加入劣势一方从而达到双方权力完全同等、任何一方都不可能向对方发起挑战的地步。无论在理论还是实践中，很多人把结盟与均势等同起来。例如，在摩根索看来，联盟、分而治之、补偿政策和军备都是实现权力均衡的手段。[①] 但在笔者看来，均势有两种截然不同的实现路径：一是结盟。这种情况适用于两个权力差距比较稳定的大国之间，因为联盟也是一种相对稳定的关系结构，第三方与相对劣势一方结盟会形成对优势大国的稳定均衡。二是平衡，即第

---

① ［美］汉斯·J. 摩根索著，肯尼思·W. 汤普森修订：《国家间政治——寻求权力与和平的斗争》，徐昕、郝望、李保平译，中国人民公安大学出版社 1990 年版，第 235 页。

三方不与任何一方结成同盟,而是根据权力、情势的即时变化而调整立场,总体上与两个大国保持等距离外交的政策。这种情况或许更符合均势和平的实际情况。因为两个大国间的实力差距往往并非固定,而且即使两国实力差距相对固定,在具体的时空条件下可能优劣对比完全不同。例如,A 大国可能在这一个问题上占据实力优势,而 B 大国则在另一个领域有领先的地方。因此,第三方不与任何一方结盟,而是根据具体的情况选定偏向哪一方,并总体上保持不偏不倚的立场,可能才符合平衡政策的内在要求。而且,结盟带来的利与弊是相对应的,好处是提供了保护,而弊端则是发出了挑衅。① 特别是当第三方与另一国存在重大安全利益冲突的时候,结盟政策就会导致间接结构冲突。所以,相对来说平衡政策在管控大国冲突方面的价值就更加突出。

但应客观地看到,第三方要实行有效的平衡政策,面临很大的难度。它不但需要第三方具备一定的实力,而且它还要扛得住大国的压力(任何一个大国都希望第三方永远站在它一边而不是左右摇摆,因此都会尽力拉拢。如果不能利诱,则可能实行威逼),具备成熟、灵活的外交技巧(准备判断客观情势并且应对之)。由于大国间实力与情势随时在变化,平衡即使成功,也总是在不断变化的动态中实现的。正如有学者对新加坡大国平衡政策所概括的那样,"大国平衡并不是与各大国保持等距离关系而是指大国在东南亚利益的整体平衡;是相对的平衡而不是绝对的平衡,是随着地区和国际形势的变化而不断调整的动态平衡,而不是静态的平衡。"② 这种动态的平衡具有天然的脆弱性与不确定性,这不但增加了第三方应对的难度,还使得和平的情势也随之而具有了脆弱性与不确定性。所以,要更好地管控大国冲突,还需要寻求更好的办法。

2. 新现实主义(核武器平衡)

相互确保摧毁的战略或许促进了大国之间的和平,但也减弱了除了核大国之外其他行为体的影响。当两个大国达成核摧毁的恐怖平衡时,

---

① [美]詹姆斯·多尔蒂、小罗伯特·普法尔茨格拉夫:《争论中的国际关系理论》(第五版),世界知识出版社 2003 年版,第 574 页。

② 陆建人主编:《东盟的今天与明天:东盟的发展趋势及其在亚太的地位》,经济管理出版社 1999 年版,第 124 页。

第三方的加入或不加入均没有意义。而且，小国往往不是核俱乐部的成员，至少不是合法的成员（如朝鲜）。因此，这一路径不能成为第三方促进大国冲突管控的工具。

3. 制度主义

制度常常是大国倡导的产物。在两大国竞争时，第三方常常是小国，它们能够在两大国中间在制度构建和运行方面扮演积极角色吗？笔者的答案是肯定的。事实上，正是因为两竞争大国间的相互不信任，给了小国在制度创建与运作方面更多的空间①，在某些情况下甚至是唯一的角色。因为任何一个大国来牵头创建或主导某个制度，另一个大国都可能持怀疑与反对的态度，由第三方来牵头往往就是一个现实的折中选择。在有的情况下，甚至第三方能够主动介入大国之间，推动某些沟通机制的建立。例如，早在1989年，马来西亚时任总理马哈蒂尔迫使美国与苏联两个超级大国采纳一整套有关信任建设的方案，其中包括提前知会海军联合军事演习，共同采取行动以避免海、空难事故发生，以及通过交流信息增加透明度，等等。② 值得注意的是，欧盟的领导人也常常由小国来担任，其总部也设在比利时（而不是法国、德国）的首都布鲁塞尔。在东亚，由于中美、中日之间的不信任，很难想象其中任何一方来牵头搞地区合作，但东盟的出面解决了这个问题。从东盟最初与中日韩成立"10＋3"机制，后来发展成为包括更多大国在内的东盟峰会机制，东盟一直牢牢地坐在"驾驶员"的位置上。这一方面是因为东盟的自觉意识。东盟国家意识到，如果大国都成为一个合作机制的成员，就能更好地与其打交道。③ 另一方面也是由于各大国对东盟作用的认可。另一个例子是，当中日韩致力于发展东北亚合作时，2011年成立的三方合作秘书处也选择了设在首尔而不是北京或东京。

---

① 关于小国的制度性权力，可参见陈旭《国际关系中的小国权力论析》，《太平洋学报》2014年第10期。

② ［美］阿米塔夫·阿查亚：《遏制、接触，抑或反控制？马来西亚面对新兴中国的对策》，载［美］阿拉斯泰尔、伊恩·约翰斯顿、罗伯特·罗斯《与中国接触——应对一个崛起的大国》，新华出版社2001年版，第183页。

③ Raymund Jose G. Quilop, "Preventive Diplomacy in the Asia Pacific: Challenges and Prospects for the ASEAN Regional Forum," *Asian Studies*, Volume 38, Number 2, 2002, p. 68.

所以,制度路径虽然仍面临种种限制,对第三方小国来说还是相对可行而且更加值得提倡。前述所说的霸权和平无法管控甚至会助长守成大国压制崛起大国的诱惑,而平衡不但难以实行而且较为脆弱。相对而言,制度提供了一种对各方更为公平、更有利于小国发挥作用的方式。另外,从大国冲突管控的角度看,制度和平也是最稳定的。大国固然会本能地寻求实力和权力的优势,但完善的制度会使这种追求在一种制度化的和平空间里与规则下进行。因此,从长远来看,国际冲突的管理最好还是通过制度化路径来进行。这种路径的最大挑战在于,如何形成一种足以吸引大国同时又能规范相关大国的制度,特别是如何设定其制度的形式与制度化水平,以使大国与小国都能发挥适当的作用。要做到这些并不容易。所以,小国发挥制度推动者的作用也是有前提的,既要具备相应的制度倡议、管理能力,当然还要受到两个大国的信任。另外,小国对于制度合作的方向性把握是很重要的。例如,东盟在形成"10＋3"机制之后,无限制地把其他大国拉进来,反而削弱了原有机制的有效性与活力。相应地,这一机制在协调大国关系方面的作用反而降低了。

4. 相互依存论

该主张的理想状态是,当两国经济达到一荣俱荣、一损俱损的地步时,即使彼此间存在权力竞争,任何一方也不敢随意发动战争。但是,相互依存是一种双向的行为,如果经由第三方传导,可能会减弱相互依赖的维系作用。如 A 国的产品先出口到 B 国进行加工后再出口到 C 国,那么依赖关系主要发生在 A 国与 B 国或 B 国与 C 国之间,而不是 A 国与 C 国之间。所以,第三方直接介入两国间贸易时,还可能分散其相互依存,因此第三方在这方面起不到推动管控竞争的作用。

5. 建构主义

建构观念是一个双向的、主体间的过程,因此关键还是在于两个国家自己。但是,第三方可能在观念建构过程中提供重要协助。这是因为"在公共冲突发生过程中,当双方在进行坦率的交流和沟通面临一定的障碍时,第三方干预有利于消除人为的分歧和想象的分歧,促进双方之间的有效沟通。"[①] 具体来说,第三方在促进沟通方面的作用体现在:第一,

---

① 徐祖迎:《公共冲突管理中的第三方干预》,《理论探索》2011 年第 2 期。

在两大国观念交流过程中，由于双方观念很可能是对立的、冲突的，这时第三方可以扮演良性阐释者的角色，即从积极、正面的角度对一方解释另一方的观念，以促进双方间理解而非误解。第二，在两大国已发生观念冲突时，第三方可以提供"第三种观念"，促进双方观念的交集和妥协。第三，当两大国不但发生观念冲突而且处于物理上的隔绝或敌对状态时，第三方可以扮演信息传递者的角色，避免因为缺乏沟通而导致更大的对抗，甚至促成双方的合作。巴基斯坦和罗马尼亚在秘密促成中美建交中的作用，就类似于此。当然，要做到上述作用，其前提也是第三方受到两大国的共同信任，并且要有能够与双方同时沟通的管道。

总结起来，第三方要促进大国间的冲突管控，主要是在平衡政策、推动制度构建和协调、促进双方间良性认知方面起作用。正如前言，第三方奉行平衡政策即使有效，所实现的和平很可能也是暂时、脆弱和不稳定的，因为无论新老大国，"所有积极从事于权力角逐的国家实际上必须不仅仅追求权力均衡即权力的均势，而且还要追求权力的优势"①。而观念沟通路径也可能只能发挥较小的作用，这是因为从建构主义角度看，观念沟通固然可以做，但其实是很难的，旧有观念的自我复制和强化功能使得新观念的建立即使能够成功，也是一个长期的过程，第三方要在短时间内改变大国间的相互认知并不容易。因此，从管控的效能看，制度构建应该成为第三方推动大国冲突管控主要方式，平衡政策以及观念沟通是辅助方式。同时，这些作用的发挥也需要一定的条件。具体见表2—1。

表2—1　　　　　　　　　　第三方管控大国冲突的可能选项

理论依据	第三方角色	具体路径	前提条件
权力现实主义	平衡者	灵活均势	一定的自身实力、成熟外交技巧
制度主义	制度推动者	倡议、协调、"驾驶员"	制度倡议和管理能力、大国的信任
建构主义	中间沟通者	信息传递、阐释和协调	大国信任、有效的沟通渠道

① ［美］汉斯·J. 摩根索著，肯尼思·W. 汤普森修订：《国家间政治——寻求权力与和平的斗争》，徐昕、郝望、李保平译，中国人民公安大学出版社1990年版，第267页。

三　影响小国选择的因素

上述选项是理论上的，在现实中会有很多因素影响到小国的外交决策，具体包括：

1. 地缘政治

尽管当前被认为是一个全球化的时代，但地缘政治仍然是当前国家外交政策的首要考虑因素之一。这是因为：第一，地理位置常常决定了一个国家自身的价值。如果一个国家位于关键的战略通道上或是大国竞争的前沿地带，它更可能成为大国竞相争取或争夺的对象（殖民时代可能是征服，但现在不大可能了）。在这种情况下，该国如果与其他大国都没有重大的利益冲突，更有可能选择平衡的外交政策，以便以灵活的手段获取最大的利益。例如，靠近马六甲海峡的新加坡就奉行这样的政策。缅甸有所不同，它在地理位置上对中国十分重要（通过缅甸的交通线中国可以绕开马六甲海峡直接进入印度洋），对美国来说也很有战略意义（从南部牵制中国的崛起）。但是，由于美国敌视原来的军政府，因此原来的缅甸采取了一边倒向中国的立场。2016 年，昂山素季领导的新政府上台后，美缅不再存在敌对性的政权矛盾，缅甸采取了更加平衡的外交政策，而不是像一些人担心的那样倒向美国。相对之下，在地理上对大国缺乏战略重要性的国家，也更难得到大国的关注，该国也就缺乏与大国讨价还价的空间。当然，处于关键地理位置的国家也常常受到更多的大国压力，其外交政策可能会因为大国关系的变化而变化。第二，与大国的地理距离。罗伯特·阿特（Robert Art）指出，"毗邻国家对彼此在能力、优势和权力上的差异比较敏感"。[①] 斯蒂芬·沃尔特在评估威胁水平时，也将地缘的毗邻性作为一个重要因素。他认为，"国家投送实力的能力随着距离的远近而变化。邻近的国家比距离远的国家构成的威胁更严重。在其他因素相同的情况下，国家更有可能针对邻近的大国作出联

---

① ［美］罗伯特·阿特：《美国大战略》，郭树勇译，北京大学出版社 2005 年版，第133 页。

盟选择，而不是距离远的大国。"① 这一因素能够较好地解释东亚国家为什么对美国主导下的秩序安之若素，而对中国崛起可能导致的秩序变动有些担心，因为美国远隔太平洋，被视为威胁较小的国家。同理，在古巴看来，美国的威胁则要远大于中国。包括一些拉美国家，它们担心美国的地区霸权却不大认为中国的崛起会是威胁。概而言之，第三方小国总是对更加接近的大国抱有警惕之心，因此更容易采取"远交近攻"的结盟政策。

2. 战略文化

一个国家的外交政策选择往往受到其长期形成的战略文化的深层次影响。什么是战略文化呢？余起芬认为，"战略文化是在一定的历史和民族文化传统的基础上所形成的战略思想和战略理论，并以这种思想和理论指导战略行动和影响社会文化与思潮。它具有观念形态、历史继承性、国体与区域特征等属性。"② 加拿大学者江忆恩认为，战略文化是一套有机完整的符号系统（即论证结构、语言、类比、隐喻等），通过形成关于军事力量在国际政治事务中的作用和效用的概念，以及将这些概念套以合法性光环以使战略偏好看起来具有独特的现实性和有效性，从而建立起普遍和持久的大战略偏好。③ 两类概念有不同的侧重，但概而言之，战略文化是指一整套宏观战略观念系统，它反映了一个国家基于其历史传统、民族性格、文化心理等因素而形成的某种外交战略与政策偏好。例如，中国就被认为是一个战略文化厚重的民族，尚谋（外交）而不尚力（战争）、重稳健而不愿冒风险、调和执中而不激进等被认为是中国的思想文化特征并影响到其外交行为。而美国则被有的学者认为是个对很晚才能获得回报的长期投资少有耐心的社会④，这使得美国政府不太愿意追求过于长远和抽象的政策。这种鲜明的战略文化也体现在中美关系之中，

① ［美］斯蒂芬·沃尔特：《联盟的起源》，周丕启译，北京大学出版社2007年版，第21页。

② 参见余起芬编《国际战略论》，军事科学出版社1998年版，序言部分。

③ ［加］江忆恩：《文化现实主义：中国历史上的战略文化与大战略》，朱中博、郭树勇译，人民出版社2015年版，第39—40页。

④ 科林·S. 格雷：《核时代的美国战略（1945至1991年）》，载［美］威廉森·默里、［英］麦格雷戈·诺克斯、［美］阿尔文·伯恩斯坦编《缔造战略：统治者、国家与战争》，时殷弘等译，世界知识出版社2004年版，第622页。

一般而言,中国总是寻求首先对双边关系进行战略定位,然后再探讨具体的合作,而美国则往往希望从具体合作领域开始,建立一种"以结果为导向"的关系①。这一特征在特朗普政府体现得特别明显。而日本的战略文化则是追随强者。根据统计,在整个 20 世纪,日本与英国和美国这两个霸权国家结盟的时间占其全部结盟时间的 90% 以上,这使日本获得了尾随霸权的名声。② 战略文化的影响使得本应基于"理性"进行的外交选择看起来更加有"个性"化的色彩,甚至有时使得外交行为显得不那么"理性"。总的来看,战略文化往往在领导人没有明显意识的情况下,使其做出有特定偏好的外交政策抉择。一个历史越是悠久、文化越是厚重、民族性越是鲜明的国家,越有可能形成某种鲜明的战略文化,其外交抉择也越是难以摆脱这种战略文化的影响。

3. 历史记忆

历史总是塑造着人们的认知。在国际关系中,既往的历史对一个国家和民族的记忆起着重要的塑造作用,甚至影响到其对国家或民族利益的界定。特别是在双边关系中,过去两国间发生的冲突、战争等负面的记忆常常会延伸到现在甚至更远的将来。笔者曾在一篇文章中将其称为威胁时滞,即如果 A 国曾经遭受过 B 国的重大威胁,那么 A 国将倾向于一直视 B 国为安全威胁,并在较长时期内始终对其奉行谨慎、敏感型的安全政策。③ 这种情况在东亚十分常见。例如,对古代东亚历史上以中国为中心的朝贡体系的记忆就影响着其他东亚国家对当代中国的看法。尽管朝贡体系在历史上有其积极意义,但由于其中包含着与现代国际关系主流规范(如主权平等)背道而驰的因素,这些东亚国家对一种中国主导下的新的朝贡体系的可能性深感疑虑。一个更加突出的例子是,其他东亚国家特别是韩国和中国对日本在近代历史上的入侵记忆深刻,尤其是日本一旦对于历史问题发出错误的信号,如参拜靖国神社、修改教科书等,这两个国家就会提出抗议,甚至不惜降低双边关系水平。当然,

---

① 《美方:希望与中国构建以结果为导向的关系》,2017 年 3 月 14 日,凤凰网(http://news.ifeng.com/a/20170314/50777209_0.shtml)。

② 刘卫东:《新世纪的中美日三边关系》,中国社会科学出版社 2014 年版,第 135 页。

③ 李开盛:《认知、威胁时滞与国家安全决策》,《世界经济与政治》2004 年第 10 期。

威胁时滞并不必定是错误的知觉，关键是要对历史威胁的变化做出准确的评估，即进行"第二次认知"，并在此基础上做出正确的安全决策。另外，历史记忆也有好的一面，如历史上人民间的积极往来（如郑和下西洋），就能够促进人们对彼此的正面认知。总的来说，人们总是从历史中去寻找能够给当前形势提供认知的指南。这种对历史的重视程度虽然随各国的民族性不同而不同，但没有一个国家能够完全不受历史因素的影响。

4. 意识形态

冷战时期，意识形态一度在国家间关系中起着至关重要的作用，那个时候的国家利益甚至就是由意识形态来界定的。当前，意识形态已经失去当年的地位，也不再能够垄断对国家利益的界定，但它仍然是一项重要的国家利益。无论是美国，还是中国，都把自身的制度安全当作一项重要甚至是核心的国家利益。① 对其他国家来说，亦是如此。当然，在力量悬殊的大小国关系中，小国一般不会对于大国有意识形态上的苛求。但是，碰到相同的意识形态的国家产生亲近感是自然的。特别是不考虑到其他情况时，意识形态就仍然会发挥一种指南针的作用。当两个国家的意识形态类似或相同时，彼此间就更容易产生亲近感，更不容易视彼此为对手。相同的政治制度与文化，也容易促进两个国家间人们的相互理解，从而有利于巩固原来就已存在的政治关系。如果意识形态相反，情况则相反。特别是小国担心一个大国可能对其意识形态造成威胁的时候，它就可能寻求与另一个意识形态相对威胁较少的国家结成更好的关系。冷战时古巴的敌美亲苏，冷战后一些东欧中亚国家在"颜色革命"中采取亲西方的政策，均可以看到意识形态因素的影响。在中美关系中，由于两国意识形态完全不同，被卷入的第三方国家可能会产生一种意识形态上的判断，即你是愿意亲近一个"社会主义国家"，还是一个"自由民主国家"。特别是在社会舆论、公众认知对外交影响越来越大的今天，意识形态是一个影响民众对相关国家认知进而塑造其国家外交决策的一

---

① 2010 年 12 月，时任国务委员的戴秉国在一篇文章中对中国的核心利益进行了界定，其中第一条就是"中国的国体、政体和政治稳定，即共产党的领导、社会主义制度、中国特色社会主义道路"。参见戴秉国《坚持走和平发展道路》，2010 年 12 月 7 日，人民网（http://politics. people. com. cn/GB/1026/13417144. html）。

个重要因素。

而且，当然，在不同的国家那里，意识形态的影响可能是不同的。对小国来说，内部政治越是稳定的国家，越较少可能注重意识形态的因素，因为它不担心敌对或竞争大国能够推翻或削弱其意识形态。但越不稳定、意识形态越脆弱的国家，可能就越担心这方面的影响。还必须指出的一点是，由于意识形态往往也是大国竞争的一个重要手段，它不可避免地助长了其他国家外交中的意识形态意识。特别是在意识形态上占据主动地位的美国，由于把输出民主、人权当作重要的外交手段，也是牵制中国的手段，因此在对华以及对涉及中国的其他国家外交中也大打民主牌、人权牌。其他国家即使对此并不感兴趣，也会在相当程度上随之起舞。那些试图牵制中国发展的国家，更是借题发挥，也借意识形态来下功夫。例如，日本曾提出"自由与繁荣之弧"的概念，即把日美欧共享的"普遍价值"渗透到欧亚大陆外围呈带状相连的、从东南亚经由中亚到中欧及东欧等国，并借此形成拥有"相同价值观"的"自由与繁荣之弧"，这被认为是遏制中国的"价值观"利器，受到中国评论家的普遍批评。①

5. 领导人偏好

一个国家的具体外交决策总是具体的领导人做出的，而不同的领导人对于国际形势、与具体国家的关系也总是有不同的看法。因此，第三方国家领导人的偏好，也是塑造该国与中美关系的关键。比如，新加坡大国平衡战略的形成与长期坚持，就与新加坡外交政策的主要制定者和执行者李光耀有很大的关系。他在位长达 30 余年，其根据当时新加坡面临的国际国内形势的判断而形成的外交战略思想成为新加坡对外战略总的指导思想，对新加坡对外战略的形成具有决定性的影响。② 因为领导人改变而造成国家外交政策改变的例子不胜枚举，当前最典型的例子就是菲律宾的杜特尔特。他于 2016 年 6 月底成为菲律宾总统后，即一反前任

---

① 参见吕耀东《日本对中国构筑"自由繁荣之弧"》，2013 年 6 月 20 日，中国网（http://www.china.com.cn/international/txt/2013—06/20/content_29173043.htm）。

② 郄清良：《小国大外交——新加坡大国平衡战略的形成与演变》，《东南亚纵横》2005 年第 1 期。

阿基诺三世的亲美政策，与美迅速拉开距离，对华关系则相对改善。其中的原因有很多，但一个重要的原因在于杜特尔特是菲律宾为数不多而且当选总统的、具有一定左派色彩的政治家，而且他出身于棉兰佬岛，对于美国殖民时期屠杀当地土著反抗力量的历史有着深刻的记忆，这些因素使得他对美国缺乏亲近感，反而愿意同中国发展关系。①

在中美关系中，由于第三方国家领导人更换导致对中美政策变换的情况屡见不鲜。第三方国家包括不同政治制度的国家，其领导人更替也采用不同的方式。有的周期较长，有的则频繁更换，甚至有因为军事政变（如泰国）而非正常更换的情况。一般而言，在以下情况下，新领导人改变原来对外政策特别是对中美政策的可能性较大：第一，新的领导人出自不同的政治阵营，如在韩国，原来的总统是保守派，而后来的总统是进步派的话，那么政策就可能为之一变。第二，在政权非正常更替时，后来的领导人更有可能推翻其前任的政策，包括外交政策。当然，也有领导人变更而对相关大国关系保持基本不变的例子，这在很大程度上是因为该国的基本利益需要压倒了领导人的偏好，而且国内认识基本一致。巴基斯坦就是这样的一个例子。该国国内政局不稳，领导人经常变更，但无论谁执政，都致力于发展与中国的友好关系，因此被称为"全天候的战略合作伙伴"，更是被中国民间舆论亲昵地称之为"巴铁"（巴基斯坦铁哥们）。

结　语

本章致力于从理论上分析如何管控间接结构冲突的问题。根据间接结构性冲突产生的根源与路径，管控的路径实际上已经清晰可见。最根本的办法是实现结构性预防，即致力于消除由于第三方介入而导致的两大国间的冲突的权利义务结构。要做到这一点，两个大国执行"隔离"战略均很重要，即支持大国不给第三方开"空白支票"：不支持其主动挑衅或进攻的行为，对其安全承诺范围仅限于那种得到国际公认的权利，

---

① 这方面的更多研究参见马博《杜特尔特"疏美亲中"政策评析：国家利益与个人偏好》，《国际论坛》2017 年第 4 期。

不支持另一方违反国际规范的行为;冲突大国则致力于管控与第三方的冲突,特别是要避免武力冲突和紧张局势的长期化。考虑到支持大国在三边关系中享有更多优势,它是否能够抑制利用第三方牵制另一个大国的动机变得十分关键。另外,如何管理好与第三方的关系也是支持大国面临的一个挑战。面对"被牵连"的可能性,支持大国如何把这种关系建立在法律化与机制化的基础上至关重要,同时保持全方位的实力优势、发挥好战略水平与政策技巧也十分关键,以实现对第三方的有效管理而不是被它们牵着鼻子走。不管支持大国如何管理,第三方的政策自主性仍不可忽视。第三方既然可以通过与一国结盟与另一国对抗来制造间接结构冲突,也就可以通过其他的选择缓解这种冲突,或是推动两个竞争大国建立新的关系。是根据现实主义的行为逻辑选择追随强者或做平衡者,还是根据制度主义或建构主义的逻辑选择做一个制度推动者与中间沟通者?对第三方国家来说,这不是一个纯粹的理论问题,它们往往要自觉或不自觉地基于地缘政治、战略文化、历史记忆、意识形态和领导人偏好等因素做出抉择。如何推动它们做出有利于管控而不是恶化大国竞争的选择,是推动中美冲突管控的一个重要切入点。

第 三 章

东亚第三方与中美关系

　　东亚已成为中美战略接触与竞争的前沿地带，而且有不少国家被卷入到中美竞争关系之中，结果成为影响中美关系的重要变量。特别是，在近几年的东亚局势中，由于中国与日本、菲律宾的关系一度出现恶化，特别是在南海紧张程度上升的背景下，许多人开始担心中美出现冲突。①2016 年下半年起，南海局势开始趋缓，但朝核问题又变得突出，并成为左右中美关系走向的一个重要变量。从长远来看，地区秩序的碎片化、领土争端根深蒂固以及民族主义上升（其后果之一是第三方因素的独立性与主动性进一步增强）等客观情势，东亚中的中美间第三方因素最为突出，第三方引发的中美间接结构冲突已经成为现实的威胁。有学者曾指出："在未来十年中，美国可能面临的涉华军事突发事件有：朝鲜垮台、台海冲突、网络战、南中国海或东南亚发生冲突、中日在历史和领

① 参见《社评：中美南海军事冲突的可能性有多大》，《环球时报》2015 年 5 月 25 日；Bo Zhiyue, "Could the South China Sea Cause a China-US Military Conflict?" May 27, 2015 (http://thediplomat. com/2015/05/could-the-south-china-sea-cause-a-china-us-military-conflict/); John Glaser, "The US and China can avoid a collision course – if the US gives up its empire," May 28, 2015 (http://www. theguardian. com/commentisfree/2015/may/28/conflict-us-china-not-inevitable-empire); Andrew Browne, "U. S. Gambit Risks Conflict With China," May 13, 2015 (http://www. wsj. com/articles/u-s-gambit-risks-sucking-it-into-conflict-with-china-1431505129); "Editorial：An extremely dangerous conflict is brewing between the US and China in a tiny archipelago in the South China Sea," May 26, 2015 (http://www. independent. co. uk/voices/editorials/an-extremely-dangerous-conflict-is-brewing-between-the-us-and-china-in-a-tiny-archipelago-in-the-south-china-sea-10277408. html); Robert Farley, "Asia's Greatest Fear：A U. S. -China War：How would it start? Who would win? Welcome to World War III," June 9, 2014 (http://nationalinterest. org/feature/asia-flames-us-china-war-10621); Thomas J. Christensen, "Managing disputes with China," Jun 9, 2015 (http://www. japantimes. co. jp/opinion/2015/06/09/commentary/japan-commentary/managing-disputes-china/#. VYti4Z2S2M_)。

土问题上的争端、中印在边界和缅甸事务上的争端。"① 除了网络战之外，其他的都是第三方引发的冲突，而且所列举的这些第三方因素大多都位于东亚。

所以，东亚是引发中美间接结构冲突的最主要地区，本书在实证研究部分，也主要是以东亚为研究对象。在本章，笔者将从分析东亚对中美关系的重要性开始，逐一梳理那些对中美冲突管控至关重要的第三方国家，最后分析这些第三方国家的选择如何影响到中美冲突管控。在第四、五章，则分别对两个典型的第三方国家菲律宾与韩国进行重点论述。这里要说明的是，中国台湾是中美关系中的一个特殊第三方。它与美国的传统关系以及美国对台湾的战略利用，使得它最有可能成为促使中美走向对抗甚至冲突的因素之一。但由于台湾是中国的一部分，而本书所探讨的管控冲突办法都是以国家作为行为体为前提，因此相关研究不适用于台湾。所以，本书会在某些地方提及台湾，但在具体的实证探讨中，特别是有关冲突管控的探讨中并不把台湾包括在内。这一特殊情况需要另外进行专门的研究。

第一节　东亚与中美关系

中美之间的权力竞争被认为是全球性的，但是主要场地却在东亚。事实上，如果对当前中美关系进行地区分析的话，就会发现中美在全球性议题、在其他地区其实有不少合作关系。用一位学者的话说就是："越是远离中国，中美之间的问题就越容易解决。"② 例如，近些年来，中美在气候变化、网络安全、阿富汗等问题上多有合作，在伊拉克问题、叙利亚危机等议题上的冲突也远不如美俄之间那样大。但是，在东亚多是竞争性议题，如南海、台海、钓鱼岛争端。甚至是朝核这样中美有相当利益重合度的问题，双方之间也经常唇枪舌剑、相互指责。之所以出现

① James Dobbins, David C. Gompert, David A. Shlapak, Andrew Scobell, *Conflict with China: Prospects, Consequences, and Strategies for Deterrence*, RAND Corporation, 2011, pp. 2－5.

② 杜孟新:《军事安全关系》，载［美］沈大伟主编《纠缠的大国：中美关系的未来》，丁超、黄富慧、洪漫译，新华出版社 2015 年版，第 186 页。

这种中美全球竞争"东亚化"的现象，离不开中美竞争所处的独特战略形势。

一 东亚对中国的战略意义

"从历史角度看，世界大国都是先从自己所在的地区事务中逐渐拥有主导地位而发展起来的。"[①] 所以，对崛起中的中国来说，一个显而易见的事实是：在成为一个得到全球社会承认的世界大国之前，要首先成为一个被地区国家接受的地区大国。从地区大国到全球大国的过程，或许是每一个世界霸权国家所必须要走过的道路。但是，中国的情况却更加特殊，这主要是因为中国复杂的周边情况，特别是东亚的情况。

中国有 14 个陆地接壤的邻国，加上东南沿海方向隔海相望或距离不远的邻国，总数达到 20 个。这种复杂情况是历史和当代任何一个大国所没有的。而且，由于各种各样的原因，中国的周边地区布满了长期化的地缘政治热点，如朝核议题以及半岛分裂、韩日独岛/竹岛争端、中日东海划界和钓鱼岛争端、涉及五国六方的南海争端、印巴克什米尔争端、阿富汗问题以及中亚"三股势力"等，其中不少都与中国有直接的关系，而其他的都对中国的地缘政治产生了重要的影响。但对中国来说最重要、最突出的还是在东亚方向。对北方面主要是与俄罗斯和蒙古国的关系，目前比较稳定，也没有突出的地区地缘热点。中亚方面的挑战主要是阿富汗问题与中亚"三股势力"（恐怖主义、分裂主义和极端主义），但由于中美在阿富汗问题上近些年来出现了合作趋势，以及中俄共同主导的上海合作组织对管控中亚局势发挥了重要作用，因此这些问题尚不算特别突出。在南亚方向，虽然克什米尔问题根深蒂固，但近些年并无大的波澜。中印之间曾因为主权争端出现过一些边界对峙事件，但由于两个大国对于彼此间的可能冲突十分慎重，因此这些事件最后均得以和平解决。相对来说，包括东北亚、东南亚方向在内的东亚的重要性和挑战最为突出，具体体现在：

第一，地区的重要性。东亚是中国面向海洋的方向，也是中国对外经贸、人员往来最集中的方向，具有重要的政治、经济意义。中国尽管

---

① 门洪华：《建构中国东亚秩序战略的框架》，《国际观察》2015 年第 1 期。

是一个海陆复合型大国，陆权与海权同样重要。但由于传统上以经营陆权为主，优势也以陆权为主，今后一段时期内的重点还应该是海权。而且，中国经济最发达的部分都面向东亚的东部沿海，2016 年 GDP 各省的前六名分别是广东、江苏、山东、浙江、河南和四川，东部沿海就占了四个。同年人均 GDP 过万美元的有 9 个省份，分别是天津、北京、上海、江苏、浙江、福建、内蒙古、广东、山东，其中沿海省份就占了 7 个。①东亚方向相邻国家的数量也是最多的，包括东北亚四个国家（日本、韩国、朝鲜和蒙古国）和东南亚 11 个国家（东盟 10 国加上尚未入盟的东帝汶）。这些邻国中，既有日本这样的世界第三大经济体，也有韩国、印尼这样能够产生重要地区影响的中等强国，而且还包括发展水平不同、大小各异的其他国家。其中东盟、日本、韩国都是中国的主要贸易伙伴（参见表 3—1），南海还是中国的商品和能源进出口的主要通道。

表 3—1　2016 年中国对主要国家和地区货物进出口额及其增长速度②

国家和地区	出口额（亿元）	比上年增长（%）	占我国全部出口比重（%）	进口额（亿元）	比上年增长（%）	占我国全部进口比重（%）
欧盟	22369	1.3	16.2	13747	5.9	13.1
美国	25415	0.0	18.4	8887	-3.2	8.5
东盟	16894	-1.9	12.2	12978	7.4	12.4
中国香港	19009	-7.6	13.7	1107	39.2	1.1
日本	8529	1.3	6.2	9626	8.4	9.2
韩国	6185	-1.7	4.5	10496	-3.2	10.0
中国台湾	2665	-4.3	1.9	9203	3.4	8.8
印度	3850	6.6	2.8	777	-6.4	0.7
俄罗斯	2466	14.2	1.8	2128	3.1	2.0

---

① 相关数据参见《2016 年各省 GDP 排名：江苏苦追广东七年差距拉大 台湾仍居第六》，2017 年 1 月 27 日，观察者网（http：//www. guancha. cn/economy/2017_01_27_391590_1. shtml）；《2016 人均 GDP 排行榜：天津榜首，广东不及内蒙！》，2017 年 2 月 28 日，凤凰网（http：//share. iclient. ifeng. com/shareNews？aid = 9160860&fromType = vampire&channelId =）。

② 《中华人民共和国 2016 年国民经济和社会发展统计公报》，2017 年 2 月 28 日，国家统计局网站（http：//www. stats. gov. cn/tjsj/zxfb/201702/t20170228_1467424. html）。

　　第二，挑战的复杂性。国家数量多必然导致更多的地缘挑战，而且与中国直接相关的挑战还特别复杂。其中主要是两个：一个是与日本的钓鱼岛主权以及东海划界争端。主权问题向来是国家面临的最敏感问题，任何一方都难以轻言舍弃。而海洋划界问题则具有法律上的复杂性，中国认为大陆架的权利基础是沿海国对其大陆架主张海洋权益的法律依据，坚持以自然延伸为基础，以公平原则解决中日间海洋划界争端，而日本则主张中间线原则，认为在 200 海里范围内距离标准已取代自然延伸原则成为大陆架唯一的权利基础。[①] 如何解决这种法律争议，《联合国海洋法》并没有具体规定，从而为各执一词埋下隐患。更重要的是，争执的对方是作为世界第三大经济体的日本，而且它一直不甘心在国力上被中国超过，双方存在地区性的结构权力矛盾关系，这就使得主权和划界争端进一步被安全化，成为权力斗争的一个重要手段，因此也更加难以解决。二是中国与一些东盟国家间的南海争端，它涉及的国家多（东盟方面有越南、菲律宾、马来西亚、文莱，印尼与中国之间不存在岛礁主权争端，但在海洋划界方面有争议），涉及的海洋问题十分复杂（2016 年中菲对南海仲裁案的争议即可以表明），而且被高度政治化（有些东盟国家内部对如何处理与中国的南海争端存在争议，该议题被作为政治对手间相互攻讦的工具。例如，菲律宾总统杜特尔特在南海问题上的缓和政策，就被国内的政治对手批评为"出卖"国家利益），甚至绑架了东盟地区安全议程（如何就南海问题表态常常是东盟峰会争执的焦点之一）和中国与东盟关系（一些东盟国家把中国在南海的态度看作检验其崛起的试金石）。而且，中国崛起这一宏大时代背景使得中国与周边国家的主权争端更加复杂化了。面对中国崛起，祁怀高和石源华认为周边国家有一种"外部反应综合征"，即周边国家从中国的经济调整发展中获益，对中国快速崛起感到警觉和不安，企图借助外部大国的力量"制衡"中国，甚至借机挑起与中国的领土主权争端。[②] 前几年南海争端恶化的时候，都可以看到这种相关国家与美国"内外联动"的影子。

---

　　①　参见冯洁菡《大陆架的权利基础：自然延伸与距离标准》，《法学论坛》2010 年第 5 期。

　　②　祁怀高、石源华：《中国的周边安全挑战与大周边外交战略》，《世界经济与政治》2013 年第 6 期。

以上情况决定了中国必须而且已经把经营周边特别是经营东亚放在一个特殊重要的位置。中国缺乏美国那样的全球力量投送能力，遥远地区的利益即使重要，要保护起来也力不从心，但保护周边利益是可以做的，也是必须做的。所以，以周边为外交的优先方向，也符合当前中国外交的实际状况。2013 年，中国政府前所未有地召开周边外交工作座谈会，以及十八大以后提出亲诚惠容、互联互通、中国—东盟共同体等概念，无一不是为了面向周边，建立中国与周边国家的命运共同体。包括作为当前中国外交工作引领者的"一带一路"倡议，事实上也主要以周边国家为首要经营对象，特别是 21 世纪海上丝绸之路计划，就是习近平主席 2013 年访问印尼时提出来的。今后中国对周边国家特别是东亚的重视，估计只会进一步加强。

二　东亚成为中美竞争的主战场

当中国努力经营周边特别是东亚时，它不得不面对一个现实的挑战，那就是美国在东亚的强大存在。在美国的全球战略霸权中，亚太和欧洲是其两个战略重心，而东亚则是亚太的重中之重。东亚对于美国的重要性体现在多方面。一是经济上的。2010—2015 年，美国与亚洲的贸易增长了 23.6%，这比同期美国与欧洲、北美或中南美洲之间的贸易增速都快得多。[①] 2015 年中国首次超过加拿大，成为美国最大的货物贸易伙伴。二是战略上的。20 世纪 80 年代，一度成为美国经济竞争对手的日本来自东亚。当前，对美国构成综合性挑战的中国亦地处东亚。面临中国崛起时，美国的一个重大担心就是中国是否致力于把美国排挤出亚洲。[②]

正是在这种背景下，当奥巴马总统上台之后，即执行一种战略东移或亚太再平衡的战略。与小布什政府对中东和反恐战争投入巨大精力不同，奥巴马政府视亚太为战略重心，开始进行战略调整。这一战略转移一方面固然也是看到了亚太是未来美国经济的关键所在，另一方面也是

---

①　冯迪凡：《美国对外贸易的亚太之重》，《第一财经日报》2016 年 11 月 28 日。

②　John J. Hamre, "Overview: An American Perspective on US-China Relations," *Joint US-China Think Tank Project on the Future of US-China Relations: An American Perspective*, July 2017, p. 7.

对中国不断崛起的回应①，如何牵制中国崛起成为奥巴马政府的重要考虑内容。奥巴马政府亚太再平衡的重点是东南亚。2009 年 7 月 22 日，在泰国普吉岛出席东盟地区论坛（ARF）部长会议的克林顿女士代表美国政府签署《东南亚友好合作条约》，表示"将进一步加强我们之间有坚固基础的关系"；同时与柬埔寨、泰国、老挝、越南四国外长举行会议，磋商建立"美湄合作"框架。东盟外长会议称，这是"美国对这一地区和平与安全承诺的强烈信号"。② 在南海主权争议上，奥巴马政府事实上已经公开抛弃了其一贯坚持的"不选边"的传统，开始全力支持越南、菲律宾等国的主权主张。③ 正如朱锋所指出的那样，当时美国的南海政策"在不断从'幕后'走到'台前'，从'不介入'转向'介入'、从'不选边'走向公开'选边'。深度介入南海主权争议、为弱小的东盟南海主权声索国撑腰、进而达到削弱和限制中国南海主权权益与战略利益的空间，已经成为奥巴马政府'亚太再平衡战略'的重要组成部分之一。"④

特朗普上台后，抛弃了奥巴马提出的以建立一个包括诸多东亚国家在内的高标准自由贸易区的 TPP 协议，但特朗普并没有"离开"东亚，而是将重心转移到朝核问题上来。2017 年 9 月，朝鲜进行了第六次核试验，11 月又进行了"火星－15 型"洲际弹道导弹试射。进入 2018 年后，以平昌冬奥会为契机，半岛局势出现缓和。随着朝核问题的反复，中美在朝核问题上的合作与竞争，可能成为影响未来一段时间内两国关系的重要变量。与此同时，在南海的所谓航行自由计划仍然在特朗普政府的主导下继续展开。2017 年春季，特朗普批准了 2017 年美军关于定期在南海开展所谓航行自由行动的全年计划，较奥巴马政府时期的"一事一请"方式，这种打包式批准反映出特朗普借南海争端制衡中国的意图毫不逊色。事实也是如此，在特朗普批准该计划后，美军在不到两个月的时间

---

① 如根据时任美国国务卿的希拉里·克林顿说，2009 年 11 月奥巴马的访华并不成功，美方怀疑中国开始改变韬光养晦的战略。参见 Hillary Rodham Clinton, *Hard Choices*, New York：Simon & Schuster Paperbacks, 2014, p. 66。

② 张瑞昆：《从老挝看美国"重返"东南亚》，《东南亚之窗》2010 年第 1 期。

③ 朱锋：《南海主权争议的新态势：大国战略竞争与小国利益博弈——以南海"981"钻井平台冲突为例》，《东北亚论坛》2015 年第 2 期。

④ 同上。

里，就进行了 3 次所谓的航行自由或飞行自由行动，而且进入了美济礁和中建岛 12 海里范围之内。① 2017 年年底，特朗普政府发布了最新的《美国国家安全战略》报告，强调"中国与俄罗斯挑战美国的权力、影响和利益，试图削弱美国的安全与繁荣"，并对中国在所谓"印太"地区的活动进行批评，认为在这一地区存在"自由的世界秩序和压迫式世界秩序之间的地缘政治竞争"。②

总体来看，对东亚的重视以及强调中美之间上升的战略竞争已经成为美国方面的一个共识。在 2011 年的一项调查中，美国学界 45% 的人认为东亚是对美国最具战略重要性的地区（2008 年时持这一观点的人为30%），而在外交政策界是 50%，而且 85% 的人认为在 20 年内东亚将成为对美国最重要的地区。③ 这种对东亚的重视往往是与对中国崛起的提防联系在一起的。许多美国学者以及决策者相信，中国正在采取一种"剪裙边"的战略，"即通过一个一个剪除美国的手足以最终孤立和打败超级大国。因此，中国热心于做任何可能削弱美国亚洲联盟体系的事情，而这一体系被视为美国包围战略的核心所在。"④ 还有人认为中国有一套坚持不懈的战略：第一步现在可能已经完成，即迷惑对手；第二步就是引起对手的内部政治冲突，目前美国商界和安全圈之间已有明显分歧；第三步就是"发动进攻性攻击"，根除华盛顿的影响是北京的长期战略与目标。而"当中国共产党致力于系统地减少华盛顿在亚洲的影响时，中国正在把中美关系推向一条敌对的道路。"⑤

---

① 《美媒称特朗普已批准美军 2017 年南海"航行自由"全年计划》，2017 年 7 月 22 日，参考消息网（http：//www. cankaoxiaoxi. com/world/20170722/2207447. shtml）。

② *National Security Strategy of the United States of America*，December 2017，pp. 2，45 – 46.

③ See Paul C. Avey，Michael C. Desch，James D. Long，Danial Maliniak，Susan Peterson and Michael J. Tierney（2012），"They ivory tower survey：how IR scholars see the world"，*Foreign Policy*（January/February）（http：//foreignpolicy. com/2012/01/03/the-ivory-tower-survey/）。转引自 David Martin Jones，Nicholas Khoo and M. L. R. Smith，*Asian Security and the Rise of China*，Cheltenham：Edward Elgar，2013，p. 1。

④ Suisheng Zhao，"A New Model of Big Power Relations？China – US strategic rivalry and balance of power in the Asia – Pacific，" *Journal of Contemporary China*，Vol. 24，No. 93，2015，pp. 381 – 382.

⑤ Jenny Lin，"Navigating US-China Relations：Complicated by China's 'Unrelenting Strategy，'" *PacNet*，No. 15，Pacific Forum CSIS，March 5，2013，pp. 1 – 2.

考虑到这种认识的普遍性，不管谁出任美国总统，无论美国将对华战略冠以何种名目，美国在东亚最关键的战略目标就是规制中国的崛起。规制不同于遏制，遏制是以阻止甚至打败为目的，而规制则体现为：一方面加以引导、塑造，另一方面加以防范、打压。其政策内涵是意识到中国崛起不可避免，也非外力所能阻止，但美国希望中国的崛起能够遵循美国所制定的规则、遵守美国领导下的秩序，当然也不希望中国取代美国霸权，至少要在较长时间内不挑战美国在世界以及东亚的政治、军事霸权。特别是在中国作为一个有着社会主义制度、东方文化身份的国家，美国的不放心是根深蒂固的。所以，先前奥巴马政府一方面宣称欢迎中国的崛起，但另一方面也多次宣称不能让中国来制定规则，其意图非常明确，那就是在手握大棒的同时，希望中国能够接受以美国为主导的全球秩序。特朗普的政策目标更加内敛，致力使"美国重新伟大"，而不是去承担更多的国际义务，但在对华贸易问题上采取了更加严厉的立场，对中国在美国国际地位方面的挑战也同样警惕。抛开不同美国领导人具体的言辞与政策，其实无论谁当美国总统，其核心利益都是维护美国的全球领导地位，制止来自其他国家的挑战。特朗普当然也不例外。

尤其值得关注的是，在这种结构性矛盾的背景之下，中美之间不只是进行战略与外交的竞争，还以东亚为场域在军事领域展开了潜在的较量。美国方面，无论是现在强调的"在西太平洋直接保卫其利益和盟友的能力"的封锁威慑，还是未来可能"利用远程武器和更容易生存的平台"的报复威慑[1]，美国的对华政策始终以实力威慑为基础。作为反制，中国军队则致力于发展"反介入/区域拒止"能力，而美国则又针锋相对地提出"空海一体战"的概念作为应对之策。[2] 这些军事上的攻防设想均是以东亚为核心区域来展开的，正如陆伯彬所指出的那样，"由于西半球和东亚大陆的大陆地缘政治条件，中国和美国都可以优先发展各自的海军实力，在这些情况下，中国海军的崛起和美国海上竞争的加剧将进一

---

① James Dobbins, David C. Gompert, David A. Shlapak and Andrew Scobell, *Conflict with China：Prospects，Consequences，and Strategies for Deterrence*，RAND Corporation，2011，p. 10.

② 叶建军：《美国应对"反进入和区域拒止"战略评析》，《现代国际关系》2011 年第6 期。

步强化东亚战场作为强国角逐中心对 21 世纪全球力量对比的重要性，就像欧洲战场是美苏冷战期间全球力量对比的角逐中心一样。"①

军事上的竞争与战略、外交上的博弈结合在一起，使得东亚成为中美关系矛盾的多发点，也是最有可能引发实际冲突的地方。虽然这是一个全球化的时代，但地缘政治仍是中美关系的基础性因素。在小布什时期，由于美国将战略重点放在了阿富汗战争和伊拉克战争上面，双方在东亚的地缘冲突缓和，双边关系也一度进入稳定向好的时期。奥巴马时期，潜在的地缘竞争加剧，但美国尚注意不与中国发生冲突。进入以不确定性著称的特朗普政府时期，中美地缘关系面临的不确定性增加，合作与冲突的可能性均进一步增加了。不管美国领导人如何变换，大的战略背景是一样的，即美国对东亚的重新重视不可避免，而中国对包括东亚在内的周边重视也空前加强，这就大大增加了双方在东亚发生地缘政治冲突的可能性。对此，不能不说中美双方没有一点警醒与认识。例如，中方就曾提出新型大国关系应该先从亚太做起，而美国在近来的南海争端中也采取了比较慎重的姿态。但要消除战略疑虑可能是一个长期过程，而且东亚注定会成为中美竞争的持久热点。

三　东亚的几个特殊情势

东亚作为中美战略竞争的主"战场"，还有不同于其他地区的一系列特殊情势，这些情势使得东亚在中美战略竞争中显得更加特殊和敏感。这些特殊情势主要有以下几项：

1. 地区的碎片化

地区层次的合作缺失一直是东亚的软肋。这在东北亚表现得更为明显，与其他地区相比较，"东北亚经济和安全合作缺乏有重要意义的地区层次的正式制度化"②。由于 20 世纪 90 年代末东盟与中日韩之间"10 + 3"机制的建立，东亚有一度形成地区合作的趋势。但是，随着中国实力的不断崛起，

①　［美］陆伯彬：《中国海军的崛起：从区域性海军力量到全球性海军力量?》，赵雪丹译，《国际安全研究》2016 年第 1 期。

②　Vinod K. Aggarwal and Min Gyo Koo, "An Institutional Path: Community Building in Northeast Asia", in G. John Ikenberry and Chung-in Moon, eds., *The United States and Northeast Asia: Debates, Issues, and New Order*, New York: Rowman & Littlefield Publishers, Inc., 2008, p. 286.

东盟又把地区外的印度、澳大利亚、新西兰后来甚至是美国和俄罗斯拉进来,以维持东盟主导下的大国均衡战略。这样一来,东亚地区合作的色彩就被冲淡了。而且,以东盟为核心的系列合作机制的规范和制度化程度较低,这就导致了地区合作的松散局面。而且,这种松散的合作局面被次地区的国家或国家区块间的竞争关系所冲散。笔者曾将这种情况称为东亚地区合作的碎片化。① 这种碎片化意味着:在地区层次之下,东亚主要存在各种双边合作关系(如美国与其盟友之间的双边安全合作、中韩 FTA)和次地区合作关系(如东盟)。也就是说,各种次地区合作构成了一个个"国家合作区块",但这些"区块"之间却存在着竞争甚至冲突关系,从而导致整个地区层面的合作难以进行。而且,这种碎片化是交错存在的。比如说,在维护朝鲜政权稳定问题上,中朝有较多合作,而美韩日则乐于看到朝鲜政权的变化。但在无核化问题上,中国与美韩日有着共同利益,而与朝鲜处于对立面。结果是,东亚的地缘政治版图由彼此竞争、交错甚至冲突的"国家合作区块"或国家所组成,出现一种碎片化的格局。

在中美东亚竞争中,东北亚的碎片化局面使得两个大国更有可能利用某一个国家或是问题达到牵制对方的目的。如果东亚能够作为一个地区整体出现,就像欧盟那样,无论在政治、安全还是在经济社会政策方面,均采取同一或近似立场,那么其他大国就不大可能利用其中的某一国,而作为一个整体的地区,往往是无法被其中一国利用的。这是因为:第一,整个地区的力量如果集中在一起,其谈判能力更强,就不易受其他大国的左右。第二,作为整个地区的立场,势必是对各成员国立场进行综合的结果,这样的政策立场往往是比较中立和中性的。在现实中,东亚的碎片化局面主要是被美国而不是中国所利用。美国与日本、韩国、菲律宾、泰国等东亚国家形成了同盟关系,甚至还一度推进包括日本、新加坡、马来西亚、文莱、越南等东亚国家参加的 TPP。特朗普宣布美国退出后,其他国家于2018 年 3 月签署更名为"全面与进步跨太平洋伙伴关系协定"(CPTPP)。由于 CPTPP 仅包括部分东亚成员,其形成势必进一步强化东亚地区的碎片化。

---

① 参见李开盛《东北亚地区碎片化的形成与治理——基于折中主义的考察》,《世界经济与政治》2014 年第 4 期;李开盛《论碎片化状态下的东北亚竞合困境》,《太平洋学报》2014 年第 9 期。

总体上看，东亚的碎片化是有利于美国强化在该地区的影响的，为其牵制中国提供了场域与空间。但基于一体化方向的地区治理是大势所趋，中美关系如何与这种趋势相协调，是今后东亚地区和中美关系面临的重要挑战。

2. 安全问题突出

东亚尽管是世界上经济较为繁荣的地区之一，同时却有着许多突出的政治安全问题，这些问题，往往也成为一些东亚国家主动或被动介入中美战略竞争的诱因。这些问题主要包括：

第一，"二战"遗留问题，主要是日朝间问题。日本长期侵占朝鲜，"二战"结束后朝鲜解放，但不幸的是，由于美苏的分割占领，朝鲜半岛被一分为二。冷战期间，日韩之间通过于 1965 年签订《日韩基本条约》实现了关系正常化。但朝鲜并不承认这一条约，而日本也仅认同韩国是半岛唯一合法政府。冷战结束后，日本承认了朝鲜作为一个国家存在的现实，双方也一度就邦交正常化开展谈判。但由于朝核危机的发生，加上双方在"绑架"日本人事件、清算历史等问题上分歧严重，朝日迄今仍未实现关系正常化。

第二，朝鲜战争遗留问题。由于朝鲜战争结束后仅仅签署停战协定而没有签署和平条约，美朝、美韩均处于法律上的战争状态。中国原来是朝鲜战争的重要一方，是朝鲜并肩作战的战友。但先后通过与美国、韩国的关系正常化，已解除了彼此间的敌对关系。目前，朝鲜与美、韩之间虽然没有发生重大战争，但断续存在零星冲突，如发生在 2010 年的天安舰和延坪岛事件。只要半岛上的战争状态没有通过条约正式解除，处于朝鲜炮火威胁下的韩国以及处于美国绝对优势军力威胁下的朝鲜，都不会感到安全。下面所提到的朝核问题之所以会发生，其重要根源之一就在于朝鲜的极度不安全感。

第三，朝核问题。此项问题涉及两项重大利益，一是无核化。针对这一议题，朝鲜是一边，坚定地试图发展核武器。中美韩日俄是一边，都坚决反对朝鲜拥有核武器。在反对朝鲜拥核的问题上，呈现出五对一的态势。[1] 二是朝鲜的生存稳定。在此问题上，中国与朝鲜拥有共同利

---

[1]　Gilbert Rozman，"The North Korean Nuclear Crisis and U. S. Strategy in Northeast Asia," *Asian Survey*，Vol. 47，No. 4（July/August 2007），p. 607.

益。中国在反对朝鲜拥核的同时也反对美韩试图推翻朝鲜的行为，因为"作为战略缓冲国，朝鲜仍对中国不可缺少。"① 美国、韩国则恰恰相反，前者出于对朝鲜的敌视，后者出于潜在的统一考虑，都不愿意看到朝鲜政权的持续稳定与强大。在上述复杂背景下，朝鲜已进行了六次核试验和多次导弹发射活动。韩国朴槿惠政府与美国一起宣布决定部署萨德反导系统，这一决定后被文在寅政府所继承。由于萨德系统破坏了中美间的战略稳定，在部署前后一直受到中国政府的强烈反对，一度在中美、中韩关系间掀起重大波澜。

第四，领土主权争端。主权争端常常是造成国家间安全关系恶化的重要原因。目前东亚的领土主权争端主要包括：一是钓鱼岛问题，形成了中日对立。特别是自 2012 年日本对该岛进行所谓的国有化，中日关系恶化至今未有好转。二是独岛（竹岛）问题，形成了日韩对立。目前该岛实际由韩国控制，但日本方面誓不放弃，并设立了"竹岛日"，双方在此问题上摩擦不断。三是苏岩礁问题，形成了中韩对立。但由于苏岩礁的意义不如钓鱼岛、独岛（竹岛）那样大，中韩对立程度也稍小。四是南海争端，中国与越南、菲律宾、马来西亚和文莱之间存在对立。除了独岛（竹岛）争端之外，其他的争端由于都与中国有关系，也就不同程度地成为美国用来牵制中国的重要手段，从而不可避免地把相关第三方涉及在内。另一方面看，其他的争端方为了牵制中国，也或多或少地主动借重美国的力量，特别是在美国作为其盟国的情况下，就会生成中美间接结构冲突。

第五，历史认知冲突。在近代东亚历史中，日本扮演了一个地区侵略者的角色，并通过甲午战争、吞并朝鲜、第二次世界大战等重大事变，给相关国家与人民留下了巨大的创伤。特别是日军在战争期间的野蛮行为，如强征慰安妇、南京大屠杀，更是给中国、韩国人民以巨大的心理阴影。在短短的几十年之内，这种记忆不可能被抹平，在较长的时期内也不可能消失，从而在一定程度上影响相关国家的行为。正是源于这种近代历史记忆，中韩朝三国都对日本心存不满。例如，日本首相安倍

---

① Russell Ong, *China's Strategic Competition with the United States*, New York: Routledge, 2012, p. 93.

晋三2013年12月26日参拜靖国神社后，三国都展开了激烈的批判。韩日虽然都是美国的盟友，而且共同面临朝核问题的威胁，但由于历史认知冲突，两国在军事合作方面迟迟迈不开步伐。① 可以肯定的是，这种认知差异以及相关的政治外交冲突仍会在较长时期内存在下去，并成为东亚地缘政治的一个重要变量。美国则站在自身利益的角度，试图对这一变量进行有利于自身的管控。它对日本在历史问题方面的错误言行有所关注与批评，但其主要目的在于不让日本因历史问题而搅乱美国在东亚乃至全球的同盟布局。另外，美国政府至今不愿在日本历史问题上全面而明确地说明其基本立场，其对日本的批评主要直接涉及美国与美国利益的问题。除了"慰安妇"问题外，美国对日本篡改其侵略中国等亚洲国家的历史基本上仍不闻不问。美国这种态度对日本不构成真正压力，也就无助于日本修正自己在历史问题上的认识，减少东亚国家间在这一问题上的裂痕。②

3. 民族主义与第三方自主性

正如第一章第一节所强调的，第三方即使是小国，也因为主权平等原则的保障以及一些小国对于外交认识与技巧的成熟，体现出很大的政策自主性，能够在中美关系中扮演重要角色。在东亚，由于民族主义的强烈分布及持续高涨，这种自主性因此体现得更为突出。

在东亚，韩国人的民族主义令人印象深刻。例如，曾有学者这样概括韩国民族主义："在美韩联盟与驻韩美军问题上，韩国的民族自尊心受到极大的刺激和鼓舞；在经贸关系中，贸易保护主义作为一种强烈的经济民族主义出现；在长白山归属、高句丽问题上，韩民族的文化优越、历史悠久的诉求十分强烈；此外，还包括对日本侵略与殖民历史的怨恨以及激烈反应、对朝鲜半岛统一中的民族统一追求与渴望、对领土争端

---

① 韩日签订《军事情报保护协定》是一个例子。早在2012年，韩国李明博政府就曾计划与日本签署《军事情报保护协定》，但因国内强烈反对而受挫。2016年11月23日，因国内政治丑闻而即将下台的朴槿惠政府才不顾一切地签署该协定，但受到反对党的强烈批评，共同民主党、国民之党、正义党等纷纷抨击韩日《军事情报保护协定》是"卖国协定"。参见吕春燕、徐万胜《试析韩日情报合作的进展、促因与影响》，《和平与发展》2017年第1期。

② 关于美国对日本历史问题的认识，参见刘飞涛《浅析美国对日本历史问题态度的变化》，《国际问题研究》2007年第3期；张景全《从同盟机制角度看美国对日本历史问题的态度》，《当代亚太》2006年第9期。

的主权与尊严意识等。在与外界的争议中，韩民族的情感得到凝聚、民族观念得到传播、民族共识得到深化。"① 在其他东亚国家，民族主义的表现也不遑多让。中国曾经出现过多起大规模的反日示威，而 20 世纪 90 年代后半期以后，围绕"历史问题"的争论迅速升温，又激起了日本的民族主义。现任日本首相安倍晋三曾出版《致美丽的祖国》及其更新版，其专著的中心主题就是日本人必须重拾他们在第二次世界大战战败时丢掉的民族自豪感。② 虽然日本国内也有人主张反省历史，但总的来看，日本当前民族主义将近代日本的全部战争视为当然的自卫行为，将战争中的死者作为"英灵"加以赞美。③ 不难想见，日本与其他亚洲国家的民族主义存在直接相冲突的地方。

民族主义在不少国家都有着深厚的土壤，但之所以在当前东亚体现得十分突出，主要与以下几种类型的因素有关：第一，由于殖民以及反殖民斗争历史而形成有特定对象的民族主义。东亚多数国家都是原来西方国家的殖民地，而且许多国家在争取独立国家过程中经历了与原宗主国的重大抗争。因此，这些国家在走向独立后可能会形成针对原宗主国的民族主义。这种民族主义情绪在 20 世纪 60—70 年代达到高潮，至今仍对一些国家的政治外交政策产生影响。例如，菲律宾国内就一直存在针对原宗主国美国的民族主义，而美国在从西班牙手中"接管"菲律宾时残酷镇压菲律宾人民的独立，就是这种民族主义情绪的源头。也正是这种民族主义，使得冷战刚刚结束，菲律宾就迫不及待地终止了美国的军事基地。第二，由于民族国家建构过程尚未全部完成而导致的民族主义。尽管东亚国家已全部建立成民族国家，但由于特殊的原因，有的国家仍然陷入民族和国家分裂之中，如朝鲜半岛和中国。在这些国家看来，其民族国家身份仍然是不完整的，因此存在一种特殊的民族悲情和使命感。另外一种情况是日本，即日本自己认为目前仍没有集体自卫权和交战权，也没有"真正"的军队，因此不算是一个"正常国家"。这种理念就是日

---

① 郭锐、凌胜利：《民族主义与韩国外交政策》，《世界经济与政治论坛》2010 年第 3 期。

② ［日］赤羽恒雄：《解读日本与中韩之间的紧张关系》，载石斌主编《亚洲新未来——中外学者论国际关系与地区秩序》，南京大学出版社 2016 年版。

③ ［日］米原谦：《现代日本的民族主义》，崔世广译，《日本学刊》2013 年第 3 期。

本右翼政治力量的核心诉求。正是在这种理念的驱使下，日本一心一意要发展军力，不断突破宪法和国际社会对其发展武力的限制。第三，由于现实利益争端而激发出来的民族主义，其中最明显的是主权争端。事实上，每当主权争端激化的时候，也就是相关国家民族主义情绪表现十分突出的时候。2014年5月越南发生的反华大示威就是在这种情况下出现的，导致中资企业的人员和财产遭受严重损失。

更深层次看，东亚民族主义一直强烈存在并且发展有其特殊背景，那就是东亚各国尽管发展水平有很大差异，但都是仍处于现代化进程中的国家，民族国家与民族主义刚刚兴起、方兴未艾。从前民族国家（帝国或家族王朝），到民族国家，再到后民族国家，可能是国家要经历的各个发展阶段。目前，许多西方国家具有了一些后民族国家色彩，故有让渡经贸主权的欧盟的产生。但即使如此，民族主义也仍然根深蒂固，甚至有回潮之势。2016年6月，英国公投退欧就是这种潮流的一种体现。相对而言，民族主义进入东亚本来就晚了一两百年，而且是在西方冲击下才从西方概念中引进的产物。由于它并非全部内生的结果，形成健全的民族身份本来就需要一个较长的时间。如果说西方国家目前大致处在民族国家身份的平缓发展期，呈整体衰退但时有回升阶段的话（体现为国家利益的顽强作用和民族主义的偶尔复兴），那么东亚国家正处于民族国家形成的上升期，为了凝聚国家并形成一个强有力的身份，民族主义的作用也就必不可少。

在外交领域，民族主义的最大作用就是体现为把自身利益放在绝对重要的位置，不太考虑对外的妥协，而且特别强调自身利益与政策的独立性，不愿意依附于任何外国，包括盟国的干预。对于中美关系而言，第三方的民族主义可能引发多方面的后果。第一，第三方与其中一个大国的摩擦、冲突的可能性增加，并通过第三方与另一个大国的密切关系，而把中美关系也置于摩擦或冲突的境地。例如，越南在与中国打交道的过程中，源于历史认识与南海争端的民族主义情绪就挥之不去，这在很大程度上推动越南靠拢美国，用美国的力量来牵制中国。第二，第三方也可能因为民族主义情绪而与自己的盟国发生矛盾甚至冲突，这就为另一个大国提供了机会，从而有可能改变中美之间的战略或力量平衡。例如，21世纪初金大中政府奉行阳光政策时，半岛南北关系缓和，而美韩矛盾则有所上升。特别是 2002 年 6 月 13 日驻韩美军的一辆装甲车轧死了两名韩国女中学生之后，韩国国内出现了强烈的反美情绪，朝野都出现了要求修改《驻韩美军地位协定》、美国总统致歉等呼声，更有甚者提出撤出全部驻韩美军。① 如果这种情绪一直延续下去的话，美韩联盟势必出现裂痕，也就不大可能出现韩国配合美国部署萨德系统、牵制中国的局面。但是，由于半岛局势恶化，韩美同盟重新加强，反美民族主义进入低潮状态。

总的来看，在民族主义的干扰下，第三方要保持一种均衡性外交政策的可能性降低了。如前所述，尽管民族主义也要求政策的独立性，但事实上，当第三方对一个大国奉行民族主义时，往往不得不与另一大国保持较好关系，甚至是争取其支持。因此，整体上看，民族主义盛行可能会强化东北亚国家在中美之间选边的态势，加强中美之间的竞争。那些更少民族主义的国家更有可能奉行一种理性的平衡政策。这方面最老练的是新加坡，它游走于中美之间，采取不轻易倒向任何一方的政策，以保持自己政策最大的灵活性。而新加坡是对民族主义控制最为严格的国家之一。在东亚，像新加坡这样能够管控民族主义、采取成熟平衡外交的国家，可能少之又少。

第二节　第三方：类型与国家

在中美东亚战略竞争的大背景下，不少东亚国家都被动或主动地卷入到了这样一场战略"游戏"之中，但它们卷入的程度是不一样的。本节将它们分为三类：第一，作为结构因素的第三方，即与中美中间一国结盟而与另一国存在重大利益冲突、最终引发中美间接结构冲突的第三方。第二，作为关键因素的第三方，即没有引发结构性冲突，但要么地处关键位置而为中美所看重，要么与两个大国的地缘竞争议题密切相关，从而对中美竞争产生关键影响的国家。第三，作为次要因素的第三方，即既没有引发结构性冲突，也没有对中美竞争产生持续的重要影响，但

---

① 凌胜利、郭锐：《反美主义与韩国外交政策》，《辽东学院学报》（社会科学版）2011 年第 1 期。

可能在某些议题、领域或特定情况下影响到中美关系的国家。这三类国家中，第一类与本书的研究直接相关，第二、三类在一定情况下也能发挥恶化或管控中美冲突的作用。下面分而述之。

一　作为结构因素的第三方

这样的第三方必须同时满足两个条件：第一，与一个大国存在重大利益竞争或安全冲突；第二，与另一个大国结成同盟或是接近于同盟的伙伴关系。例如，泰国虽然与美国是盟友关系，但由于它与中国没有重大利益冲突，所以没有在中美间引起间接结构冲突。依此标准，这类第三方东亚国家主要有日本、菲律宾和朝鲜，前两个国家是美国的盟友，但与中国存在重大利益冲突，而朝鲜则是中国法律上的盟友，但与美国存在重大利益冲突。总体来看，由于中国在地缘关系上更易与其他东亚国家存在冲突，而"几乎所有的美国盟友与伙伴都根据地区的新挑战，寻求与美国开展更紧密的安全合作"①，因此在"两大一小"的三边关系中，中国更多地充当着居于劣势的冲突大国角色，而美国则更多地扮演着支持大国，这使得美国在中美东亚博弈中更多地处于优势位置。

1. 日本

日本之所以成为中美关系的第三方，从结构上来看，是因为如下两方面的因素：第一，是它与中国的综合性利益竞争关系。之所以说是综合性的，是因为这种利益竞争包括不同领域与层次。其一是地区权力竞争，尽管中国的国内生产总值（GDP）已超过日本，但人均发达水平仍然落后，日本仍然没有从心理上接受中国作为东亚第一大国的地位。"日本'接触/两面下注'光谱中的两面下注政策表明，日本的立场是无论当前还是未来均不追随中国。如果中国创建的新的地区和全球秩序与当前不符的话，日本不可能接受。"② 日本这一政策经过了一个演变的过程。从 20 世纪 70 年代初中日关系正常化到冷战结束初期，两国关系基本上是

①　Michael Green, Kathleen Hicks, Mark Cancian eds, *Asia-Pacific Rebalance* 2025：*Capabilities, Presence, and Partnerships*, CSIS Report, January 2016, p. 50.

②　Kei Koga, "The Rise of China and Japan's Balancing Strategy：Critical Junctures and Policy-shifts in the 2010s", *Journal of Contemporary China*, Apr 18, 2016, p. 2.

友好的。但从20世纪90年代中期开始，日本开始对中国的崛起有所警惕，对华政策转向以牵制为主，在2010年钓鱼岛船只相撞事件后更是如此，日本2012年"购买"钓鱼岛意味着政策的进一步转变。自那时起，日本就采取内外措施平衡中国崛起，包括与美国一起承担更多的安全共享责任。① 其二是主权以及相关权益的冲突，主要体现为钓鱼岛主权争端和东海划界争端，上一节对此已有分析。其三是对历史认知的冲突，中国近代主要是受到日本的侵略，因此对日本任何不承认历史侵略的罪行都十分警惕。这些冲突彼此缠绕在一起，并且被相互放大，使得中日关系成为或许是东亚持续最久、最复杂的关系。

第二，美国对日本的安全义务。日本在"二战"中被美国打败后，为了冷战利益又结合到一起。1951年9月8日，美日通过签署《安全保障条约》（*Treaty of Security and Safeguard Between Japan and United States*）而结成了同盟关系。该同盟所依赖的基础之一就是：日本为了换取美国对其安全的保证，而接受从属地位。② 《条约》第五条规定："共同防卫各缔约国宣誓在日本国施政的领域下，如果任何一方受到武力攻击，依照本国宪法的规定和手续，采取行动对付共同的危险。"冷战时期，这一条款主要针对苏联。冷战结束后苏联垮台，美日同盟关系不但没有解除，反而进一步强化。根据沃尔特的观点，共同的威胁被认为是联盟形成的前提条件。③ 1997年9月日美公布了防卫合作"新指针"，新提出双方在"日本周边地区发生不测事态时的合作"。美日同盟不但没有解散而且发布"新指针"，只能理解其所认定的"共同威胁"发生了转移。显然，冷战后的美日同盟所针对的主要是东亚，而且明显有牵制中国崛起的意图在里面。中国的崛起事实上对美国的全球霸权和日本的地区优势地位造成了冲击，因此两国也都有利益与动机利用同盟来牵制中国。

而且，在美国与日本的共同推动下，美国对日本的安全义务不但没

① Kei Koga, "The rise of China and Japan's balancing strategy: critical junctures and policy shifts in the 2010s," *Journal of Contemporary China*, Apr 18, 2016, p. 3.

② Michael Cox and Doug Stokes, *US Foreign Policy*, Oxford, Oxford University Press, 2008, p. 278, inferred from Joel R. Campbell, "US Foreign Policy towards Northeast Asia", *PERCEPTIONS*, Winter 2012, Volume XVII, Number 4, p. 6.

③ 参见［美］斯蒂芬·沃尔特《联盟的起源》，周丕启译，北京大学出版社2007年版。

有缩小反而扩大了，而且直接针对中日钓鱼岛主权争端。20 世纪 70 年代，为了强化同盟关系，美国在将"二战"中所占领的冲绳的行政权转交给日本时，连带钓鱼岛也一起奉上。但美国也强调，美国仅取得行政权，而非主权，因此，美国将行政权移交给日本的行动并不构成基本的主权（美国并无此种主权）之移交，亦不可能影响到任一争论者的基本的领土主张。① 也就是说，美国在钓鱼岛问题上采取了中立政策。基于这一政策，美国长期对美日安保条约是否适用钓鱼岛保持模糊立场。但是，冷战结束之后，美国对钓鱼岛的介入和"拉偏架"反倒日渐清晰。克林顿政府、小布什政府时期都有关于钓鱼岛适用安保条约的表态，但还有反复，层级也不高。而到了奥巴马时期，国务卿希拉里在 2010 年 9 月 23 日的日美外长会谈时明确表示：钓鱼岛是"'日美安保条约'的适用对象"。2014 年 4 月 24 日，美国总统奥巴马在访日时也声称，《日美安保条约》第五条适用于所有日本管辖下的地区，"包括尖阁诸岛（即中国钓鱼岛及其附属岛屿）"。② 这是美国总统第一次做这样的表态，从而使得美国对日本的安全义务进一步明确。日本首相安倍晋三于 2015 年 4 月 27 日访美时与美国联合发表了新修订的《日美防卫合作指针》，首次提出美军支援日本保卫和夺回岛礁的联合作战，以及日美两国针对日本以外国家受到武力攻击时共同参与海上作战等。③ 2017 年年初特朗普出任美国总统，日本首相安倍晋三在其上任前后两次访美，而美防长马蒂斯也多次确认钓鱼岛适用于《美日安保条约》第五条④。这表明，中美间因日本而生的间接结构冲突并不因美国政府的变化而变化，这是结构性矛盾的典型体现。

还要看到，自 2012 年日本宣布将钓鱼岛"国有化"从而引发局势紧张以来，中日两国总体关系变得紧张，迄今并未真正缓解。从长期来看，

① 中国国民党中央委员会第四组编印：《钓鱼台列屿问题资料汇编》；南方同胞援護会编：《追補版沖縄問題基本資料集》，南方同胞援護会，1972 年 7 月。转引自胡德坤、黄祥云《美国在中日钓鱼岛争端上"中立政策"的由来与实质》，《现代国际关系》2014 年第 6 期。

② 《奥巴马称日美安保条约适用钓鱼岛》，2014 年 4 月 25 日，新华网（http：//news. xinhuanet. com/world/2014—04/25/c_ 126431333. htm）

③ 刘江永：《地缘政治思想对中美日关系的影响》，《日本学刊》2015 年第 3 期。

④ 《马蒂斯访日谈同盟 强调安保条约适用于钓鱼岛遭中方驳斥》，2017 年 2 月 4 日，环球网（http：//world. huanqiu. com/exclusive/2017—02/10057165. html）。

上述综合性利益冲突也无法在短期内解决，不管谁出任日本首相，中日矛盾将是一种长期现象。而且，在南海问题上，日本有别于其他国家，采取了高调介入的态度，一方面频频呼吁中国遵守所谓裁决，另一方面对菲律宾、越南等国家提供海防能力方面的援助，旨在支持它们对抗中国。由于中国自钓鱼岛"国有化"争端后派出舰机巡航，在钓鱼岛上也出现了微妙的局面，出现不可预见的冲突可能性上升。考虑到中日军事实力都比较强大，一旦出现相互冲突并把美国卷入的情况，其破坏性与震撼性是相当之大的。

2. 朝鲜

朝鲜之所以成为中美间的第三方因素，主要是因为它与美国的敌对关系，以及它与中国在 1961 年签署《中朝友好合作互助条约》，该条约规定：一旦缔约一方受到任何一个国家的或者几个国家联合的武装进攻，因而处于战争状态时，缔约另一方应立即尽其全力给予军事及其他援助。也就是说，一旦美朝发生冲突，就有可能导致中美再次在朝鲜半岛的武装对抗。特别是随着朝核问题日趋严重，美国动武导致中美在半岛发生直接军事接触甚至冲突的可能性也在加大。迄今为止，朝鲜已经进行了六次核试验和数次导弹试验，进入朝鲜自己所说的核武器开发的"最后阶段"，也就是对美国形成有效的遏制力。在这种情况下，尽管掣肘美国动武的因素仍然很多，但发生冲突的可能性确实更大了。2017 年 9 月 19日，特朗普在联大发表讲话，宣称："美国有伟大的力量与极大的耐性，但如果它被迫捍卫自己和盟友，我们就别无选择，唯有彻底摧毁朝鲜。"[①]另外，国际制裁也在屡屡加码。例如，2017 年 8 月 5 日，为了应对朝鲜的射导行为，联合国安理会通过了禁止朝鲜出口煤、铁和铅等矿石产品和海产品的 2371 号决议。仅仅过了一个月，为了应对朝鲜的第六次核试验，安理会又于 9 月 11 日一致通过旨在减少对朝鲜的石油供应、禁止朝鲜纺织品出口以及禁止朝鲜海外务工人员向国内汇款的 2375 号决议。如

---

① The White House, "Remarks by President Trump to the 72nd Session of the United Nations General Assembly," September 19, 2017, 访问日期：2017 年 10 月 12 日（https：//www. whitehouse. gov/the-press-office/2017/09/19/remarks-president-trump-72nd-session-united-nations-general-assembly）。

果朝鲜进一步开展核导活动，制裁还可能会加码，由此而引发朝鲜内部出现紧急事变甚至崩溃的可能性也将上升。一旦该种情况出现，中美两国就可能要面临要不要出兵朝鲜的严重挑战。2018 年半岛局势出现缓和，但如果美朝间接触与谈判失败，加码制裁与美国对朝动武的可能性将进一步增加。如果双方军事力量重新出现在三八线以北并且相互对峙，那可能是自朝鲜战争结束以后中美关系的最大危机。

除了在中美间生成间接结构冲突，朝鲜还通过朝核问题使得中美竞争关系变得更加复杂，主要体现在两个方面：

第一，朝鲜的核计划被美国利用来强化在半岛的军事存在，从而加剧了中美间的战略紧张关系。笔者曾指出，美国的朝核政策一直在促使朝鲜弃核与维护美国在半岛军事存在两个目标之间摇摆。由于朝鲜一直坚持把签订和约当作实现无核化的前提，美国却对与朝鲜签订和平条约持慎重态度。① 因为和平条约一旦签订，美国就很可能无法继续在半岛驻军，而这将对美国的东亚地区战略形成重大冲击——这一战略目标自然将牵制中国崛起包括在内。有意思的是，随着朝核问题的恶化，缔结和平条约似乎被美国成功地挤出了应对朝核问题的国际议程与舆论的视野，也就是说，美国的战略困境事实上降低了。而且，美国还利用朝核问题的恶化大力推进自己的军事部署，从而取得了更多的对华战略优势，最突出的例子就是在韩国部署末端高空区域防御系统（Terminal High Altitude Area Defense，THAAD，中文简称"萨德"）。此举不但扩大了美国在战略武器攻防方面的对华优势，而且还一度离间了中韩关系，使得美国在地缘博弈中进一步巩固其地位，从而使中国感到极大的战略压力。

第二，在朝核问题上的不同立场成为中美间的一个重大分歧，并成为影响双边关系走向的一个重要变量。当双方在六方会谈框架下取得一些合作成果时，朝核问题并没有在双方间产生大的分歧。但是，当朝鲜退出六方会谈而且核与导弹试验越来越频繁时，中美之间的分歧就越来越明显和突出。在解决朝核问题的路径上，美国认为中国应该加大对朝制裁的力度，而中国则认为"钥匙"在美国手里，美国应该承担自己的义务，通过对话解决问题。在华盛顿，北京的作用被认为是遏制平壤核

---

① 李开盛：《军事存在与无核化：美国朝核政策浅析》，《美国研究》2009 年第 4 期。

武器和弹道导弹、防止核扩散、实施经济制裁和为进入中国的朝鲜难民提供支持的无价之宝，但北京认为自己绝不是美国外交政策，尤其是它眼中错误外交政策的执行者。[①] 而且，双方在朝鲜政权走向问题上，也一直存在隐形的分歧，美国不时怀有通过制裁推动朝鲜崩溃的企图，而中国则出于对美战略缓冲带的考虑，更希望看到朝鲜的稳定。特朗普出任总统后，朝核问题被置于其外交议程的首要位置，但美国希望中国发挥关键作用的根本立场没有变。这样一来，朝核问题在影响中美关系的分量上可能进一步上升。如果中美能够开展合作促进朝核问题的稳定或解决，两国关系可能借此上一个台阶。如果两国在此问题上迟迟达不成一致或者是合作破裂，那么朝核问题就可能成为恶化双边关系的新变量。

3. 菲律宾

菲律宾之所以成为中美关系中的第三方，主要事实在于它一方面与中国存在岛屿主权争端，另一方面又是美国的军事盟国。美菲军事同盟关系始于美国结束对菲律宾的殖民统治之时。1951 年，两国缔结了《双边防御条约》，其中第 4 条中规定，在太平洋区域对缔约国任何一方的本土或在其管辖下的太平洋岛屿领土，以及对它在太平洋的军队、公用船只或飞机的武装进攻，将危及它自己的和平与安全，两国将依照各自的宪法手续采取行动，以对付共同危险。[②] 正是这一条从军事上和安全上把美菲绑在了一起。当中菲关系不存在问题时，菲律宾也不会成为中美关系中的问题。但菲律宾与越南一样，是南海争端中的重要声索方，并且与中方有冲突，而且其中的美国因素也越来越明显，以至于菲律宾成为影响中菲关系的一个重要变量。

这种中美菲之间的互动经历了几个时期。中菲建立外交关系是在马科斯统治时期，但也正是从那个时期开始，菲律宾开始占领南海群岛上的部分岛屿。中国由于当时国力所限，以及忙于国内"文化大革命"，无暇顾及遥远的海洋权益，南海争端并不突出，菲律宾因素没有成为中美

---

① ［美］丹·斯坦伯克：《如何破解朝鲜难题》，2017 年 9 月 19 日（http://cn. chinausfocus. com/peace-security/20170919/20986. html）。

② "The Mutual Defense Treaty between The Philippines and U. S. A." （http://www. chanrobles. com/mutualdefensetreaty. htm#MUTUAL%20DEFENSE%20TREATY）.

关系中的问题。到了 20 世纪 90 年代初，情况开始发生变化。当时正值冷战结束，菲律宾国内反对美国驻军的民族主义高涨，而美国也不再需要通过驻菲基地监视和平衡苏联在越南的军事存在，因此从菲律宾撤走了军事基地。但是，菲律宾仍然是美国的盟友，美菲之间的条约关系仍然存在。另一方面，中国海洋权益意识开始苏醒，中菲之间的南海争端逐渐突出。1992 年 2 月，第七届全国人民代表大会常务委员会第二十四次会议通过《领海与毗连区法》，其中明确规定东沙群岛、西沙群岛、中沙群岛、南沙群岛均为中国的陆地领土。1994 年中菲之间发生美济礁事件，中国实现了对美济礁的实际控制。在此背景下，菲律宾重新强化与美国的同盟关系，双方于 1998 年签订《访问部队协议》，美军以军演、访问的方式重新回到了菲律宾。此后中菲在南海问题上虽有小摩擦，但尚不至于引起美国的公开介入。阿罗约政府时期（2001—2010），中菲关系进入"黄金时期"，双方一度与越南一起共同签署海上地震勘探协议，为共同开发做准备。在此期间，中国与东盟共同签署了《南海各方行为宣言》，南海局势总体平静，菲律宾因素没有成为中美关系中的重要议题。但 2010 年阿基诺三世上台后，改变了南海政策，在美国的支持下提起仲裁，美菲 2014 年也签署《强化防务合作协议》，允许美军使用菲律宾的军事基地。在仲裁案裁决出台前后，美国甚至空前频繁地出动舰机在南海巡航，为菲律宾撑腰打气，三边间的紧张关系达到高潮。但"好景"不长，2016 年杜特尔特上台后，有意在南海问题上采取缓和态度，并与美国拉开距离，中美菲关系又开始了新的一轮互动。

尽管个性鲜明的杜特尔特屡次放话要远离美国，但迄今美菲关系并未实质受损。可以预见的是，不管其国内政局如何变化，至少在可见的将来菲律宾不会抛弃与美同盟，而中菲间的主权争端也不可能在短期内化解。因此，这种以菲律宾为中介的复杂的三边关系还会继续变化下去，菲律宾的政策选择对中美东亚冲突管控至关重要。本书第四章就将以菲律宾为具体的案例，就此展开详细的研究。

二　作为关键因素的第三方

那些没有引起中美间接结构冲突的东亚国家数量众多，判断一个行为体是否为作为关键因素的第三方，核心标准是看它是否在中美关系中发挥了持续而且重要的作用。依此标准看，主要有韩国、越南、新加坡和印尼。下面分而述之。

1. 韩国

韩国是美国的盟国，但目前与中国不存在重大的安全利益冲突，这是此处没有将韩国列为中美间结构性因素的原因。虽然中韩之间在苏岩礁归属方面存在争议，但双方均在此问题上持较低调态度，都承认苏岩礁是水下暗礁而不是领土①，这就将可能上升为传统主权争端的事件降格为海洋专属经济区的划界争议。韩国之所以成为中美关系的第三方，在很大程度上是因为它与中国在以下几方面存在潜在的分歧：第一，最突出的是朝核问题。中、美、韩都反对朝鲜的核计划，但在问题的症结、应对的路径方面，中国与美韩之间存在一些分歧。韩国不少人认为，中国在遏制朝鲜发展核武器方面没有尽力，应该进一步加大对朝制裁。而中国则对韩国在应对朝鲜核威胁的名义下日益与美国接近感到不安，如美韩决定部署萨德系统曾导致中韩关系陷入危机。第二，中国崛起引起的地缘政治变化。对于中国的崛起，韩国从内心里是有疑问的。韩国自认为是"鲨鱼"群中的小"虾米"，对于任何大国权力对比的变化十分敏感。因此，即使没有朝核问题，韩国也仍然会坚持与美国的同盟关系，以应对所谓的中国崛起导致的不确定性。而对美国来说，韩国是其亚太"轮辐"战略上的重要的一根"辐条"，它也主动地利用韩国作为牵制中国的一颗棋子。有美国学者宣称，美国与韩国的关系主要关注就是朝鲜对韩国的威胁。② 但事实上，纵观美国的东亚战略就可以发现，通过在半岛的军事存在维持其领导地位一直是美国的重要目标，这一目标显然就超出应对朝核的范畴，其潜在目标主要是为了应对中国增长的权力。第三，半岛统一问题上的中韩分歧。尽管中国多次宣称支持半岛的自主、和平、统一，但许多韩国人并不相信中国会支持韩国统一半岛。而中国

---

① 参见《韩澄清苏岩礁非领土是暗礁 防中韩问题被炒作》，2013 年 11 月 28 日，环球网（http://mil.huanqiu.com/world/2013—11/4609453.html）；《外交部：中方对韩方扩大其防空识别区表示遗憾》，2013 年 12 月 9 日，中国网（http://news.china.com.cn/world/2013—12/09/content_30845625.htm）。

② Joel R. Campbell, "US Foreign Policy towards Northeast Asia", *PERCEPTIONS*, Winter 2012, Volume XVII, Number 4, p. 11.

所担心的是一个统一后的半岛会继续成为美国盟友，美军将出现在三八线以北甚至是鸭绿江边，从而压制自己战略空间，而韩国显然没有给出让中国充分放心的姿态或保证。但在半岛统一看起来遥遥无期的情况下，这一分歧还没有成为大的问题。

可见，尽管当前韩国不会因为与中国存在重大安全利益冲突而引入美国与之对抗，从而引起中美间的间接结构冲突，但中韩间分歧确实有可能会驱使韩国进一步加强与美国的同盟关系，甚至不惜因此损害中国的安全利益。而美国的介入将进一步加剧中美在东北亚的战略竞争，从而埋下了未来更多冲突的隐患。这样的话，中韩关系与中美关系严重缠绕在一起，而且前者被后者所绑架。一方面，韩国有被动卷入的成分，美国作为老大，它利用韩国牵制中国，在安全上还要依赖美国的韩国很难积极抵制。另一方面，韩国也有主动卷入的动机，出于对中国朝核政策与半岛统一政策不放心的考虑，韩国选择了固守甚至强化与美国的同盟。韩国做出的部署萨德导弹系统的决定，就是这种主动与被动因素相结合的结果。

更重要的是，一旦中韩在朝核问题和半岛统一问题上出现重大分歧甚至立场完全对立，那么韩国就可能成为引发中美间接冲突的结构性因素。中韩在朝核问题上的分歧程度往往随着韩国政府的更替而变化，当前文在寅政府与中国存在相对较多的共同立场，但未来如果保守派政权上台，特别是在朝核问题恶化、韩国认为安全危机日益严重的情况下，中韩完全有可能在朝核问题上出现完全对立。对韩国来说，朝鲜核武器是至关重要的生存威胁，如果它认定无法再与中国在朝核问题上合作，而且视中国为朝鲜的支持方，那么就完全有可能一边倒向美国以求得安全保证，甚至会不惜再次加入美国对抗中国的共同阵线。在那种情况下，朝韩冲突也很可能演变成中韩冲突，并进一步引发中美冲突，其极端情况就是朝鲜战争的再现。统一问题则可能是一颗定时炸弹。一旦出现朝鲜国内严重动乱甚至崩溃的情况，韩国可能积极追求"吸收式统一"，如果中国对此有不同立场，关于统一问题的分歧就可能成为中韩之间的严重问题，中国与美韩之间关系因此可能出现重大危机。

当然，我们也要看到韩国成为中美关系中积极第三方因素的可能性。因为韩国总的来说与中美均保持了积极的关系，在某种情况下可能成为中美在东北亚进行合作的中间管道。虽然韩方对此角色保持谨慎，但其在中美间的特殊地位以及中美之间的战略互疑决定了两个大国除了相互沟通之外，还需要有这样一个缓冲甚至沟通管道。至少在东北亚，韩国这一角色是东亚其他第三方因素都无法扮演和取代的，因此具有特别的价值。在第五章，本书将以中美韩关系为案例，对韩国的角色选择进行详细的阐述。

2. 越南

越南与中国的关系比较复杂。20 世纪 50—70 年代，中国曾支持越南抗击法国和美国，实现了越南的民族统一和国家统一。但是，由于越南统一后倒向苏联而且侵略柬埔寨，中越关系恶化到一度在边境上刀兵相见的地步。与此同时，双方在南海主权问题上的争端也恶化了。1988 年，双方在西沙爆发海战。1991 年，在苏联解体、社会主义国家面临极大国际压力的情况下，同为社会主义国家的中越两国实现了关系正常化，此后关系保持了较为稳定的发展，互称为"好邻居、好朋友、好同志、好伙伴"的关系。但是，越南仍然对中国存在很深的疑虑，这不仅是因为1979 年的边界战争，还源于长期处于中国主导朝贡体系下遗留下来的对中国爱恨交加的情感，当然更与现实中的南海争端有关。海洋在越南的国民经济中占据着极为重要的地位，而且越南目前占据着最为多数的岛屿，因此有着最大的利害关系，是很难轻易妥协的一方。另外，"越南素有称雄中南半岛的抱负，认为阻碍其战略目标实现的主要是与老挝、柬埔寨关系密切的中国而非美国。如何平衡中国在东南亚不断增强的影响力，一直是越南的心结。"[1] 概括起来，中越矛盾主要集中在南海争端、在中南半岛（主要是对柬埔寨和老挝）的权力争端以及历史情感方面，而同为社会主义国家的身份以及面对西方民主、人权的共同压力，在一定程度上缓和了这些矛盾。因此，可以概括地说，中越关系存在两个面向及其张力：社会主义因素促使中越关系走向合作与友好，而作为相邻的民族国家却使双边关系走向竞争甚至是潜在的对抗。[2] 这两方面的因素在不同时期、

---

[1]　刘卿：《美越关系新发展及前景》，《国际问题研究》2012 年第 2 期。
[2]　周琦、李开盛：《中越关系的两个面向及其"张力"》，《湘潭大学学报》（哲学社会科学版）2011 年第 6 期。

不同情况下此消彼长，但总体上来看，民族国家因素特别是南海主权争端的重要性要高些，而且高度敏感，其对中越关系的破坏性不容小视。

越南虽然曾经在20世纪60—70年代与美国为敌，但现在已视美国为平衡中国影响的潜在合作伙伴。自冷战结束以来特别是1995年美越关系正常化以后，美国也视越南为巩固和延伸其亚太影响的重要棋子，其重视程度不断上升。许多美国分析家及政治家认为，越南对中国有一种天生的疑虑，将很乐意与美国一起遏制中国，与越南关系正常化的重要倡导者、参议员约翰·麦卡恩就持这种观点。^① 后来美越关系的不断增进就是在这种相互需要下不断深化的。特别是在奥巴马时期，越南全力配合美国的亚太再平衡战略。2013年越南国家主席张晋创访问美国期间，两国宣布建立越美全面伙伴关系。奥巴马力推TPP，美国特意吸收越南参加，而越南也积极响应。军事是双方合作的一项重要内容。两国之间建立了政治、安全和战略对话机制，以及定期的国防部长级安全会议，美国的航母访问越南实现常态化。2011年7月，美越海军首次在南海举行联合军演。2015年6月1日，双方国防部共同发表了《美越防务关系联合愿景》的战略性文件，确立了双方在亚太地区共同拥有的安全利益，包括维护地区稳定和安全、捍卫国际法及其原则、消除非传统安全威胁、保护海陆空通道自由航行等等。^② 在签署后的记者会上，双方防长还申明了对南海局势的关切。之前，中国在南海部署钻井平台，越南国内出现大规模的反华示威，当时甚至有人在猜想美越之间是否有可能结成同盟？^③ 但这种猜想并未成为现实。越共十二大之后，随着对华强硬派阮晋勇总理的去职，越南对华关系出现缓和，因为"越南新一届领导人更客观、冷静地看待南海问题，认为南海问题是中越间仅存的问题，多次强调'决不能通过冲突的方式解决'"^④。与此同时，美越关系也没有因此受到影响。2016年5月，奥巴马在访越时表示全面解除对越南武器禁运。

---

① ［美］Brantly Womack：《美国与中越关系》，陈海峰译，《东南亚纵横》2008年第12期。

② 蔡鹏鸿：《越美关系新动向及其影响》，《当代世界》2015年第8期。

③ Helen Clark，"Get Ready, China: Is a U. S. -Vietnam Alliance Possible?" June 6, 2015（http：//nationalinterest. org/blog/the-buzz/get-ready-china-us-vietnam-alliance-possible-13062）。

④ 聂慧慧：《越共十二大以来越南政治、经济与外交形势》，《国际研究参考》2017年第2期。

2017 年 5 月底 6 月初，越南总理阮春福在访问美国和日本期间大谈南海问题，并且呼吁美国和日本关注南海地区的造岛和"军事化"活动，请求美国继续派遣舰船和飞机在南海地区开展活动，以维护地区安全与航海和航空自由；越方还要求美国和日本帮助越南加强海上力量。①

　　应该看到，由于越南并未与美国结成正式的同盟，相互间没有固定的安全义务，所以一旦中越发生冲突（如因南海争端），并不会必然导致中美间冲突。但是，考虑到越南既地接中国又面临南海的关键地缘位置，以及它积极利用中美矛盾的战略意愿与所作所为，它的未来政策变动将直接影响到中美在东南亚的地缘竞争和力量消长的变化。例如，由于越南企图拉近与美国的军事关系，使得美国得以增加在南海的军事存在，中美之间的战略态势因此可能更进一步紧张，从而增加了中美在这一海域发生军事摩擦的可能性。越南作为第三方之所以值得重视还有一个原因，即正因为它既不是中国又不是美国的盟友，所以是一个更难控制的第三方变量。未来越南与中美不太可能结成同盟。只要越南还坚持社会主义，意识形态就是美越间的深沟。它们可能会有更多的军事合作，但很难想象建立固定的同盟。至于中国，它是越南的最大贸易伙伴，两国共享边界并举行安全对话，还通过共产党纽带联结在一起，但那样的联盟对越南来说很难管理。② 对于越南来说，结盟可能也是没有必要的，"骑墙"策略更有利于其从中美矛盾中获利③。正因如此，2016 年的越共十二大报告指出，"越南贯彻独立、自主、和平、合作与发展的外交路线，开展多样化、多边化的外交方针，积极主动融入国际，成为国际社会可信赖的朋友、合作伙伴和负责任的成员国。"④ 总体来看，越南采取的政策类似于平衡政策，但由于南海争端，这种平衡在当前乃至较长时期内都体现为在军事上拉美制华，而不是在中美间不偏不倚。美国已经而且将继续利用这种情势，在南海强化对华牵制，中美竞争态势将因此

① 岳平：《越南大国平衡外交呈现新特点》，《世界知识》2017 年第 13 期。

② Helen Clark, "Get Ready, China: Is a U. S. -Vietnam Alliance Possible?" June 6, 2015 (http: //nationalinterest. org/blog/the-buzz/get-ready-china-us-vietnam-alliance-possible-13062)。

③ 刘卿：《美越关系新发展及前景》，《国际问题研究》2012 年第 2 期。

④ 聂慧慧：《越共十二大以来越南政治、经济与外交形势》，《国际研究参考》2017 年第 2 期。

而变得更加复杂，也更充满风险。

3. 新加坡

作为一个面积很小（714.3 平方公里，2013 年），人口不多（540 万，2013 年），也不与中国接壤的国家，新加坡之所以能够在中美关系中发挥比较重要的第三方作用，在于其与两个大国的特殊关系、关键的地缘位置和其领导人一贯的外交战略。新加坡是东南亚唯一以华人为主体的国家，与中国有着特殊的血脉联系。更重要的是，虽然新加坡早期反共反华十分积极，但在中国改革开放之初，新加坡就以其耀眼的经济发展成就与社会管理模式赢得中国领导人的肯定，时任新加坡总理的李光耀自那时起就与邓小平等中国领导人结下了特殊关系。中国政府派出大量干部到新加坡进行培训，而李光耀政府对中国的经济建设提出过许多宝贵的建议，并派出相关人员指导先行先试地区制定发展规划，受到了邓小平的高度评价。[①] 内政因素影响到外交并非中新关系所特有。部分是因为新加坡作为对中国有借鉴意义的东南亚华人国家这样一种特殊性，中国事实上长期允许新加坡在对美甚至是对台湾的两岸关系中扮演着一种特殊的角色。在新美关系方面，地处东南亚腹地和马六甲海峡关键位置的新加坡对美国来说具有重要的战略意义，特别是在冷战结束美国撤出在菲律宾的克拉克空军基地和苏比克海军基地以后，美国在新加坡的军事存在事实上成为它在东南亚投射军事力量的关键枢纽。当然，新加坡能够在中美间发挥作用最主要因素还是李光耀开创并奠定下来的认识与传统，即新加坡生存在于在邻国之间、大国之间保持平衡。用李光耀本人的话概括就是，"我们需要尽量多的朋友，尽量少的敌对的或者不友好的国家。"[②] 与很多小国领导人的认识不同，李光耀明确反对与大国结盟的政策。他认为这种做法如同饮鸩止渴，因为小国一旦与大国结盟，不但要耗费大量的财力去承担难以承受的军事义务，而且由于小国与大国间的力量悬殊，以及小国对大国的需求要远远大于大国对小国的需求，最

[①]　戴石、顾纯磊：《从李光耀到李显龙：新加坡对华外交策略的变化与困局》，《江苏社会科学》2017 年第 2 期。

[②]　[英] 亚历克斯·乔西：《李光耀》，安徽大学外语系、上海人民出版社编译室译，上海人民出版社 1976 年版，第 252 页。转引自戴石、顾纯磊《从李光耀到李显龙：新加坡对华外交策略的变化与困局》，《江苏社会科学》2017 年第 2 期。

终小国要么是成为大国的卫星国或所谓的保护国，要么就是作为大国谋取私利的"排头兵"而与另外的大国发生碰撞，这极大地损害了小国的利益。①

可以说，新加坡在中美间充当着一种平衡的角色，但这种角色并非总是一成不变的。冷战期间，新加坡主要关心的是如何维护美苏在东南亚之间的平衡。所以，在20世纪70年代英国军队退出东南亚之际，新加坡政府宣布把原驻新加坡英军的三巴旺军港及丁加空军基地以经济方式转让给美军使用，以平衡苏联在东南亚渐趋强势的影响力。冷战结束后，面对苏联退出带来的真空，新加坡一方面强化与美国的关系，另一方面也与中国发展友好关系。1990年10月3日，中新在印尼恢复与中国邦交之后正式建立外交关系。同年11月新美两国签署《谅解备忘录》，新加坡成为美海军"西太平洋后勤司令部"所在地，负责为驻守在西太平洋的美海军第七舰队的舰船提供补给。但是，随着中国实力的不断增强，特别是进入新世纪第二个十年，新加坡的平衡政策事实上已出现了某种倾斜。用新加坡第二任政府总理吴作栋的话来说，东南亚各国只有与美国建立密切的合作关系，才能够有效地应对不断崛起中的中国势力的影响，实现东南亚地区和谐。②另外，随着李光耀逐渐退出政治舞台，其子李显龙继吴作栋之后担任总理，新加坡的外交风格也发生了微妙的变化。相对于李光耀而言，李显龙对华外交策略上更加直接和草率，缺乏一定的柔性与妥协。③在奥巴马政府推行亚太再平衡战略、南海争端恶化的背景下，新加坡更多地向美国靠近，对中国的批评声音也多了起来。2012年，新加坡同意美国部署4艘濒海战斗舰。2013年，新加坡表示认同国际仲裁解决争端国的领土争议问题，而当时中国极力反对菲律宾提起南海仲裁案。同年，李显龙访美表示欢迎美国重返亚太，并力促《跨太平洋伙伴关系协定》（TPP）实施。2015年新加坡作为新任的"东盟对华关系协调国"，公开表示"区域外国家有权对南海问题发声"，持续为美日

---

① 王晓飞：《新加坡大国平衡外交研究（1965—2014）——基于现实主义均势理论的视角》，博士学位论文，云南大学，2015年。

② 同上。

③ 戴石、顾纯磊：《从李光耀到李显龙：新加坡对华外交策略的变化与困局》，《江苏社会科学》2017年第2期。

撑腰，同年底同意美国部署 P8 海神反潜侦察机。新加坡的这种态度激起了中国的严重不满，结果 2016 年 11 月发生了新加坡装甲车在香港被扣留的事件。这一期间国际形势也发生了变化。首先是在南海仲裁案的发起国菲律宾，主张在南海问题搁置争议的杜特尔特于 2016 年 6 月底出任新总统。2017 年，美国新总统特朗普也对奥巴马的亚太政策改弦更张，宣布退布 TPP。在此背景下，新加坡有意识地修复与中国的关系。2017 年 9 月，李显龙在时隔四年之后再次正式访华，其间表示支持中国提出的"一带一路"倡议，对中国媒体大谈"一个成功的中国，一个繁荣自信的中国，一个和邻国和其他国家有和平互利关系的中国，不仅是中国的福祉，也是全世界的一件大好事情"。① 当然，新加坡还是希望特朗普治下的美国能够继续在东南亚发挥影响力。访华之后一个月，李显龙又启程访美，他与特朗普的联合声明强调"新加坡是美国在印度—太平洋维持影响力的一个支柱"，并且在与美国高官的会谈中强调美国持续加深参与亚太区域事务的重要性。②

在很长的时间里，新加坡在中美间奉行的平衡者角色事实上得到了两个大国的默认甚至肯定。近几年中新关系由于新加坡政府的一些政策而出现了波折，表明新加坡的传统外交政策已出现了某种问题。对此，一些中国学者认为，在对中国重大关切做出反应方面，"新加坡存在定位偏差，错误地高估了自身的经济、外交实力，并对当今中国的政治影响评估不足，低估了中国捍卫领土完整的决心。"③ 但从更宏观的背景看，李显龙的政策偏差（与其父亲相比，他显然不够成熟与灵活，而且缺乏与中国历代领导人的传统关系）还只是次要的原因。更深层次的原因在于平衡政策所内含的一个矛盾，那就是它与选边政策只有一步之遥。随着中国的崛起和在地区影响的迅速增加，新加坡所认定的平衡政策的逻辑就是进一步拉拢美国，促使美国进一步加大在东南亚的作用以与中国

① 《李显龙为何"突然"访华?》，2017 年 9 月 20 日，环球网（http://world. huanqiu. com/article/2017—09/11264578. html）。

② 《发布联合声明 新美领袖重申加强亚细安区域合作》，2017 年 10 月 26 日，联合早报网（http://beltandroad. zaobao. com/beltandroad/news/story20171026 - 805853）。

③ 戴石、顾纯磊：《从李光耀到李显龙：新加坡对华外交策略的变化与困局》，《江苏社会科学》2017 年第 2 期。

相平衡。而这种行为在中国看来差不多就是"选边"之举，当然只会激怒中国，并使得中美关系更加复杂。而且，平衡关系中的大国事实上都致力于追求优势而不是均势，为此而不惜对小国施加压力。正如新加坡学者自己所意识到的那样，由于中国和新加坡之间的权力关系将更不均衡以及美国坚持与中国对抗甚至将对抗延伸至中国的门口，新加坡将发现自己的处境不再值得羡慕。① 当美国重视东南亚时（如奥巴马政府），新加坡可能还能扛住中国的压力。但一旦其态度有变（如特朗普上台导致的变化），新加坡就无法坚持对中国说不。如上所述的 2017 年新加坡调整对华政策，也就顺理成章了。

4. 印尼

作为东南亚面积最大、人口最多的国家，印尼充当着东盟"天然领导者"的角色，在地区安全事务中发挥着某种程度的"支点"和"枢纽"作用，中美自然都不会放弃争取印尼。一方面，以美国、日本为首的西方国家视印尼为撬动地区事务和推行南海战略的支点，暗中鼓动印尼，借以推动南海问题的国际化；另一方面，中国则试图将印尼打造成海上丝绸之路经济带的"枢纽"国家，通过印尼加强与沿线国家的紧密联系，并将其视为缓和南海局势的关键因素。② 特别是美国，在奥巴马时期着力拉拢印尼。2009 年 7 月，时任美国国务卿的希拉里明确提出印尼是奥巴马政府实施"亚太再平衡"战略的关键部分。2013 年 3 月，美国总统国家安全顾问多尼伦在亚洲协会发表演讲，重申实施"亚太再平衡"战略的第二根支柱是深化与新兴力量的伙伴关系，其中专门提及了印度与印尼。

之所以如此，离不开印尼外交及其与中美关系的历史底色。印尼是从荷兰的殖民统治下独立的，所以其独立初期的外交政策具有坚决维护独立和反对殖民主义的取向，与新中国关系良好。但 1965 年"9·30"事件苏哈托军人政权上台后，诬蔑中国支持印尼共产党政变和干涉印尼

① ［新］黄朝翰：《中新关系前景：新加坡面临的新挑战》，《河南师范大学学报》（哲学社会科学版）2014 年第 1 期。

② 刘艳峰、邢瑞利：《印尼外交战略演进及其南海利益诉求》，《南洋问题研究》2016 年第 2 期。

内政，于 1967 年 10 月 31 日单方面中断与中国的外交关系。此后，印尼在外交上与不结盟运动分道扬镳，在国家发展重心上从苏加诺时期的革命转向致力于恢复发展国内经济。出于寻求投资来源和经济援助的目的，印尼开始寻求与美国和日本等西方国家建立战略伙伴关系。但是，印尼并不支持美国发动的越南战争，也不承认美国或其他国家在东南亚地区建立的军事基地。冷战结束前后，中印尼恢复了正常外交关系，印尼与美国在诸多问题上则出现了摩擦。如在东南亚金融危机中，美国通过国际货币基金组织对印尼提出了许多苛刻的条件和要求，让印尼政府难以接受；在东帝汶问题上，美澳等西方国家支持东帝汶通过全民公决的方式实现独立，并指责印尼军人煽动当地民兵制造骚乱；在反恐问题上，美国指责印尼政府反恐不力，美驻印尼大使馆借口受到威胁曾多次关闭大使馆。1999 年上台的瓦希德强调加强与中国和其他亚洲国家的关系，以消除美国和西方在政治、经济和人权等方面所施加的压力。2001 年"9·11"事件之后，美国借助印尼打击恐怖主义势力，两国关系显著改善。2008 年印尼总统苏西洛访问美国时，提出要与美国建立"全面合作伙伴关系"的倡议，2010 年 11 月，奥巴马总统访问印尼时，双方签署了《全面伙伴关系协定》。2014 年 10 月上台的佐科是一位实用主义领导人，他对中美两个大国保持距离，但对发展双边关系的侧重有所不同：在海上合作和安全问题上佐科会选择重点向美国倾斜，但同时大力发展与中国的经贸关系，因为其经济外交政策急需中国资本的注入。[1]

从冷战后总统变换但对中美关系政策总体不变这一点看，印尼的政策取向固然带有领导人的个人特征，但更与其国家定位有关。作为东南亚的"天然领导者"，印尼外交战略的重心就是积极参与地区合作机制，广泛拓展多边外交舞台，提升印尼的国际地位和影响力，将印尼打造成为东盟的真正核心角色，成为东盟的"共主"和东盟地区的"代言人"。[2] 而成为任何一个大国的盟友或是被保护人，是无助于实现印

---

① 于志强：《佐科治下印度尼西亚的外交政策：回归务实和民族主义》，《东南亚纵横》2015 年第 7 期。

② 刘艳峰、邢瑞利：《印尼外交战略演进及其南海利益诉求》，《南洋问题研究》2016 年第 2 期。

尼这一抱负的。另外，当前印尼与中美都不存在重大的地缘利益冲突，因此也无须在双方间采取选边站的政策。所以，尽管"美国重视印尼的战略地位，希望把印尼这个处于战略要道的'摇摆国家'打造成为美国全球战略服务的基石"①，"印尼对美国的战略意图并不完全接受和认同，再加上历史上两国、两军关系的纠葛，印尼不愿被绑上美国的战车而失去战略自主性。印尼长期奉行'独立而积极'的外交理念，它力争与周边所有大国都保持良好关系，但同时又拒绝以牺牲独立和主权为代价与任何一个强国结盟。"② 值得关注的是，即使美国奥巴马政府时期把提升印尼的军事防务能力作为美国拉拢印尼和落实"军事再平衡"的重要手段，美国与印尼的军事安全合作水平并不十分突出，即使与美国的其他全面伙伴国（如马来西亚和越南）相比也是如此。③ 在对中、对美关系定位方面，印尼也保持大体均衡。如 2005 年，中印尼就宣布建立战略伙伴关系，2013 年双方共同决定把中印尼关系提升为全面战略伙伴关系。两国在 2013 年的《中印尼全面战略伙伴关系未来规划》和 2015 年发表的《中国和印尼关于加强两国全面战略伙伴关系的联合声明》均强调在"涉及彼此核心利益与重大关切问题上继续相互支持"。④ 这与对美的"全面伙伴关系"（2010 年）、"战略伙伴关系"（2015 年）基本上是同步的。从这些政策动作可以看出，印尼在中美间进行平衡的行为十分明显。

上述总体政策定位使得印尼在涉及其利益的南海问题上采取一种复杂的态度。印尼与中国在南海并无岛屿主权争端，但在纳土纳群岛与中越等国存在海域划界纠纷。从具体权益层面来看，印尼的对华态度是强硬的，而且也愿意借助美国的力量。它屡屡尝试从法律层面上推翻中国"九段线"的法理基础，在加强其南海军事存在的同时，对中方在"争

---

① 李益波：《奥巴马政府时期美国与印尼的军事安全合作》，《美国研究》2016 年第 1 期。

② 同上。

③ 同上。

④ 《中印尼全面战略伙伴关系未来规划》，2013 年 10 月 4 日，新华网（http：//news. xin-huanet. com/world/2013—10/04/c_ 117592330. htm）；《中国和印尼关于加强两国全面战略伙伴关系的联合声明》，2015 年 3 月 27 日，中国政府网（http：//www. gov. cn/xinwen/2015—03/27/content_ 2838995. htm）。

议"水域作业的船只采取了强势姿态。① 另外，印尼接受美国资助购买综合海上监视系统（Integrated Maritime Surveillance System，IMSS），该系统包括 18 个岸基监视站、11 部舰载雷达、2 个地区指挥控制中心和 2 个舰队指挥控制中心。在 2011 年到 2014 年该系统部署期间，美国提供了4600 万美元的资助。② 但在战略层面，其对南海的态度相对中立，与中美均保持距离。自 20 世纪 90 年代以来，它通过举办"二轨"对话（处理南中国海潜在冲突研讨会）和推动制定南海各方行为准则（COC），一直积极扮演南海争端"调停者"角色，希望借推动解决南海争端彰显其地区大国的影响力，确立在东盟的领导地位。③ 2015 年 10 月，在印尼与美国宣布将双边关系从"全面伙伴"提升至"战略伙伴"时，两个"非当事国"还将"南海问题"纳入到了联合声明之中。声明称，两国对南海地区造成局势紧张、信任受损和破坏地区和平、安全及经济繁荣的近期发展表示担忧。两国认为，有关各方在那些可能导致事态升级的行为上保持克制至关重要，重申维护南海地区海上安全和国际公认的航行与飞越自由的重要性，支持依据包括 1982 年 12 月 10 日通过的《联合国海洋法公约》在内的国际法和平解决争端，认为全面有效地落实《南海各方行为宣言》及迅速完成《南海各方行为准则》制定的重要性。④ 但是，当美国极力挑拨或诱导印尼在南海问题上对中国采取更强硬的措施时，印尼则坚持不介入。例如，2015 年 10 月底，美国派遣"拉森"号导弹驱逐舰非法进入南沙群岛有关岛礁邻近海域，正在美国访问的印尼总统佐科呼吁"有关各方应保持克制，用和平手段解决争端"，这与菲律宾、越南、马来西亚等国的表态明显不同。⑤

三　作为次要因素的第三方

除了能够引发中美间接结构冲突的第三方和关键第三方之外，东亚

---

① 刘艳峰、邢瑞利：《印尼外交战略演进及其南海利益诉求》，《南洋问题研究》2016 年第2 期。

② 李益波：《奥巴马政府时期美国与印尼的军事安全合作》，《美国研究》2016 年第 1 期。

③ 常书：《印度尼西亚南海政策的演变》，《国际资料信息》2011 年第 10 期。

④ 《美国与印尼关系提升至"战略伙伴"》，2015 年 10 月 28 日，环球网（http：//world. huanqiu. com/hot/2015—10/7859911. html）。

⑤ 李益波：《奥巴马政府时期美国与印尼的军事安全合作》，《美国研究》2016 年第 1 期。

还有众多国家，如缅甸、蒙古、老挝、柬埔寨、泰国和马来西亚等，其中一些也在中美关系中发挥了不同程度的影响，但作用相对前两类第三方较小，主要是在一些议题、领域或场合影响中美关系，间或会有比较大的作用。考虑到这些不同，在此把它们作为"次要第三方"加以论述。除此之外，东南亚还有一些微型小国，如文莱、东帝汶等，它们在中美关系中扮演的角色极小，此处就不列入。

1. 缅甸

缅甸之所以能够在中美中间扮演一定的角色，在于其地缘位置的重要（紧邻中国同时又濒临印度洋）和政治制度的变化。从 1988 年到 2010 年，缅甸为军政府所统治，美国以缅甸存在严重的民主、人权、毒品等问题为由对其加以制裁。而中国认为缅甸民主化问题纯属缅甸内政，不主张美欧干预缅甸内部事务。有分析认为，当时美国之所以揪住缅甸问题不放，除了要在缅甸推广民主、建立亲美政权之外，其战略考虑之一就是因为缅甸毗邻中国和印度两个新兴大国，同时是连接东南亚和南亚的唯一陆路通道。美国若在缅甸具有强大影响力，西可压缩印度向中国南海、东南亚一线拓展势力空间，北可威慑中国与中南半岛国家的陆地联络，堵上对华弧形包围圈的缺口，从而达到牵制该地区大国发展的战略目标。① 而对中国来说，缅甸是绕开马六甲海峡而直通印度洋的战略要道，自然不希望看到在这里建立一个亲美的政权。所以，在 2010 年缅甸政局变化之前，中国还多次敦促美国取消对缅制裁。尽管缅甸问题不是当时中美间的主要矛盾，但毫无疑问也是一个重要的分歧点。

2009 年奥巴马政府执政后，开始将对缅政策调整为"制裁加接触"的双轨政策，希望缅甸发生进一步的有利于美国的转变。2011 年，美国国务卿希拉里访问缅甸，2012 年，奥巴马也亲自访缅，美国的对缅制裁也开始松动。"在中美关系这一大背景下，虽然美国新出台的缅甸政策依然旨在促进民主治理和全国和解，但是奥巴马政府从最初就将中国考虑在内。美国政府官员早先涉缅声明并不完全承认这一点，尽管美国两党长期以来一直支持缅甸的政治改革。然而，奥巴马政府更广阔的战略勾

---

① 宋清润、倪霞韵：《中美在缅甸问题上的分歧与合作展望》，《亚非纵横》2012 年第 6 期。

画支持了这一假设。"① 结果，随着美缅关系的改善，传统友好的中缅关系开始出现波折，2011 年 9 月，由中国投资的缅甸北部密松水利工程被缅甸政府叫停。对此，中国驻缅大使不满地表示："随着西方国家解除对缅制裁，外部势力在缅甸的博弈明显加剧，有一些势力不希望看到中缅关系顺利、健康、快速发展。"② 在此背景下，中国政府也开始与作为反对党的民盟发展关系，并积极接触昂山素季。

　　结果，缅甸的国内变化并未最终走向美国所期待的局面。2015 年原来作为反对党的民盟取得压倒性胜利，西方期待已久的民盟领导人昂山素季出任实际上领导国家的国家顾问。但她上任后首先访问的是中国，然后才是美国。显然，昂山素季领导下的缅甸在中美之间采取了更加平衡的政策，而不是西方所期待的向美国一边倒。这显然不只是因为中国的努力，还与她的务实风格有关，同时也离不开缅甸的现实背景，即作为"既定事实无法改变"（昂山素季语）的邻居，缅甸在经济发展、缅北和平等方面离不开中国，完全倒向西方是不现实的。进入 2017 年后，昂山素季因为境内罗西亚人的问题受到西方的强烈批评，倒向西方看起来更加不可能。在对中美关系方面，缅甸今后大概会执行一条更加中立和平衡的政策，这可能有助于减少其介入大国冲突的可能性。但以其影响力而言，加上国内仍面临严重的内部挑战，缅甸不太可能在管控中美冲突发挥主动的积极角色。

　　2. 蒙古国

　　蒙古国与中国相邻，两国边境线长达 4677 公里。蒙古国面积广大（156 万平方公里），人口稀少（303 万，2016 年），其"地缘位置就像是一个'楔子'，揳入中俄之间，向北俯视西伯利亚，南向中国更是一马平川，是传统意义上军事战略要地"③，对中国具有重要的战略意义。中蒙边境距北京最近处只有 600 多公里，中苏对抗时期，苏联在蒙古屯驻重

---

　　① ［英］尤尔根·哈克：《中美在缅甸的地缘政治竞争》，王梓元译，《中国与世界》2013 年第 3 辑。

　　② 《中国新任驻缅甸大使：对中缅关系发展充满信心》，2013 年 4 月 3 日，中新网（ht-tp：//www. chinanews. com/gn/2013/04—03/4703118. shtml）。

　　③ 苏日毕合：《蒙美关系探析——从蒙古国"第三邻国"的视角》，《内蒙古民族大学学报》（社会科学版）2014 年第 4 期。

兵，对中国安全造成了严重威胁。

作为原来中国的一部分、后来在苏联扶植下独立并与苏联长期结盟的国家，蒙古长期以来对发展对华关系存在疑虑。苏联崩溃以后，蒙古提出第三邻国的外交政策，实际上是以此来平衡日渐上升的中国影响力。"蒙古国家大呼拉尔于1994年6月30日通过了《蒙古国外交政策构想》和《蒙古国国家安全战略构想》。这两个文件强调指出：蒙古要实行开放的、不结盟的政策，吸引发达国家对蒙古的重视，同时要防止成为某一国的附庸；蒙古首要的外交政策方向是与两大邻国友好相处，但不单纯依靠其中任何一方；发展同美日等国的友好关系是蒙古外交政策的第二方向。"① 这一基本政策设想就是后来所谓的第三邻国政策。从概念上讲，蒙古国所指的"第三邻国"并不特指任何一个具体的第三国，而是泛指尊重蒙古国独立并愿与其友好合作的国际关系行为体，包括主权国家和非国家行为体；"第三邻国"外交就是指借助上述这些国际关系行为体的力量平衡与中、俄两国的关系，以使本国的独立与安全获得更有力的保证。② 但从实际上看，美国才是蒙古最为核心甚至是独一无二的"第三邻国"。③ 因为只有美国才有足够的力量平衡中俄。2011年6月，蒙古总统额勒贝格道尔吉会见美国总统奥巴马时，也特别强调美国是蒙古首选的"第三邻国"。借助美国平衡中国成为蒙古外交事实上的重点，这也使得其成为中美关系中的第三方。

美蒙关系的历史并不长。由于台湾国民党政权的反对和苏联的干涉，直到1987年1月，美国才与蒙古国正式建交。直到苏东剧变、蒙古民主改革，美国才对蒙古重视起来。事实上，所谓"第三邻国"的概念最早是1991年美国前国务卿贝克访问蒙古国期间提出的，在那次访问中贝克表示美国愿意做蒙古国的"第三邻国"。④ 美蒙关系主要集中在军事安全

---

① 王建军：《蒙古与美国关系研究》，世界知识出版社2014年版，第2—3页。转引自王嘉伟《冷战后美国对蒙古外交战略的影响》，《国际研究参考》2016年第8期。

② 苏日毕合：《蒙美关系探析——从蒙古国"第三邻国"的视角》，《内蒙古民族大学学报》（社会科学版）2014年第4期。

③ 王嘉伟：《冷战后美国对蒙古外交战略的影响》，《国际研究参考》2016年第8期。

④ 苏日毕合：《蒙美关系探析——从蒙古国"第三邻国"的视角》，《内蒙古民族大学学报》（社会科学版）2014年第4期。

方面。1996 年 8 月，蒙美双方签署了《蒙美安全保障合作协定》，协定规定："必要时美军可临时进入和使用蒙古国军事目标，蒙古国为进入其境内的美军提供援助；当一方安全因战争或自然灾害受到现实威胁时，另一方有提供帮助或人道救援的义务"，同年双方还签署了《蒙美军事交流与互访协定》。这些协定意味着美蒙建立起了一种非常紧密的军事合作关系。而且，双方还有成熟的军事安全磋商机制，美国对蒙古国军队提供培训交流和资金支持。自 2003 年起，双方开始举行代号为"可汗探索"的年度例行的军事演习。而且，蒙古国还曾于 2001 年阿富汗战争和 2003 年伊拉克战争爆发后，派兵参加了美国的军事行动。2012 年 7 月 9 日，美国国务卿希拉里在访蒙时赞扬了蒙古国在被俄罗斯和中国包围的这块土地上建立并维持民主制度的"勇气"①，很明显地把蒙古与中俄摆在一个对立的位置上。蒙古还积极发展同美国领导下的北约的关系。2011 年 2 月，为给加入北约"全球伙伴关系计划"扫清法律障碍，新版《蒙古国外交政策构想》特别去掉了蒙古国实行不结盟的政策表述。2014 年 4 月 10 日美国国防部长哈格尔访问蒙古国时双方签署了《蒙美安全合作目标联合声明》，而蒙古国总理接见哈格尔时明确表示，两国全面伙伴关系的主要依托就是国防领域合作。②

这种军事合作的主要的潜在针对对象就是中国。正如有学者分析所指出的那样，"中蒙两国历史上的特殊关系使蒙古对中国的戒备心理根深蒂固。中国的快速崛起加深了蒙古国内一些组织和个人对中国的担心，怀疑中国强大以后会对其提出领土要求进而吞并蒙古。蒙古积极寻求'第三邻国'进入蒙古就是要利用美国等'第三邻国'的帮助来牵制中国达到所谓的安全目的。"③ 在 2005 年美国总统小布什访蒙之前，当蒙古国国防部长被美国记者问及，地处俄罗斯和中国两个大国之间的蒙古是否感到担心与害怕的时候，他是这样回答的："以美蒙目前的军事关系，我对两个邻国一点也不感到担心。"④ 这实质上也间接道出了美蒙军事关系

---

① 马立国：《从地缘政治角度看冷战后中蒙关系》，《学术探索》2013 年第 9 期。

② 《美国防部长访问蒙古国 称其是美国重要伙伴》，2017 年 4 月 10 日，西部网（http://news.cnwest.com/content/2014—04/10/content_10990769.htm）。

③ 马立国：《从地缘政治角度看冷战后中蒙关系》，《学术探索》2013 年第 9 期。

④ 申林：《蒙古"第三邻国"外交析论》，《当代世界》2013 年第 4 期。

就是为了对付"两个邻国",这正是美蒙军事合作的目的。当然,相对于日本、越南甚至是缅甸而言,蒙古对美的重要性受到了国力、地域(被中俄包围)的限制。

蒙古国显然也明白对美"第三邻国"外交的限度。"比如,蒙古允许美国军队进入其本土,每年都和美国在其本土上举行联合军演,甚至还允许美国在其领土上监听中俄情报,但并没有提出或准许美国在蒙古驻军。再比如,蒙古深知加入北约的利害,因此只与北约建立密切的关系并没有申请要加入北约。2011年蒙古出台的新《对外政策构想》还明确规定,对外政策首要任务是发展同俄、中两大邻国友好关系。"① 可以说,美蒙安全关系的发展是与中蒙关系的提升同时进行的。在经过了冷战时期的敌对以后,1994年中国国务院总理李鹏访蒙时,双方重新签署《中蒙友好合作关系条约》。1998年蒙古总统访华期间,中蒙双方声明确定建立面向21世纪的睦邻友好合作关系。2003年6月,胡锦涛主席访蒙,双方宣布建立中蒙睦邻互信伙伴关系。2012年6月7日,来华访问的蒙古总统额勒贝格道尔吉在会见胡锦涛主席时表示,双方决定将两国关系提升为战略伙伴关系。中蒙之间还存在牢固的经济联系,蒙古国有一半以上的贸易是同中国进行的,中国连续14年成为蒙古第一大贸易伙伴国和第一大进口来源国。在军事上,在继2008年俄蒙开始联合军事演习(代号"色楞格河")后,中蒙也于2009年开始举办联合军事演习(代号"维和使命")。当然,较之蒙美军演,蒙古与中俄联合军演的规模要小得多。② 总的来看,这种以平衡为导向的"第三邻国"使得蒙古国成为中美竞争的一个新方向,但由于蒙古国自身的脆弱性与国力有限,它对于中美之间任何冲突都会保持极其谨慎的态度,使得它在中美冲突管控仅仅扮演较小的角色。

3. 泰国

泰国是美国的军事盟友(双方在1954年东南亚条约组织的框架下结成同盟),但与中国不接壤,也不存在诸如主权争端等重大利益冲突。泰国与中美之间的关系,可分为三个时期。一是1975年中泰建交之前。

---

① 徐冰川:《美国欲拉蒙古加入对华包围圈》,《世界报》2005年10月26日。
② 申林:《蒙古"第三邻国"外交析论》,《当代世界》2013年第4期。

1949 年新中国成立后，泰国披汶政府追随美国，对华采取遏制和封锁政策。这一时期，起作用的主要是意识形态，泰国基于反共这一与美共同利益而坚定地站在美国一边。1960 年美泰签订《军事援助协定》，1961年签订双边防务条约，1962 年签署允许美国部队进驻泰国的协定，使泰国成了美国扩大印支战争和威胁中国安全的军事基地。这种情况直至中美关系正常化，中泰才于 1975 年 7 月 1 日建立外交关系。二是建交后至1993 年，中美泰在反对越南侵略柬埔寨方面拥有共同利益，泰国事实上同时与中、美结成了同盟关系。三是 1993 年后至今，随着柬埔寨问题的解决，柬埔寨王国政府于 1993 年正式成立，泰国对中美的战略意义下降，而泰国对中美的安全需求也在下降，泰国开始奉行平衡外交。在此之前，泰国外交已显示出疏离美国的迹象。1988 年，泰国没有事先征求美国的意见，便独自决定与印支国家实现关系正常化。1989 年，泰国没有跟随西方的步伐对中国进行制裁，反而加强与中国的经济交流和政治交往。1993 年，泰国加入不结盟运动，从而结束了外交上追随大国的传统。[①] 总的来看，泰国的外交选择受其国际环境影响很大。冷战后较为宽松的安全环境为泰国奉行平衡外交政策提供了可能。而在冷战时期，僵硬的两极对抗格局与紧迫的安全威胁使得泰国不得不采取结盟政策。

冷战结束后，泰国根据自己的需要在中美间采取大体平衡的政策，但对不同的大国交往的重点不同，而且对双方的关系也因为一些具体的议题与情势而有所侧重。1997 年东南亚金融危机后，发展经济成为泰国重中之重，而中国则因为对泰国的大力支援取得泰国的信任。双方于1999 年 2 月 5 日在曼谷签署《关于二十一世纪合作计划的联合声明》，力图"使中泰关系进入一个新的发展阶段"[②]。此后，中泰之间的关系不断增进。2001 年 8 月，两国政府发表《联合公报》，就推进中泰战略性合作达成共识。"9·11"事件后，泰国对美国表示了支持，而美国则投桃报李，给予泰国"非北约主要盟友"的称号，加大了对泰国的军援与合作。

---

① 石维有：《冷战以来中泰关系的巨大变化及其决定因素》，《玉林师范学院学报》（哲学社会科学版）2005 年第 6 期。

② 《中华人民共和国和泰王国关于二十一世纪合作计划的联合声明》，2000 年 11 月 7 日，中国外交部网站（http://www.fmprc.gov.cn/web/ziliao_ 674904/1179_ 674909/t5958.shtml）。

对于奥巴马政府的亚太再平衡战略，泰国的态度是低调、谨慎，仍尽力保持平衡政策，远不像菲律宾、越南那样回应积极。一方面，泰国与美国于 2012 年 11 月签署《泰美防务联盟共同愿景声明》，这份声明强调建设地区安全伙伴关系，标志着双方 50 年来首次提升美泰防务合作水平。另一方面，泰国对华重视不减。2011 年英拉就任总理后首次出访选择中国，并同意将中泰关系提升为战略性合作伙伴关系，在 2012 年东盟峰会上与柬埔寨一起弱化南海问题的努力以及在中国与东盟国家关系中扮演示范和引领作用等，都充分说明了泰国政府进一步推动中泰关系亲上加亲、再上新台阶的意愿。① 2014 年，泰国发生军事政变，军方接管政权。美国对此持批评和制裁态度，从而使得泰国在政治上更倒向中国，双方在军事方面的合作水平也进一步提升。②

尽管泰国对中美的政策因具体情况而有所侧重，但总体平衡政策不会改变。事实上，泰王国外交一直就有平衡和善变的传统。早在 19 世纪中叶，被称为朱拉隆功大帝的拉玛五世就指出，"泰国是一个小国，人口有限，不能与列强进行战争，必须八面玲珑与人无争，不能过分亲近某一强国，亦不可过分疏远某一强国。"③ "二战"时期，泰国先与日本结盟后来又迅速投靠盟国，都反映了其外交灵活、务实的立场。从其地缘位置来看，泰国并不是中美战略竞争的重点。而从泰国的安全需要来看，当前它对于中美两国在安全上也没有紧迫的需求。这些因素都使得中美泰三边关系呈现出一种比较松散的状态，泰国有时会成为中美争夺的一个对象，但不是双方矛盾的主要爆发点。

4. 马来西亚

在东南亚地区，拥有 33 万平方公里领土、3000 万人口的马来西亚至少算得上是一个中等强国，但它较少实质性地卷入中美博弈。这主要因为它在与中美打交道时主要考虑经济，而且在政治安全关系上均与双方保持较稳定、平衡的关系。一方面，自 20 世纪 80 年代以来，马来西亚就

---

① 江涛：《美国重返亚太背景下的中泰关系》，《华侨大学学报》（哲学社会科学版）2014 年第 2 期。

② 张锡镇：《中泰关系近况与泰国社会厌华情绪》，《东南亚研究》2016 年第 3 期。

③ 朱振明：《当代泰国》，四川人民出版社 1992 年版，第 279 页。转引自江涛《美国重返亚太背景下的中泰关系》，《华侨大学学报》（哲学社会科学版）2014 年第 2 期。

开始为美军提供军事基地，并与美国举行联合军演和建立合资军工企业等。另一方面，尽管马来西亚也控制着五个南海岛礁，但不是主要声索方。事实上，"与越南和菲律宾所采取的强硬态度不同，马来西亚不认为它与中国在南海主权问题上的争议会威胁到它的国家安全，所以，态度一直比较温和。"① 正因如此，马来西亚不会在中美间引起间接结构矛盾，而且它既不像新加坡那样热衷于在中美间搞沟通，也不像印尼那样由于其"天然领导者"地位而被中美极力争取。所以，在此马来西亚仅仅被当作次要的第三方因素，仅对中美在东南亚的博弈发挥较小影响。

当然，马来西亚并非一开始就奉行平衡外交。在 1957 年刚独立一直至 20 世纪 70 年代初，马来西亚奉行的是亲西方的"一边倒"外交，拒绝与新中国建交。20 世纪 70 年代初，西方力量开始从东南亚退却，马来西亚也调整了自己的政策，1974 年 5 月 31 日中马正式建立外交关系，马来西亚也逐步转向全方位外交。1981 年马哈蒂尔担任马来西亚总理，继续推行全方位外交和不结盟的外交政策，特别是更加重视包括中日在内的亚洲。他批评美国发动的海湾战争，一度抵制美国主办的亚太经济合作组织（APEC）会议，提出建立排除美国的东亚经济核心论坛（EAEC），积极发展与中国和日本的关系，并对当时开始兴起的"中国威胁论"予以批驳。冷战后的 12 年间，马哈蒂尔六度访华，不仅是马来西亚历届总理中访华最频密的一位，也是世界各国访华次数最多的国家领导人之一。但要看到的是，马哈蒂尔当时调整对华政策所考虑的主要国内外需求之一就是尽力满足马来西亚国内发展对海外市场急剧增长的需求。② 发展与经济开始快速增长的中国的关系显然符合马来西亚这一利益。另外，尽管马来西亚与美国产生了激烈的矛盾和纷争，但马美之间仍保持着密切的经贸联系。美国在 1991 年是马来西亚第三大贸易伙伴和第二大出口市场，到 2002 年已上升为马来西亚最大的贸易伙伴和最大的出口市场。2003 年马哈蒂尔卸任总理后，马来西亚与美国的关系得到缓和，中马关系也得以发展。2004 年，中马两国领导人就发展中马战略性

---

① 谷名飞：《马来西亚的国防外交策略与中马安全合作前景》，《东南亚纵横》2015 年第 7 期。

② 廖小健：《冷战后中马关系的互动与双赢》，《当代亚太》2005 年第 4 期。

合作达成共识。2005 年 9 月，中马签署《防务合作谅解备忘录》，双方同意尽早启动中马防务安全磋商机制，还表示愿积极探讨军工军贸合作。2014 年 3 月，奥巴马成为 48 年来首位访问马来西亚的美国总统，而马来西亚也对美国的"再平衡战略"公开表示欢迎。对于美国推动 TPP，马来西亚也持积极响应态度。但其考虑主要是经济方面的，因为"马来西亚加入 TPP 后，80% 的产品将实现免税，马来西亚对美国和其他 TPP 成员国的贸易额将大幅增加。"[①] 在与美关系增进的同时，中马关系也在同步发展。2013 年两国将彼此关系提升为全面战略合作伙伴关系。2015 年 9 月，中马两国在马六甲海峡附近海域首次举行大规模联合军事演习。2016 年 11 月，两国重新签订《防务合作谅解备忘录》。2015 年、2016 年正是南海争端因为菲律宾提交仲裁案而陷入高度敏感的时期，美国也在极力推波助澜，马来西亚在此时强化与中国的军事合作显示了其在安全问题上对中国的缓和态度。还要特别注意的是，不能仅仅根据马来西亚领导人的言辞去判断其外交政策。事实上，马哈蒂尔的"说"与"做"并不完全一致。在他激烈批评美国的时候，他仍然重视美国在东盟平衡外交中的重要地位，默认甚至支持美国在东南亚的军事存在。有学者也观察到，在"批"美国的时候，马哈蒂尔从不触动马美关系的根本，并在美国不侵犯马来西亚国家利益的前提下，对改善马美关系态度积极。[②] 2018 年 5 月，已经 92 岁高龄的马哈蒂尔重新当选总理。大选期间，他曾对与中国合作的"一带一路"项目有所批评。就任后，他以"避免国家破产"为由对一些重大基建项目进行重新审查或叫停，其中一些涉及中国。这些"说"与"做"如何影响中马关系，还有待进一步观察。

综合来看，马在中美关系中的政策主要与以下因素有关：第一，总体政策定位。马来西亚积极参加不结盟运动，2003 年马来西亚主办第 13 次不结盟运动首脑峰会，因此视自身为发展中国家的代言人，为此而不可避免地对作为世界霸权国家的美国有所批评。第二，在安全与经济目标之间的平衡。马来西亚政府一直宣称不存在可能直接引起周边战争的

---

① 骆永昆：《浅析马来西亚外交战略的发展及其特点》，《和平与发展》2013 年第 5 期。

② 李优坤：《马哈蒂尔外交中的"说"和"做"》，《东南亚》2006 年第 3 期。

外部威胁。① 因此，其外交能够一直把经济考虑放在首位。特别是与冷战时期相比，当前马来西亚与美、俄、印、澳、英等大国的关系少了一些战略意义，多了一些经济外交的内容。② 自 2009 年以来，中国一直是马来西亚最大的贸易伙伴，这是其考虑与中国关系的重要因素。第三，领导人因素。20 世纪 90 年代马来西亚对美国的尖锐批评，与当时领导人马哈蒂尔有着直接的关系。马哈蒂尔崇尚亚洲价值观，他试图以马来西亚所在的东盟为基础，加强与亚洲有影响的力量，特别是中、日两国的团结，形成一种能与西方在政治、经济等方面抗衡的力量，以维护亚洲的整体利益。③ 第四，内政因素。维护国家独立自主是马来西亚实施"大国平衡外交"的根本动机④，马哈蒂尔时期美国对马内政的批评，也是马对美不满的重要原因。而中国奉行"不干涉内政"的原则，特别是不干涉马来西亚华人团体的活动，符合马来西亚的利益。⑤ 这对拉近中马关系的距离也起了重要作用。而当前马哈蒂尔重新当选总理后对"一带一路"项目的杯葛，也有着十分明显的国内经济、反腐等方面的考量。如果中马关系因此而出现调整，很大程度上也是这些国内因素"外溢"的结果。

　　5. 柬埔寨与老挝

　　柬埔寨与老挝的一个共同点是，由于越南战争，它们在冷战时期是资本主义与社会主义两大阵营对峙和争夺的前沿阵地，因此也是中美斗争与合作的焦点之一。但冷战结束后，两国的地缘重要性下降，也不再在中美竞争中发挥重要作用。而且，当前老挝与中美均无重大利益冲突，很难成为一个大国用以牵制另一个大国的切入点。由于柬埔寨实力相对来说更强，地缘位置相对重要（老挝是内陆国家，而柬埔寨拥有出海口），在外交上不像老挝那样致力于维持与越南的特殊关系，在外交上独立性更强，因此更为中美所重视，从而赋予其相对更大的影响力。

---

　　① 谷名飞：《马来西亚的国防外交策略与中马安全合作前景》，《东南亚纵横》2015 年第 7 期。

　　② 骆永昆：《浅析马来西亚外交战略的发展及其特点》，《和平与发展》2013 年第 5 期。

　　③ 李优坤：《马哈蒂尔外交中的"说"和"做"》，《东南亚》2006 年第 3 期。

　　④ 孙西辉、金灿荣：《小国的"大国平衡外交"机理与马来西亚的中美"平衡外交"》，《当代亚太》2017 年第 2 期。

　　⑤ 谷名飞：《马来西亚的国防外交策略与中马安全合作前景》，《东南亚纵横》2015 年第 7 期。

　　这两个国家的冷战经历还再次说明了泰国已经经历的一个道理：当处于两个大国、两个阵营对抗前沿时，要保持中立或平衡外交极其困难。1953 年柬埔寨王国从法国统治下独立后，国王西哈努克就试图在东西之间执行平衡政策。1957 年，柬埔寨颁布了中立法，将和平、中立的外交政策以法律的形式确定下来。此后直到 20 世纪 60 年代前期，柬埔寨一直力求与各种国际政治力量保持平衡关系，特别是与周边国家保持等距离外交。但在越南战争爆发后，处于美越对抗前沿的柬埔寨再也无法保持平衡政策，西哈努克最终选择倾向于共产主义阵营。然后，他在 1970 年 3 月被一场美国支持的政变所推翻，接下来上台的朗诺政权则奉行完全相反的、向美国一边倒的外交政策。红色高棉推翻朗诺政权之后，柬埔寨再次回到社会主义阵营。但当时东亚的社会主义阵营也出现了分裂，越南在苏联支持下入侵柬埔寨，而中国则与美国、其他多数东南亚国家一起反对越南入侵。而老挝在冷战中选边站的经历相对简单，在 1975 年老挝革命胜利之前，老挝王国政府选择站在美国一边，与中国、越南相对抗。1975 年革命胜利后，新的老挝政权转向中、越一边，而仅与美国保持代办关系。总的来看，冷战时期这两个国家的外交受到外部直接的政治甚至军事干扰，不但无法实现平衡外交，甚至连国家存亡都难以保证。

　　冷战结束之后，这两个国家在较长的时期内淡出了中美竞争的视野。对美国来说，联手牵制中国的最好东南亚伙伴是那些围绕着南海争端与中国有矛盾的国家。柬埔寨不是南海争端的声索国，而老挝虽然与中国有着 500 多公里的共同边界，但已经解决了边界问题（1991 年签署边界条约）。但是，在中国持续崛起、对东南亚国家影响力全面增强的背景下，一旦美国认定需要对中国进行牵制，即使是不那么重要的伙伴，也会成为美国争取和利用的对象。例如，"奥巴马政府上台后，对柬开始有限、试探性地接近，尤其是 2012 年 11 月奥巴马总统首次访问柬埔寨后，美国在政治、经济、安全、文化等领域明显加强了对柬埔寨的'全面接触'。"[①] 2011 年，第一届美柬防务对话在金边举行，双方还举行年度军事演习。美国之所以这样做，是"企图通过'全面接触'柬埔寨平衡或

消解中国在柬埔寨不断扩大的影响力"①。在大国战略竞争激化同时又不存在紧迫生存安全威胁的情况下，柬埔寨和老挝会发现自己处在一个较冷战时期更有利的位置，这使得它们能够根据自己的利益判断与需要开展行动。对柬埔寨这样的小国来说，能否从一方关系中获得实在的经济收益，以及对方对自己政权的态度，将是主要的利益考虑。而其选择，能够在一定程度上改变中美在该地区的博弈态势。

第三节　管控冲突：东亚国家的选择

对东亚国家来说，要在中美之间做出选择是很艰难的事情。正如新加坡总理李显龙曾说过的那样："对小国而言，与大国为邻从来不是件容易的事。如果你的邻国当中只有一个大国，那已经不容易了。如果你有两个邻国是大国，你或许会有更多朋友，不过那也意味着你必须做出更艰难的决定。"②　在笔者看来，这种"艰难"不只是体现在是否平衡还是选边，更难之处可能还在于第三方国家以何种出发点来考虑自己的政策抉择。在大多数情况下，第三方都是利用两个大国之间的矛盾来为自己谋利益，为此甚至不惜制造、扩大两个大国之间的矛盾。但现在也有越来越多的东亚国家意识到，中美一旦发生冲突将对自己不利。在中美发生冲突的情况下，相关的第三方可能会首先成为牺牲对象，至少是要受到池鱼之殃。所以，对第三方来说，其实最明智的选择就是把自己的利益与管控中美冲突结合起来，而不只是狭隘地考虑自己的当前利益。本节正是从这一目的出发，思考这样一个问题：如果东亚第三方国家想在中美间发挥主动而且积极的作用，促进中美关系稳定并维护地区和平，该扮演什么样的角色呢？

根据第二章提出的理论框架，第三方管控大国冲突的途径主要还是在平衡政策（权力现实主义）、推动制度构建和协调（自由制度主义）、促进双方间良性认知（建构主义）等方面而起作用。但要奉行上述路径

---

① 李益波：《浅析美柬关系的新变化》，《现代国际关系》2014 年第 11 期。

② 《李显龙总理访美前接受美媒专访 谈及与大国关系等多项课题》，2017 年 10 月 20 日，联合早报网（http://www.zaobao.com/news/singapore/story20171020 - 804447）。

是需要分别满足一定条件的，东亚第三方国家是否具备这些条件？或者
说哪些第三方分别具备哪些条件？下面逐一进行分析。

一　平衡者

如第二章所述，从权力现实主义角度看，第三方能否有效地扮演平
衡者角色并在中美间促进和平，关键在于不与任何一个大国建立同盟关
系，而是根据具体的情势决定对相关大国的政策，主要致力于促成特定
时空条件下的大国均势。现实地看，要做到这一点并不容易，因为它需
要顾及三个方面：第一，能够对特定时空条件下东亚地缘政治现实特别
是中美间的矛盾与实力对比做出准确的评估；第二，具备高超的外交技
巧以及随时调整政策的灵活性；第三，其自身实力与政策并非无足轻重，
而是能够对中美间两国实力对比造成有意义的影响。如果不具备这些条
件，通过平衡促进和平只能流于空想。

相对于选边站而言，平衡政策除了促进中美冲突管控外，还能够为
小国带来更好的收益。在这方面，有两个截然不同的例子。成功的例子
是新加坡。正如有学者所强调的那样，新加坡"在国际上拥有其他小国
所无法拥有的国际地位，发挥着与其人口和土地面积不相称的影响力。
这些成就的取得的一个重要因素就是新加坡在李光耀外交战略思想指导
下，大国平衡战略的形成和实施。"① 一方面，作为华人国家，新加坡与
中国保持着良好的政治与经济关系。另一方面，新加坡又是美国在东亚
发挥作用的坚定支持者，事实上，樟宜海军基地已成为美军在东南亚发
挥作用的重要中心。② 由于这种平衡战略，李光耀统治下的新加坡得以在
中美之间左右逢源，在地区与国际舞台上发挥了与其国力不成比例的影
响力。失败的例子是乌克兰。自从苏联解体乌克兰独立后，它在较长时
期内一直在俄罗斯与西方之间搞平衡外交。③ 但是，2014 年的国内政治危

---

① 郄清良：《小国大外交——新加坡大国平衡战略的形成与演变》，《东南亚纵横》2005 年
第 1 期。

② 关于新加坡在中美间的平衡外交，可参见［新加坡］卢姝杏《新加坡的外交原则及其
对华政策（1990—2010）》，《东南亚研究》2011 年第 5 期；胡安琪《2014 年新加坡：政治、经
济与外交》，《东南亚研究》2015 年第 2 期。

③ 张培锋：《析乌克兰的平衡外交》，《今日东欧中亚》1997 年第 6 期。

机改变了这一方向。反对派在推翻被认为是亲俄的亚努科维奇政府以后，事实上采取了向西方一边倒的外交战略，导致俄罗斯总统普京决定不惜一切代价进行"反击"。① 结果，乌克兰面临的后果是灾难性的：国家陷入内战之中，不但丢失了克里米亚，东部一些地方也可能不保。俄罗斯尽管也因此受到了西方的国际孤立，但损失最大的无疑还是乌克兰自己。

　　然而，日本、韩国、菲律宾、泰国等一些东亚国家将与美国的同盟奉为其外交安全政策的基石。对这些国家来说，与美国结盟并非仅仅是一个外交抉择，而是重大国际事件与地缘政治变动的结果。例如，日本是因为"二战"战败而且被美国从政治和经济上所改造，并在冷战的环境下接受了与美国的同盟。而韩国本来就是在美国的扶植下成立起来的，并因为美国的帮助而免于朝鲜战争中的灭顶之灾。菲律宾则是美国的前殖民地，除了外交与军事之外，双方间的政治、社会和文化关系根深蒂固。对这些国家来说，即使它们的决策者愿意，要在短期内抛弃与美国的同盟关系仍是不可能的。对它们来说，平衡政策只能是一种有限平衡政策，即一方面不放弃与美同盟，但另一方面不视中国为与美同盟的针对对象，在处理与中国的关系时，不引入美国的军事、安全力量作为筹码或予以干涉。如果这些国家能够做到这一点，就能在很大程度上弱化中美间接结构冲突，仍然是有积极意义的。

　　从第三方的外交能力来看，要具备对客观形势的准确判断、高超的外交技巧以及随时调整政策的灵活性，首先与领导人的素质与政治、决策体制相关，同时还取决于能否隔绝国内民族主义的绑架，以及是否与相关大国存在重大安全利益冲突。以此标准，在东亚国家中，比较符合这一条件的仅有新加坡。精英培养模式使得新加坡领导人具备较高的素质，而且其集权式的体制与对多元文化的强调使得它的决策能够避免受到国内舆论的干扰，也不存在强烈的民族主义，对于理性外交决策来说，这是有利的条件。而与中美均不存在重大利益争端，则使得其决策可以较少受到这方面的干扰，更有可能从客观的角度来管控中美冲突。

　　在实力方面，笔者根据美国丹佛大学国际未来（IF）数据库提供的预测，展示了中美以及相关东亚第三方从 1960 年至 2030 年的国力（根据

---

　　①　丁原洪：《乌克兰危机的历史经纬与现实启示》，《和平与发展》2014 年第 2 期。

该数据库，一国的国力指数由该国人口总数、经济总量、军事实力、科技发展水平等分别占全球总量的比例加权计算所得）及其对比（参见图3—1）。图3—1没有包括所有东亚第三方国家，但涵盖了三种类型，包括能够引发间接结构冲突的第三方（日本、朝鲜和菲律宾）、关键第三方（新加坡、韩国和越南）和次要第三方（柬埔寨）。从图3—1可知：第一，中美两国的国力对比处于剧烈变化之中，总体是中国相对上升美国相对下降。2005年时，中国的国力尚不及美国的一半，但大致在2021年，中国开始超过美国。第二，大致从20世纪90年代中期起，包括日本在内的第三方对中美间实力对比的影响在缩小。自那之后，中美的国力均远超其他国家，第三方无论采取什么形式的选边站，也不足以形成霸权和平或是均势和平，因为其加入无法从根本上改变中美实力对比。第三，一个例外的时期是2021年前后，由于这是中美国力接近平等的年份，即使第三方的国力很小，也可能通过其政策对改变中美实力对比产生一定的影响。根据其他对中美实力对比变化的研究，由于两国实力逆转的时间点可能较2021年更迟或较早，但可以确定的是，只有在这个实力逆转点前后各五年才是第三方发挥平衡者作用的"窗口期"，过了这个"窗口期"就发挥不了有意义的平衡者作用。

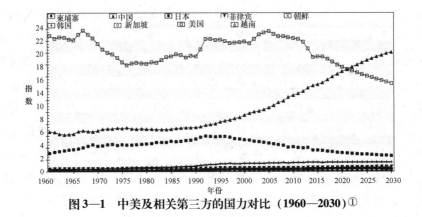

图3—1 中美及相关第三方的国力对比（1960—2030）①

根据上述分析，可以认为：在大多数情况下，大多数东亚第三方都

———————

① 源自美国丹佛大学的International Futures（IFs）数据库（http：//pardee. du. edu/）。

无法去充当中美平衡者的角色。因为多数第三方国家的国力远逊于中美两国，无论这些国家如何调整政策，一般都无法对中美实力均衡产生有意义的影响。这也就是新加坡为什么最有条件推行平衡政策，但最终作用仍然有限的原因。即使第三方发挥了实力平衡的作用，也是暂时的、脆弱的，因为无论是新大国，还是霸权国家，它们追求的都是优势而非均势。而从客观情况来看，各国间经济增长的不均衡也很难使得国家间的实力总是保持在大体均衡的状态。要在一定时期内做到这一点，就需要极其老练、高超的外交家及其有利于做出理性决策的体制。但是，在外交日益民主化、大众化以及被迫服从于复杂内政考虑的今天，要做到这样是极其困难的，这也决定了我们不能把平衡政策当作管控中美冲突的重要路径。但这并不意味着应该完全忽视平衡政策，特别是那些与大国结盟的国家可以奉行有限平衡的政策，即在暂时不能抛弃与大国同盟的情况下对两个大国采取相对平衡的立场，这有利于缓解已有的间接结构冲突，并为其他的管控方式提供更大的空间。

二　制度推动者

在制度推动者方面，根据前面提出的理论条件，第三方最好是具备如下方面的条件：具有制度倡议、管理能力和得到大国的信任。另外，那些越是与中美竞争密切相关的国家，越有可能成为制度推动者。

在东亚，东盟曾作为一个整体在一定程度上扮演了制度推动者的角色。东盟不但是东盟峰会机制的核心角色，还主导了包括东盟国家、东北亚、南亚、大洋洲和美国等在内的东盟地区论坛。但是，尽管这些机制都把中美包括在内，它们在实践中并未起到协调中美关系的作用。事实上，当中美共同参与这些机制时，更多的时候是在相互宣示甚至批判。2010年美国国务卿希拉里·克林顿参加东盟外长会议时宣示南海事关美国国家利益，而中国外长当场进行了愤怒的反驳，就是一个典型的例子。① 之所以出现这种情况，问题恰恰就出在东盟对于自身作用的认识与把握上。东盟之所以推动东盟机制不断膨胀，从根本上讲还是基于实力

---

① 参见 Hillary Rodham Clinton, *Hard Choices*, New York: Simon & Schuster Paperbacks, 2014, p. 71。

平衡而非制度协调的理念。东盟希望在众多大国之间扮演一个平衡者的角色，首先是通过"10+3"机制在中日间保持平衡。随着中国的崛起，又拉拢印度等加入，结果形成"10+6"。最后加上美国和俄罗斯，形成"10+8"机制。从制度协调与效能的角度来看，在缺乏有效沟通与决策机制的情况下，把如此之多的国家拉到一起是不可取的。其结果只能是随着成员的增加而逐渐弱化，东盟机制失去了有效协调的能力，也无法对管控中美冲突做出有意义的贡献。

东盟的教训表明，以自身整合仍然有限的东盟为主体去整合、建立一个包括众多大国的客观地区架构仍然是不太现实的，也无法产生具体有效的实际效果。至少是就中美冲突管控而言，可能还是需要具体的国家充当第三方，从具体层面、微观和中观领域的制度构建做起，以一种增量生长的方式，方才有利于防止中美冲突、维护地区和平。当然，要做到这一点，其前提是东亚的多数第三方就必须改变基于实力考虑的平衡政策或结盟政策，真正把目标放在地区安全机制的构建上来。这首先是必须做到认识上的转变，像东盟坚持大国平衡政策为时已久，而那些与美国结盟的东亚国家则视这种同盟体系为理所当然，把任何批判都视为改变现状的不良企图。如果不能转变这种观念，东亚国际秩序可能就永远处于一种缺乏区域性有力制度的碎片化状态，地区的不稳定以及中美冲突的可能性也就无法根除。当前，东亚第三方要推动中美间制度构建，可以从两个层次进行。第一，现有的东盟机制不能放弃，但要注重提高其制度效能，如中美均参与其中的东盟峰会、东盟地区论坛等。根据东盟1995年制定的一份概念文件，东盟地区论坛的发展应经历三阶段：推进信任建立措施（confidence building measures）、推行预防性外交（preventive diplomacy）和探索解决冲突的办法（elaboration of approaches to conflict）①。当前东盟系列机制应该将重点放在如何落实并推进这些构想上。第二，考虑到东盟系列机制任务的广泛性，一些特殊的东亚第三方可以探讨专门针对中美冲突管控的机制。例如，韩国、新加坡等既是美国的盟国或重要伙伴，又与中国存在重大利益关系，如果这些第三方

---

① Raymund Jose G. Quilop, "Preventive Diplomacy in the Asia Pacific: Challenges and Prospects for the ASEAN Regional Forum," *Asian Studies*, Volume 38, Number 2, 2002, p. 64.

能够出面推动建立针对某种议题（韩国针对朝核与半岛议题、新加坡针对航行自由议题）的"2＋1"或三边机制，在中美间建立起良性互动关系，从而打通美国主导下的、以双边同盟为基础的东亚安全体制与中国之间的安全隔阂，最终建立一种三边安全机制，可能是一条更为直接、有效的路径。同时，这种机制还有可能成为未来地区安全机制的基础。

要做到这一点，第三方国家必须转变观念。其一，它们必须转变那种小国实力有限因而作用也有限的观点，充分意识到小国在制度构建方面可以发挥积极作用。其二，在介入大国冲突管控时，要意识到充当制度推动者比实力平衡者有更加持久且对各方更有利的价值。当然，不是所有第三方都能够充当制度平衡者，只有那些得到中美两个大国信任而且具有制度倡议与管理能力的第三方才能担当此任。根据这一点，那些与中美任何一方存在重大利益冲突的第三方可能就无法担当此任（多数是那些能够引发中美间接结构冲突的国家），那些作用太小的国家则由于无法引起中美的重视也不适宜（如次要的第三方）。综合下来，在东亚，比较适合担当此任主要是韩国、新加坡和印尼等关键第三方国家。当前的问题是：韩国仅仅关注如何利用中美解决朝核问题，而印尼则对中美竞争关系保持相对超脱的态度。新加坡可能是这些国家中最具备介入中美冲突管控的意愿，而且拥有一定外交技巧与政策影响的国家，但它主要是强调通过实力平衡政策调节中美在东南亚的竞争。因此，在制度建构方面，第三方的努力远未开始，如何促使这几个重点国家改变认识，并提高自身在制度构建方面的能力建设，应该是从第三方视角管控中美冲突的关键。

三　中间沟通者

作为中间沟通者，第三方的作用在于平时促进大国间的互信、消除冲突的根源，进而接受某种制度化合作与共处的安排。在危机时刻，第三方的中间沟通者角色则重点是信息传递与阐释，通过促进大国间沟通以消除误判，解决矛盾，避免冲突的发生。要起到这样的作用，前提条件是第三方能够同时获得两个大国的信任以及拥有可与两国多方面沟通的中间渠道。要符合这样的条件，不只是对于国家有要求，即与中美双方均无重大利益冲突，而且与领导人有很重要的关系。因为这样的沟通往往是要通过领导人及其代表来进行的，如果承担此一角色的第三方的领导人与中美双方无很好的个人信任关系，也就无法进行中间沟通的工作。在东亚第三方中，有的国家与中美交往甚多，但迄今暂没有领导人能够在中美间有效沟通，如韩国。有的国家领导人仅与一方私交较好，也无法沟通中美，如柬埔寨前国王西哈努克。迄今来看，能够起到这一作用的是李光耀时期的新加坡。

在李光耀的领导下，虽然新加坡是一个城市小国，却是中美间的一条特殊沟通管道。作一个从英国殖民统治下独立出来的华人国家的奠基者，李光耀既熟悉东方传统，也十分了解西方。自独立时起，特别是进入 20 世纪 70 年代以来，李光耀通过自己的外交努力同时获得了中国与西方世界的信任，并建立了与中国、西方领导人的广泛交流渠道。作为一个总体实力弱小的城市国家，新加坡认为，自己要维护国家安全并在国际社会中发挥作用，除了要相对奉行大国平衡政策外，就是要重视观念的力量。所以，相对而言，新加坡领导人"比该地区其他领导人更加意识到'声音'在形成任何讨论措辞方面扮演着一个重要的角色，而且他们并不怕自己的观点被听到。"① 而在中美关系中，为了维护地区的平衡，特别是在冷战时期，新加坡做了很多向西方特别是美国解释中国的工作。早在中美建交前，李光耀就在同美国领导人如尼克松的接触中重复同样的观点，同中国接触有好处。而在"八九政治风波"后西方围堵中国之际，李光耀则提醒西方不要试图放缓或使中国发展失败，而导致中国成为一个排外的、沙文主义的、对西方极为仇视的国家。② 从根本上来说，新加坡是亲美的。李光耀曾指出，"没有任何一种均势比当前这种由美国充当主要角色的均势更适宜"。他认为，如果美国能够继续在亚太地区充当关键的安全守护者，东亚的未来将一片光明；如果反之就会产生问

---

① ［新］袁丰康：《新加坡经济和政治接触的时机》，载［美］阿拉斯泰尔、伊恩·约翰斯顿、罗伯特·罗斯《与中国接触——应对一个崛起的大国》，新华出版社 2001 年版，第 147 页。

② 参见［新］袁丰康《新加坡经济和政治接触的时机》，载［美］阿拉斯泰尔、伊恩·约翰斯顿、罗伯特·罗斯《与中国接触——应对一个崛起的大国》，新华出版社 2001 年版，第 148、151 页。

题。① 但是，在冷战时期，新加坡需要说服西方接纳中国的作用以平衡苏联。而在冷战结束后较长一段时间里，新加坡也希望力量仍然较弱的中国继续发展，这样也有利于维护地区力量的平衡。另一方面，新加坡领导人也试图向中国灌输关于西方的正面信息，推动中国持续进行改革开放，与西方主导的国际世界接轨。在中国改革开放的过程中，新加坡是一个重要的投资者，还与中方合作开发了苏州工业园区，这成为中国经济改革大潮中的一个重要尝试。

新加坡的这种作用离不开李光耀个人的认识、魅力以及与中美领导人间的密切联系。他与中国领导人间的交流渠道是从邓小平开始的，邓小平欣赏新加坡的发展模式并在 1978 年到访新加坡，自那以后就树立了新加坡在中国外交中的特殊地位。"多年以来，新加坡高层领导人，从李光耀、吴作栋和李显龙到各个部长都坚持每年至少访问中国一次，中国的高层领导人也频繁地被邀请到新加坡进行磋商。"② 另一方面，李光耀也努力培育与美国领导人之间的关系。他在与美国历届总统会面时都不吝谈论他对亚洲事务的见解，以致美国领导人都愿意从他这里听取意见。李光耀之所以能够做到这一点，根本原因是新加坡的特殊地位，它与中美两国都无直接的利益冲突，因此无人怀疑其观点的客观、中立性。当然，其坦诚的评论也会加深与其交流的领导人的这种印象。李光耀的这种特点，使得新加坡在向西方解释中国、向中国解释西方方面发挥了特别的作用。回顾中美建交以来的关系，其主导因素当然是两个大国间的互动，但李光耀领导下的新加坡所发挥的这种促进中美相互理解的作用，也不应该被忽视。

但需要注意的是，正如前述，新加坡对待中美的总体政策是平衡外交而非推动某种冲突管控机制的构建，李光耀的观念沟通者角色也是为这种外交服务的。在中国实力仍远小于美国之前，李光耀的观念外交在说服美国接受中国地位的过程中起了重要作用。但是，由于中美实力的

———————————

① ［美］艾利森、［美］布莱克威尔、［美］温尼编：《李光耀论中国与世界》，中信出版社 2013 年版，第 48 页。

② ［新］黄朝翰：《中新关系前景：新加坡面临的新挑战》，《河南师范大学学报》（哲学社会科学版）2014 年第 1 期。

接近，特别是中国在东南亚的影响力逐渐扩大、李光耀退休以来，新加坡平衡外交与观念沟通就遇到了问题。当前新加坡总理李显龙与其父亲李光耀一样，也希望在中美之间扮演观念沟通者的角色。李显龙在中国的一次演讲中曾强调："中美关系融洽与否，对整个区域，都有影响。新加坡希望中美关系顺利发展，因为这关系到我们自身的利益。我们和中美两国都是朋友，不愿意看到两国关系恶化，更不愿意被迫在两者之间做出取舍。新加坡的影响力有限，但是我们尽可能通过言语和行动，从旁促进中美关系。"① 但是，中国影响力的增加，特别是中国为了反击菲律宾于2013年提起南海仲裁案开始在南沙进行大规模的岛礁建设行动，引起了新加坡的警觉。在平衡外交中，新加坡的重心开始转为拉拢美国来制衡中国，这正与当时美国奥巴马政府的亚太再平衡政策不谋而合。正因为如此，新加坡不但积极鼓动奥巴马推动太平洋伙伴关系（TPP），而直言中国应该接受仲裁裁决。显然，这种平衡外交激怒了感到本已被美国盟友体系包围的中国。另外，在中国极其敏感的事务上发言反对，显然也不符合沟通外交要私下进行这一原则。加上李显龙没有其父亲那样与双方特别是与中方领导人的私谊，其效果也就可以想而知了。在2016年9月举行的G20杭州峰会上，习近平在与李显龙的会晤中要求对方"加强沟通，在涉及双方核心利益和重大关切问题上相互理解和尊重"。② 中国的一些媒体也一反以前的态度，直接对新加坡的一些做法展开了批评，甚至直言"与李光耀时期的新加坡相比，它从平衡路线转向了剑走偏锋，定力被狂躁取代"③。新加坡未来能否继续在中美东亚冲突管控方面发挥积极作用，根本在于其对中美外交重点是扮演平衡者还是制度推动者的角色，观念沟通归根到底是为这些目的服务的，不同的目的会导致不通的沟通结果。

　　除了新加坡外，印尼、韩国甚至泰国也可能发挥中间沟通者的角色。这是因为，这些国家在东亚具有重要的地位，在历史上也曾经扮演过重

---

　　① 李显龙：《中国与世界，互荣共进》，2012年9月7日，参见联合早报网站（http：//www.zaobao.com/special/sg-cn/bilateral/story20120907－107210）。

　　② 《习近平会见新加坡总理李显龙》，《人民日报》2016年9月3日。

　　③ 《社评：装甲车自投罗网，新加坡应当反省》，《环球时报》2016年11月29日。

要角色，而且与中美总体关系良好。如果在它们中间出来一个明智、坚决而且有长远眼光的领导人，完全有可能在不同程度上扮演李光耀的角色。总的来看，对东亚第三方来说，要扮演观念沟通者的角色并不容易。但是，这样的角色对于管控中美东亚冲突是必要的，它不但有利于推动中美间冲突管控制度的建立，还有利于在危机时刻扮演不可缺少的角色。关于后者角色的作用，可能平时并不明显，而且危机时中美也有双边的联系渠道。但是，考虑到中美冲突事关重大，双方间不信任根深蒂固（特别是在冲突时），第三方的角色就至关重要了。

根据上述分析，可总结出表3—2：

表3—2　　　　　　　　　　东亚第三方的角色选择

第三方角色	重要性	特点	可能的国家
平衡者	一定作用	脆弱性、长期效果不稳定	结盟国家的有限平衡政策，泰国、韩国、菲律宾等
制度推动者	主要途径	启动较难，但效果稳定	韩国、新加坡、印尼等
中间沟通者	辅助作用	与领导人密切相关	新加坡、印尼、韩国、泰国等

结　语

本章除了强调东亚在中美冲突管控中的重要性之外，关键在于区分了以下三类国家：第一，作为结构因素的第三方，即与中美中间一国结盟而与另一国存在重大利益冲突的国家；第二，作为关键因素的第三方，即没有引发结构性冲突，但要么地处关键位置而为中美所看重，要么与两个大国的地缘竞争议题密切相关，从而对中美冲突管控产生关键影响的国家；第三，作为次要因素的第三方，即既没有引发结构性冲突，也没有对中美竞争产生持续的重要影响，但可能在某些议题、领域或特定情况下影响到中美关系的国家。除了文莱、东帝汶这样分量过于轻微的国家外，其余东亚国家基本上都可以归入以上三类。如果从引发冲突的角度看，当然是第一类最重要。但如果从冲突管控的角色看，第二、三类国家也可以发挥重要作用。因为在间接结构冲突已经生成的情况下，其冲突原因纵然与这两类国家无关，但它们仍然可以通过积极介入中美冲突而发挥作用。它们自身的实力分量、所在的地缘位置、与中美两国的关系以及领导人因素等，使得它们可能在管控中美冲突过程中发挥不同作用。

从理论上看，第三方的作用途径包括三个方面，即充当权力平衡者、制度推动者或是观念沟通者。鉴于权力平衡后果的脆弱性与不稳定性，本章强调在东亚的第三方应该主要通过扮演制度推动者和观念沟通者的角色，在中美间发挥冲突管控的积极作用。特别是一些在中美关系中具有特殊地位的第三方国家，如韩国、新加坡等，它们比较有条件成为缓解中美冲突的管道与桥梁。至于那些目前奉行结盟政策而一时难以放弃的国家，则可以采取有限平衡的政策。目前的问题恰恰在于，一些东亚第三方国家如日本、韩国等国家选择了坚持甚至强化与美同盟的政策，从而强化了中美间接结构冲突。放眼未来，东亚第三方国家必须一方面将自身利益与管控中美冲突这一更广泛的利益结合起来，另一方面也要更好地考虑自身的特色来决定其角色，以更加积极的、合适的方式介入中美冲突，才能维护地区的持久和平与稳定。

为了更好地说明第三方在中美冲突管控中的作用。接下来的两章笔者选择了两个案例加以研究：菲律宾与韩国。之所以选择这两个国家是因为：第一，菲律宾是引发中美间接结构冲突的国家之一，韩国目前是作为关键因素的第三方，但未来有可能成为引发中美间接结构冲突的新来源。两个国家各自具有不同的代表性。第二，两国分别位于东北亚与东南亚，而且与极大影响中美东亚关系的两个问题相关：朝核问题与南海争端。基于上述考虑，通过韩国与菲律宾来具体研究第三方与中美东亚冲突管控的关系，应该既具有典型性，又有重要的现实意义。

第 四 章

菲律宾与中美冲突管控

在可能引发中美间接结构冲突的第三方中，菲律宾具有典型的意义。它是美国的长期盟友，但由于南海岛礁主权归属争端等方面的原因，与中国存在安全利益冲突，结果导致南海成为中美间博弈的一个重要议题，两国还有因此而陷入冲突的可能性。正如第三章第二节所展示的那样，作为结构因素的第三方还有日本与朝鲜。但日本作为世界第三大经济体，它与其他东亚国家有着较大的国力差异。事实上，中美日三边关系常常是放在大国关系框架下进行研究的①，而本研究中更加强调的是作为小国的第三方对于中美冲突管控的意义。至于朝鲜，它与美国间存在重大安全利益冲突，但它与中国的同盟关系与正常的同盟关系有很大的不同。因此，相对而言，菲律宾算是一个标准的作为结构因素的第三方，更适合作为一个案例来分析。另外，更重要的现实意义在于，这几年中菲关系发生了过山车式的变化，而菲律宾在中美间的角色、中美在南海的竞争态势也由于菲律宾的政权更换出现了急剧的转变。这使得对菲律宾的考察有着十分典型而现实的意义。

第一节　作为第三方的菲律宾

在东南亚国际关系中并不占据突出地位的菲律宾之所以成为中美冲突的第三方，在于以下两个事实：它由于南海争端而与中国存在主权、安全利益冲突，另外又与美国存在同盟关系。而它作为中美博弈中的结

---

① 参见刘卫东《新世纪的中美日三边关系》，中国社会科学出版社 2014 年版。

构因素，其角色的扮演与作用的发挥，又离不开其独特的地缘位置、历史背景与外交定位。只有把这些因素综合起来，才能更好地理解菲律宾在中美竞争中的第三方角色。

一 菲律宾外交的演变

菲律宾是一个地处西太平洋的群岛国家，面积近 30 万平方公里。由于与大陆相隔离，自古以来菲律宾群岛在经济、社会发展方面较为缓慢，直到 14 世纪末才由苏门答腊岛移民米南加保人建立了菲律宾历史上第一个国家——苏禄苏丹国。1521 年，麦哲伦率探险队进行首次环球航海时抵达菲律宾群岛，打开了西方入侵的大门。1565 年，西班牙人占领宿务岛，开始建立殖民统治，菲律宾之名也源于当时西班牙国王菲利普二世。本土社会文化仍不发达的菲律宾，特别是受自南而来的伊斯兰文化影响较小的中、北部，自此开始接受西方的天主教文化。19 世纪末期，接受西方教育的知识分子发动了反对西班牙殖民统治的斗争，在即将将西班牙殖民者赶出菲律宾群岛之际，却又不幸成为 1898 年 4 月爆发的美西战争的牺牲品。1898 年 10 月，美军抢在起义军之前占领马尼拉，并于 12 月 10 日与西班牙签订包括转让菲律宾在内的巴黎和约。从 1899 年起，美军通过三年的战争镇压了菲律宾人民的反抗，正式将菲律宾收入囊中。第二次世界大战时期，菲律宾一度被日本占领，战后美国重新恢复控制。1946 年 7 月 4 日，菲律宾在美国同意下和平独立。美国统治菲律宾的时间虽然没有西班牙长，但塑造了菲律宾的现代政治制度，影响了其社会生活的各个方面，甚至使得英语成为菲律宾的官方语言。

由于这种地缘属性与历史渊源，独立后的菲律宾外交一方面离不开亚洲特别是东南亚的大背景，另一方面又仍深处于美国的影响之下。在独立与依附之间摇摆，至今仍是菲律宾外交的主要特征。冷战之初，国力孱弱的菲律宾选择了依附美国的道路，成为美国军事上的盟友。从派兵参加朝鲜战争，到 1954 年在马尼拉主持召开东南亚条约组织（Southeast Asian Treaty Organization，SEATO）的成立大会，以及派兵参加越战，菲律宾忠实地履行了作为美国盟友的军事安全义务。而美国则以菲律宾利益代言人的面目出现，菲律宾独立当天两国签订的《美菲总关系条约》规定：在菲律宾尚未有外交机构的国家和组织里，或菲律宾的代表没有在场的情况下，美国将代表菲方的利益。自加西亚担任总统时（1957—1961 年）起，菲律宾外交开始出现一定的独立性。他提出了"菲律宾第一"的口号，强调减少外国对菲律宾经济上的控制。在政治上，加西亚总统对由马来西亚、泰国和菲律宾发起的地区性组织东南亚联盟持积极态度。这种独立性在之后担任总统的马卡帕加尔的政策中亦清晰可见，而在强人马科斯统治时期进一步发展，但很大程度上是当时国际环境使然。1969 年 7 月 25 日，美国总统尼克松鉴于越南战争的教训，在战略上采取压缩主义，在关岛提出"尼克松主义"，要求亚洲盟国为自己的国内安全和军事防御承担更多的责任。在这一方针指导下，美国开始大规模从菲律宾、泰国、日本等国撤军，接着又对美国在菲律宾的军事基地的价值重新进行评估，甚至几次表示要考虑放弃这些基地。相应地，"菲律宾的批评家对美国所作的在当菲律宾受到攻击时可以保卫菲律宾的保证以及对美国的军事基地是否会把菲律宾拖进菲律宾原可不必卷入的美国的冲突中去表示怀疑。"[①] 在此背景下，菲律宾转向了多极平衡外交，于1975 年 6 月与中国建交，1976 年 2 月与苏联建交。与此同时，菲律宾还积极恢复或扩大与东南亚国家的交流。菲马曾因为沙巴争端断交，并使新成立的东盟陷于瘫痪。1969 年，两国复交。越南侵柬后，应对越南的威胁成为 20 世纪 80 年代包括菲律宾在内的多数东南亚国家的首要利益，而中国、美国则积极支持它们的诉求。纵观冷战时期，菲律宾外交由于主客观条件的变化，其独立性也日益明显。有学者甚至指出，利用美国全球与亚洲冷战战略的重大需求，通过"讨价还价"，菲律宾往往能够在某些关乎自身利益的局部问题上占据主动性，甚至实现对美国的"外交讹诈"。[②]

　　冷战结束前后是菲律宾处于重大挑战的时期。一个重大的任务是马科斯的独裁统治于 1986 年被人民力量运动推翻之后，如何巩固民主一直是总统阿基诺夫人最操心的问题。而苏联倒台后美国撤出在菲律宾的军

---

　　① ［美］罗伯特·L. 扬布拉德：《"新社会"下的菲美关系》，《南洋资料译丛》1977 年第12 期。

　　② 吴浩：《越战时期美国与菲律宾的同盟关系——以美菲两国围绕菲律宾出兵越南问题的交涉为例》，《南洋问题研究》2015 年第 2 期。

事基地，一方面使菲律宾有了更多独立外交的机会，另一方面也使得菲律宾外交面临着更多的不确定性。之后的拉莫斯统治时期，见证了中国力量的崛起与中菲南海争端的增加（如 1995 年美济礁事件），与美关系有所恢复。经过了短暂的埃斯特拉达统治之后，阿罗约总统采取了更为平衡的外交政策，并通过全方位外交大力改善了与中国的关系。"在阿罗约任期内，中国变成了菲律宾最大的贸易伙伴之一，是其基础设施、能源、农业和采矿业的主要资助者与投资者。"① 阿罗约任内中菲两国的合作协议超过了 100 项。即使在 2008 年中菲越联合勘探协议停止以后，中国对菲律宾的投资力度仍然不减。2009 年，中国官方宣布为菲律宾的基础设施与发展计划（包括铁路、电信、灌溉工程等）提供 18 亿美元的中国进出口银行贷款，其中三分之一用于联结马尼拉与迪奥斯达多·马卡帕加尔（Diosdado Macapagal）国际机场和前克拉克空军基地的北铁计划。② 2009 年，中国向菲律宾军队提供了价值 400 万美元的军事物资，其中多数是用于灾害救援与重建。但美国战略重心重返亚洲使得阿罗约的友华政策无法继续，加上她自身的贪污丑闻波及与中国相关的项目，她的对华政策基础实际上相当脆弱。阿基诺继任之后，香港游客在马尼拉被劫持的人质事件、黄岩岛事件都为中菲关系投下阴影。他没多久便采取了全面依赖美国、减少对华交往并在南海争端上以法律缠斗的方式挑战中国，其结果是中国全面在南海进行岛礁建设。菲律宾还试图借助东盟这个平台来制约中国，但东盟利益的多元性以及决策机制的松散性，不可能给予菲律宾以有力的支持。于 2016 年 6 月继任总统的杜特尔特全盘调整了对外政策，宣称要采取独立的外交政策，并在此名义下大力改善了对华关系。

总的来看，菲律宾尽管在地缘位置上十分重要，但其外交及其地位并不突出，即使与其东南亚邻居相比也是如此。在东南亚，幅员、人口和经济规模决定了印度尼西亚是天然的领导者，马来西亚试图为发展中国家代言，新加坡因为在中美之间扮演特殊角色而受到关注，越南则因

---

① Thomas Lum, *U. S. -Philippines Security Ties*, *Military Relations*, *and Conterterrorism Cooperation*, Congressional Research Service, p. 22.

② Ibid. , p. 23.

为其在冷战时期扮演的重要军事角色（当然还有其地缘位置）而一度引人注目。菲律宾的外交受到如下因素的限制：第一，经济实力有限。从人口数量来说，菲律宾是东南亚第二大国，在世界上也排名第十三（人口在 2015 年已超过 1 亿）。但是，从经济上而言，根据世界银行 2015 年的数据，菲律宾的 GDP 总量在东南亚排在印尼、泰国、马来西亚和新加坡之后，在世界居第 39 位；其人均 GDP 为 3002 美元，世界排名第 122 位，在东南亚排在新加坡、文莱、马来西亚、泰国、印尼之后。① 第二，与其较弱实力相伴随的是其军事力量。在对美依赖之下，菲律宾实际上将外部安全长期委托给了美国，而将重点放在镇压内部叛乱这样的紧急事务上。② 其 2015 年军费开支不到 40 亿美元，在东盟国家中排名第五，排在新加坡、印尼、泰国和马来西亚之后（参见图 4—1）。军事力量特别是海空军力量长期羸弱，许多军事装备保持着 20 世纪 60 年代甚至是"二战"时的水平，军费开支曾多年低于国内生产总值的 1%。阿基诺三世上台后曾大力推行军事现代化计划，但又面临经费短缺、军队腐败以及国内叛乱力量仍在（对付这些叛乱主要以陆军为主）等因素的限制。③这种薄弱的军事力量使得它迫切需要美国的支持。第三，尽管左派的、反美的民族主义一直存在，但根深蒂固的亲美文化成为政治文化主流，从而限制了其外交政策的独立性。正式殖民后不久，美国就于 1916 年通过《琼斯法案》，扩大本地人参与政治的机会。1935 年，成立菲律宾自治政府，奎松当选为总统，美国则派以高级专员掌握主权并加以监督。总的看，美国采取了不同于西班牙的殖民制度，在政治上全面引进美式制度，在教育与语言上大力推广美国式学校与英语，在很大程度上改造了菲律宾的社会文化。通过以上诸种形式，在菲律宾政治精英与社会中形成了根深蒂固的亲美氛围。

---

① 参见 http：//databank. worldbank. org/data/download/GDP, pdf, http：//data. worldbank. org/indicator/NY. GDP. PCAP. CD。

② Renato Cruz De Castro, "Weakness and Gambits in Philippine Foreign Policy in the Twenty-first Century," *Pacific Affairs*, Vol. 83, No. 4, December, 2010, p. 700.

③ 参见孙立华《菲律宾的军事实力》，《学习时报》2012 年 5 月 21 日；陈庆鸿《菲律宾军事现代化及其前景》，《国际资料信息》2012 年第 8 期。

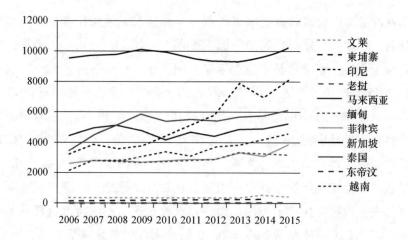

图4—1 菲律宾与其他东盟国家军事开支比较①
（单位：百万美元，以2014年不变价格计）

但也要注意的是，尽管菲律宾外交上总体亲美，但其政策常常随着其总统更换而出现较大的变化。这主要是因为：第一，菲律宾采用的是美国式政治体制，总统在外交领域有较大权力，菲律宾的外交因素受总统个人的认知和个性影响较大；第二，菲律宾的政治文化中仍然有威权因素，民众甚至其他政治力量在外交等重大问题上愿意跟从当选总统；第三，由于担心独裁统治卷土重来，菲律宾总统限定一任六年，政策因此缺乏连续性，变化较大。这种周期性政策变化使得菲律宾的外交政策并非一味地亲美反中，而是在不同的时期呈现出不同的侧重，使得中美在东南亚特别是南海的博弈呈现出复杂多变的态势。

二 中菲利益关系分析

中菲之间的利益争端主要是关于南海岛礁的主权归属。早在1975年建交之前，菲律宾对我南海相关岛礁就存有觊觎之心。1956年，菲律宾人托马斯·克洛玛（Thomas Cloma）宣布对33个岛礁及其附近海域拥有所有权。1968年，菲律宾就已分别在南沙群岛的南钥岛、中业岛和北子

---

① 斯德哥尔摩国际和平研究所网站（https：//www.sipri.org/sites/default/files/Milex-con-stant-USD.pdf）。

岛设立哨所，并先后占据了马欢岛、费信岛、西月岛、双黄沙洲、司令礁、仁爱礁等9个岛礁。[①] 1978年，菲律宾通过总统令的形式，声称对中国南沙群岛中的50多个岛、礁、沙、洲拥有主权，并称之为卡拉延群岛。1988年中越海战后不久，中菲在南沙也一度发生交火。[②] 但直到冷战结束后，南海争端并未为成为双边关系中大的问题。之所以如此，主要是因为当时南海争端尚不突出。此外，20世纪70—80年代，中国正处于从结束"文化大革命"的乱局到推动改革开放的关键时期，主要精力放在内政方面，对遥远的海疆无力经营，对菲律宾以争取为主。例如，从1974年至1984年，中国曾连续十年以低于国际市场20%的价格向菲律宾出售石油，占当时菲律宾市场需求的10%，在一定程度上缓和了70年代中期世界石油危机给菲律宾经济带来的困难。[③] 在这种友好关系的背景下，南海争端当时并未成为突出问题。

进入20世纪90年代，中国的海权意识开始觉醒。1992年2月25日，第七届全国人民代表大会常务委员会第二十四次会议通过《领海与毗连区法》，其中第二条明确规定："中华人民共和国的陆地领土包括中华人民共和国大陆及其沿海岛屿、台湾及其包括钓鱼岛在内的附属各岛、澎湖列岛、东沙群岛、西沙群岛、中沙群岛、南沙群岛以及其他一切属于中华人民共和国的岛屿。"对中菲南海争端而言，事情的转折点是1995年的美济礁事件。1995年2月，菲律宾军方宣布在美济礁"发现"中国的"军事建筑"，并以此为由把战斗机调到南沙群岛，在卡拉延增加驻军，并出动海军把中国在五方礁、半月礁、仙娥礁、信义礁和仁爱礁等南沙岛礁上设立的测量标志炸毁。[④] 为了缓和冲突，双方于8月进行了会谈并发表了联合声明，规定"有关争议应通过平等和相互尊重基础上的磋商和平友好地加以解决"，"双方承诺循序渐进地进行合作，最终谈判解决双方争议"。1996年，中国国家主席江泽民对菲进行国事访问，其间两国领导人同意建立面向21世纪的睦邻互信合作关系，并在南海问题上

① 李金明：《中菲南海争议的由来与现状》，《海交史研究》2013年第1期。
② Ian Storey, *Southeast Asia and the Rise of China: The search for security*, London and New York: Routledge, 2011, p. 254.
③ 方拥华：《中菲关系的回顾与展望》，《东南亚》2005年第4期。
④ 参见李金明《美济礁事件的前前后后》，《南洋问题研究》2000年第1期。

就"搁置争议，共同开发"达成重要共识和谅解。

虽然风波告一段落，但自此之后，菲律宾开始对中国有更多的戒心。一名菲律宾学者曾这样强调，"美济礁事件以后数周，中国在斯普拉特利群岛的'潜入式占领'（creeping occupation）被当作菲律宾参议院批准雄心勃勃的 15 年军队现代化计划的主要理由（尽管这一计划被随后的 1997 年亚洲金融危机破坏了）。1997 年 5 月，菲律宾海军摧毁仙宾礁（菲律宾称萨比纳礁，Sabina Shoal）的混凝土标志，并拔除中国人所置放的三个圆柱体浮标中的两个。对中国的恐惧也为 1999 年菲律宾参议院批准新的与美访问部队协议（VFA）铺平了道路。根据这一协议，美军被允许回到菲律宾进行训练和其他活动，这是美军在菲律宾设施被关闭后的首次。"① 还有学者提到，1998 年当选菲律宾总统、不太亲美的埃斯特拉达最初对访问部队协议的态度不冷不热，但在 1998 年晚些时候看到中国在美济礁扩建设施后，开始推动这一倡议。② 这些观点明显站在菲律宾的立场上，对中国行为的描述多有不实之词，但确实也反映出领土争端是影响中菲关系的主要问题。与此同时，菲律宾海警抓扣中国渔民，甚至撞沉中国渔船、枪杀中国渔民的事情也不断出现。中国和菲律宾建立了关于在南海建立信任措施工作小组，首次会议 1999 年 3 月 22 日至 23 日在马尼拉举行。但同年 5 月，菲律宾利用一艘旧军舰故意在仁爱礁搁浅，并向上面派驻士兵守卫，试图实现事实占领。这些事件表明，领土纠纷已成为中菲关系中的重大问题。

这一情况在阿罗约任菲律宾总统时期有所变化。2001 年年初继位的阿罗约十分重视中菲关系，她于当年 11 月对中国进行国事访问，访问期间两国领导人就保持高层和各层次的交往、进一步加强各领域的全面合作达成共识。2003 年伊拉克战争爆发后，菲律宾作为美国的盟友一度派兵前往。但在恐怖组织以菲律宾人质相威胁要求菲政府撤军时，阿罗约将部队撤出了伊拉克，引起美国的不满，美菲关系出现疏远。阿罗约政

---

① Aileen San Pablo-Baviera, "Waltzing with Goliath: Philippines' Engagement with China in Uncharted Waters", *Chinese Studies Journal*, Vol. 10, 2013, p. 21.

② Ian Storey, *Southeast Asia and the Rise of China: The search for security*, London and New York: Routledge, 2011, p. 258.

府因此进一步发展对华关系，而中国对此予以积极响应，特别是在经济上采取一系列举措，如把菲律宾纳入中国—东盟自贸区早期收获计划，推动双边贸易快速增长，而且让菲律宾获得贸易盈余。另外就是为菲律宾的基础设施提供优惠贷款，2003 年中国进出口银行签订协议，为北吕宋铁路提供 4 亿美元贷款，为南吕宋铁路提供 9 亿美元贷款；同意为菲律宾全国宽带网提供金融支持等。当时的大背景也对南海争端管控有利。2002 年 11 月 4 日，中国与东盟签署《南海各方行为宣言》，强调通过友好协商和谈判，以和平方式解决南海有关争议；在争议解决之前，各方承诺保持克制，不采取使争议复杂化和扩大化的行动，并可以在海洋环保、科学研究等方面开展合作。在此背景下，中菲开始在南海进行探索性的合作。2004 年 9 月，中国海洋石油总公司与菲国家石油公司签署协议，在南海部分海域联合开展海洋地震考察。此后越南也加入进来，三方于 2005 年 3 月在马尼拉签署了《在南中国海协议区三方联合海洋地震工作协议》（JMSU）。2007 年 1 月，温家宝总理对菲进行正式访问，双方在联合声明中强调，"南海三方联合海洋地震工作可以成为本地区合作的一个示范。双方同意，可以探讨将下一阶段的三方合作提升到更高水平，以加强本地区建立互信的良好势头。"①

　　但好景不长，南海合作迅速成了菲律宾国内政治斗争的牺牲品。2008 年，《远东经济评论》（*Far Eastern Economic Review*）发表的一篇文章指控，在签署《三方联合海洋地震工作协议》时，马尼拉做出了"惊人的让步"，因为地震勘测的区域包括菲律宾的专属经济区。阿罗约总统的反对者利用这篇文章，指控她的政府损害国家的领土权利，而且违反宪法。批评者还把《三方联合海洋地震工作协议》与中国政府对菲的官方发展援助项目联系起来。② 如众议院议长何塞·德贝内西亚（Jose de Venecia）指控，中国的主要海外发展援助，特别是政府基础设施项目，以及所有给菲律宾的软贷款，都通过回扣的方式使总统及其家庭受益。

---

　　① 《中华人民共和国和菲律宾共和国联合声明》，中华人民共和国外交部官网（http://www. fmprc. gov. cn/mfa_ chn/gjhdq_ 603914/gj_ 603916/yz_ 603918/1206_ 604162/1207_ 604174/t289365. shtml）。

　　② Ian Storey, *Southeast Asia and the Rise of China：The search for security*, London and New York：Routledge, 2011, p. 92.

《三方联合海洋地震工作协议》也被牵入其中，并因此受到参议院调查。由于被广泛视为对菲律宾领土的出卖，《三方联合海洋地震工作协议》在2008年三年期满后没有延期，此后与中国进行海上合作的想法都不可挽回地被有关腐败与背叛的猜疑所笼罩。① 与此同时，许多关键性的中菲经贸合作项目也因为被卷入菲律宾国内政治斗争与贪腐丑闻而受到牵连。例如，迫于政治压力和民间异议，阿罗约政府取消了中菲全国宽频网络合约，停止和取消与中国签署的系列大型融资、投资计划。受这种氛围影响，中菲在南海的合作不进反退。菲律宾2009年早些时候通过领海基线法案，中国对此进行了谴责，并派出一艘巡逻船到南海宣示主权，双边关系开始走低。尽管在阿罗约政府末期和阿基诺三世政府初期，中国还对发展与菲律宾关系抱有一定的期望，但南海局势日益成为一个重大阻碍。

总的来看，中菲所涉及的南海争端中岛屿面积虽然不大，但相关的海域有着重要的战略与经济意义。在海洋经济日益重要、海洋意识日益突出的今天，主权与安全、经济混合在一起，结果成为十分突出而且复杂的问题。而且，该争端的多方背景（不但中国的大陆与台湾、菲律宾卷入，越南对全部南沙群岛、马来西亚和对文莱对部分南海岛礁也声称拥有主权）使得局势更加复杂，而作为菲律宾盟友的美国因素的卷入，更为南海局势与中菲关系增加了变数。

三 菲美同盟

菲律宾是美国诸多条约盟友之一，但不同的是：它是其中唯一一个曾经被美国殖民的国家，这也导致了菲美同盟关系的特殊性。1946年，菲律宾首任总统曼纽尔·罗哈斯与美国政府签订了《美菲军事协助条约》，同意接受美方的军事援助。1947年3月14日，美国与菲律宾在马尼拉签订美在菲继续使用和扩大军事基地的协定，租用菲律宾23处陆海空基地，而且根据需要还可增加和开辟新的基地，在基地内美国享有广泛的治外法权。接着双方又于同年3月17日订立军事援助条约，规定美

---

① Jay L. Batongbacal, "The 2012 Scarborough Shoal Standoff: A Philippine Perspective," *Chinese Studies Journal*, Vol. 10, 2013, pp. 66–67.

国在技术上和物质上帮助菲律宾加强武装部队，并为菲律宾的安全和稳定服务。1951 年 8 月 30 日美菲在华盛顿签订《双边防御条约》，于 1958 年 8 月 27 日正式生效。这一条约构成了军事同盟的基础。条约第 2 条规定，缔约双方将以"自助和互助"的方式保持并发展"抵抗武装进攻"的能力；第 3 条规定，双方将通过外长或其助理随时协商条约的实施问题，在缔约国任何一方的领土完整、政治独立或安全受到武装进攻的威胁时应进行协商；第 4 条规定，在太平洋区域对缔约国任何一方的本土或在其管辖下的太平洋岛屿领土，以及对它在太平洋的军队、公用船只或飞机的武装进攻，将危及它自己的和平与安全，两国将依照各自的宪法手续采取行动，以对付共同危险。[1] 虽然菲律宾学者不无遗憾地指出，该条约并不包括自动反应条款，美国得以保持条约义务的模糊性。[2] 但条约毕竟把双边间的安全关系以法律的形式固定下来，建立相对稳定的同盟关系。根据条约精神，两国分别于 1958 年和 2006 年组成共同防务委员会（Mutual Defense Board）和安全应对委员会（Security Engagement Board），作为双方联络和磋商的常设机构。

　　双边之所以建立这一同盟关系，来自各自安全的需要。冷战之初，特别是在新中国成立后、越南共产主义革命正在蓬勃发展之时，美国需要在东南亚有这样一个坚定的盟友以抵御所谓的共产主义扩张。"从菲律宾的外部环境来看，1949 年中华人民共和国成立，1950 年朝鲜战争爆发，以及北越和法国在印度支那的战争日趋激烈。由于意识形态的差异，菲律宾将中国视为最严重的潜在外部威胁，尤其深怕中共向菲律宾'输出革命'，支持本国胡克的颠覆活动。这种对中国的恐惧感长期存在于历届菲律宾政府中，直到 1972 年中美关系改善才有所缓解。"[3] 至于领土安全，当时并不是菲律宾担心的主要方面，与中国的南沙争端还

---

　　① "The Mutual Defense Treaty between The Philippines and U. S. A. "（http：//www. chanrob-les. com/mutualdefensetreaty. htm#MUTUAL%20DEFENSE%20TREATY）.

　　② Renato Cruz De Castro，"The 21st Century Philippine-U. S. Enhanced Defense Cooperation A-greement（EDCA）: The Philippines' Policy in Facilitating the Obama Administration's Strategic Pivot to Asia"，*The Korean Journal of Defense Analysis*，Vol. 26，No. 4，2014，p. 433.

　　③ 吴浩：《越战时期美国与菲律宾的同盟关系——以美菲两国围绕菲律宾出兵越南问题的交涉为例》，《南洋问题研究》2015 年第 2 期。

不突出，与马来西亚的沙巴主权争端也要到 1962 年才被正式提出来。基于当时的冷战需要，美菲开展了紧密的军事合作。美国在菲律宾的驻军使得菲律宾可以长期把军事力量主要用于国内镇压叛乱，而且获得美国给予的军事和经济援助。作为回报，菲律宾积极参与了美国领导的朝鲜战争与越南战争，1954 年菲律宾还参加了由美国筹组的东南亚条约组织。

军事基地一方面成为美菲军事同盟的重要象征与纽带，另一方面也成为问题的根源。对菲律宾的民族主义者来说，外国军事基地被视为殖民主义的现代象征，而美军治外法权的存在则引起更多民众的愤怒。即使是在冷战时期，总的趋势是菲律宾在基地问题上体现出越来越多的民族主义，菲美同盟也因此而面临挑战。初期，双方一度就基地的主权问题产生争议。① 从 1957 年到 1961 年担任菲律宾总统的加西亚体现出了更多的民族主义，他提出"菲律宾第一"的口号，提议组建东南亚联盟，并成功地减少了军事基地的面积。② 经过多次谈判，双方于 1966 年达成协议，将军事基地协定的有效期缩短到 1991 年 9 月 16 日为止。自 1959 年至 1971 年，美国先后将 23 个军事基地中的 18 个交还给菲律宾。1979 年美菲在修订协定中正式确认，菲对基地拥有主权，将美国军事基地改称为菲律宾武装部队基地，基地上悬挂菲国旗，在基地设菲司令官，作为基地名义上的最高首长，并规定此后每五年对协定进行一次复审。③ 马科斯独裁政权被推翻后，新的 1986 年宪法规定：在 1991 年 9 月 16 日美菲军事基地协定期满以后，任何外国军事基地、军队或设施都不允许在菲律宾存在，除非就此问题签订的条约得到菲参议院 2/3 多数批准。期限到来之前，尽管菲律宾政府仍希望能与美达成适当延长美在菲律宾军事基地使用期的协定，但不少参议员毫无保留地反对，谈判中美菲在对使用基地的经济补偿和延长使用基地期限的问题上又存在严重分歧。④ 对美国来说，由于冷战已经结束，基地意义大大减少，加上克拉克空军基

---

① 参见俞亚克《战后菲美关系概论》，《东南亚》1987 年第 12 期。
② 同上。
③ 时永明：《菲律宾军事基地问题与菲美关系》，《国际问题研究》1991 年第 6 期。
④ 同上。

地附近火山爆发使得基地受损，美国选择了期满后撤出。菲美同盟还在，但其实际意义由于基地的消失而大大受损。

1999 年 5 月生效的《美菲访问部队协议》重新激发了菲美同盟的活力。自 1981 年以来每年度举行的美菲同盟的标志之一"肩并肩"（Balikatan）1995 年被暂停，直到这次协议的签订。这项协议对终止美菲军事基地协定之后美国部队进入菲律宾进行演习时的程序、法律待遇做出了正式安排。① 该协议批准后，美菲两国在第 41 届美菲协防委员会会议上达成协议，同意于 2000 年 1 月或 2 月恢复大规模的军事演习。《访问部队协议》只是冷战后美菲重新强化同盟迈出的第一步，它"没有条款规定美国为菲军的现代化提供援助，也没有改变华盛顿在领土争端中的立场"②。2014 年 4 月，正因南海仲裁案而与中国僵持对立的阿基诺三世政府与美国签署《增强防卫合作协议》（Enhanced Defense Cooperation Agreement），该协议除了对强化双方防卫合作进行规定外，还允许美军以轮换的方式使用菲律宾的军事基地与设施。2016 年 3 月，两国商定开放五个基地供美军使用，其中一个位于靠近南海的巴拉望群岛，但美国所要求的苏比克湾与克拉克空军基地未包括在内。这意味着美菲军事关系又进了一步，通过规避菲律宾宪法的方式事实上重开了美军在菲律宾的基地。2016 年 6 月，民族主义情绪浓厚的杜特尔特出任菲律宾总统，与美在人权议题上产生了激烈摩擦，大幅度调整了外交政策。他于 10 月首先访问了中国，然后是日本，并公布宣布与美国分道扬镳，还声称要减少甚至停止与美军的联合演习。但是，《访问部队协议》和《增强防卫合作协议》并没有被废除。而且，特朗普当选美国总统后，两国领导人均释放出了改善双方关系的信号。2017 年 11 月，特朗普在马尼拉参加东盟峰会并访问菲律宾，美菲发表联合声明宣称"致力于扩展合作和重申对强化双边同盟的承诺"，"重申对被《增强防卫合作协议》所加强的

---

① 菲律宾外交部网站（http://www.dfa.gov.ph/vfa/content/Primer.htm），访问日期：2016 年 12 月 5 日。

② Ian Storey, *Southeast Asia and the Rise of China*：*The Search for Security*, London and New York：Routledge, 2011, p. 258.

1951 年《双边防御条约》的承诺".① 这表明杜特尔特无意在实质上损害与美国的同盟关系。

美菲同盟结构的存在对中菲关系，进而对中美在东亚关系产生了重要影响，其原因在于南海争端的存在。尽管美国宣称对争端的领土主权问题不持立场，但事实上在每次南海争端爆发时均通过派遣军舰访菲、联合军事演习等武力宣示的方式对菲律宾加以支持。而且，所谓"不持立场"这一立场本身是可以根据美国的需要而调整的，不能排除美国在需要时将争议岛礁视为"菲律宾领土"而在冲突中援助菲律宾的情况。而且，即使美国坚持领土不持立场的原则，如果菲律宾的海军或海岸警卫队遭到攻击，或是军机被击落和军人受到伤害，那么也可能产生是否援引美菲防御条约的问题。② 而美军在菲律宾基地的重开与常驻，则为美军在必要时卷入提供了现实的力量基础。因此，以菲律宾因素为中介，中美在南海冲突的可能性进一步增加了。

第二节　从阿基诺到杜特尔特：菲律宾与中美博弈态势变化

从阿基诺三世政府（2010—2016）至杜特尔特政府（2016 年起）时期，是中美菲三边关系以及相关的南海局势迅速变化的时期，三方之间的复杂关系以及第三方的主动性在影响中美博弈态势方面的作用，都在菲政府更替的过程中得到了充分说明。在这一时期，以下事实也再次得到了强调：利用第三方牵制中国是美国的常用手段；第三方引起冲突的危险性；以及第三方自身的政策起着重要的作用。

一　菲律宾与奥巴马政府的亚太再平衡

奥巴马政府上台后即提出亚太东移也就是后来所说的亚太再平衡政

---

① Philippines-US Joint Statement Manila, 13 November 2017（https：//www. dfa. gov. ph/dfa-news/statements-and-advisoriesupdate/14633-joint-statement-between-the-united-states-of-america-and-the-republic-of-the-philippines）.

② Bonnie S. Glaser, "Conflict in the South China Sea", New York：council on Foreign Relations, April 2015, p. 2.

策，其政策除了重申美国的领导地位、寄希望于亚太恢复美国的经济之外，也不可避免地有牵制中国的目的。但在奥巴马的战略设计中，这种牵制在安全领域并非由美国直接打头，而是借助与中国存在矛盾的亚太盟友对中国进行战略干扰，同时为美国的进一步政治军事存在提供理由和夯实桩脚。而与中国存在南海争端的盟友菲律宾，当然就是执行这一战略的理想对象。但是，这一战略也必须得到菲律宾政府的配合才能实现。在阿罗约总统任职末期，虽然中菲关系已经由于一系列合作丑闻而大受拖累，但阿罗约的友华政策基调并没有变。所以，在奥巴马政府刚开始布局亚太时，并没有将菲律宾当作重点。2009 年 2 月，国务卿希拉里·克林顿把亚洲当作首访地，访问国家包括日本、印尼、韩国和中国。同年 11 月，奥巴马总统开展首次亚洲之旅，访问国家包括日本、新加坡、中国、韩国。两趟行程中都没有菲律宾。

　　但是，阿基诺三世于 2010 年 6 月就职后，情况马上发生了变化。阿基诺三世是打着反阿罗约旗号赢得选举的，从而让美国看到了机会。为了迅速提升美菲关系，美国在不到半年的时间里，先后向菲律宾提供了 1.4 亿美元的直接经济军事援助和 4.34 亿美元的援助合同。2010 年年底，美国又将"全球合作伙伴计划"适用范围扩大到亚洲，使菲律宾成为亚洲首个受惠于美国这一战略合作计划的国家。[1] 很凑巧的是，正好是在阿基诺三世就职后不久的 2010 年 7 月 23 日，希拉里·克林顿在东盟地区论坛外长会上声称美国在维护南海航行自由方面拥有"国家利益"，反对在南海问题上进行"胁迫"，反对使用武力或以武力相威胁。对此，菲律宾学者也指出，"华盛顿深化与马尼拉同盟关系的努力不仅希望挫败那些（活跃在南部）的恐怖主义团体，还旨在反击北京对菲律宾的政治和经济影响。"[2] 对此，阿基诺三世政府是积极响应的。在 2010 年 7 月的东盟地区论坛上，菲律宾直截了当地对中国在南海上日益增长的"咄咄逼人"

---

　　① 鞠海龙：《中菲海上安全关系的突变及其原因与影响》，《国际安全研究》2013 年第 6 期。

　　② Renato Cruz De Castro, "The 21st Century Philippine-U. S. Enhanced Defense Cooperation Agreement（EDCA）: The Philippines' Policy in Facilitating the Obama Administration's Strategic Pivot to Asia," *The Korean Journal of Defense Analysis*, Vol. 26, No. 4, 2014, pp. 431 – 432.

表示了关切。① 2011 年 1 月，菲美举行了第一次双边战略对话，负责东亚事务的助理国务卿坎贝尔宣布奥巴马政府将致力于强化菲律宾军队的能力，以巡逻其水域。而菲律宾外长、前驻美大使罗萨里奥则称美国是菲律宾"唯一"的战略伙伴。2011 年，中菲在南海的摩擦显著增加。其中菲律宾采取的主动行为有：2011 年 3 月在礼乐滩进行石油钻探活动，结果石油勘测船被两艘中国巡逻船驱离，而菲军方则派出飞机应对。5 月，菲律宾海军又移除中国设置在牛车轮礁、安塘滩、礼乐滩上所设置的标识。也是在这个月，阿基诺政府采购了退役的美国海岸警卫队的汉密尔顿级驱逐舰（并计划获得另外三艘），并将其重新命名为"德尔毕拉尔"（BRP Gregorio del Pilar）号，作为海军的新旗舰用于海上安全与主权巡逻。7 月，菲律宾国会议员、士兵、记者和官员宣示性地访问了其在南沙所控制的最大岛屿中业岛。阿基诺在该月发表的国情演讲中，表示菲律宾已准备好使用武力保卫其在南中国海的领土，并发誓要增加国防预算，提升军队的能力并购买新的船只与武器。②

中国试图挽救走下坡的中菲关系。2011 年 5 月，中国国防部长梁光烈访问菲律宾，两国防长还发表了旨在确保南海稳定的联合声明。同年 8 月，在阿基诺访华期间，双方"同意不让海洋争端影响两国间的友谊与合作关系"，中方承诺对菲进行数十亿美元的投资，到 2016 年将双边贸易提高到 600 亿美元。2011 年，中菲贸易迅速增长，其增长比例为 17.9%，远高于日菲贸易的 5.5% 和美菲贸易的 1.7%。③ 但接下来菲律宾的行为不能让中国放心。就在阿基诺访华结束后当天，菲律宾武装力量总参谋长奥班将军表示菲律宾海军明年将从美国购买第二艘汉密尔顿级巡逻舰部署在南海，以提升菲律宾海军的巡逻能力。2011 年 10 月，菲律宾海军船只和一艘中国渔船在礼乐滩附近相撞，菲律宾方面表示这是一次事故，并向中国方面表示道歉。但这一事态并不足以扭转南海整体局势的下滑。相反，美菲之间合作趋势日益明显。2011 年 11 月 16 日，

---

① Thomas Lum, *U. S. -Philippines Security Ties*, *Military Relations*, *and Conterterrorism Coopera-tion*, Congressional Research Service, p. 22.

② Ibid. , p. 26

③ Ibid. , p. 23.

希拉里·克林顿与罗萨里奥在马尼拉湾签署《马尼拉宣言》，纪念相互防御条约六十周年。随后，就在奥巴马首次出席的东亚峰会期间，阿基诺提出了"和平、自由、友谊与合作区"（Zone of Peace, Freedom, Friendship, and Cooperation, ZoPFF/C）的建议，提出要区分争议区与非争议区，并在争议地区实现非军事化。对中国来说，这份倡议的挑战性在于：一是实际上否定九段线的地位，使得中国可声索的范围大大缩小；二是在多边场合提出这一问题。与此同时，菲律宾拒绝了中国在"其专属经济区"进行共同开发的提议。① 2012 年，菲律宾政府向外国石油公司发出邀请，对南中国海的油气田进行投资。这些都使得中国对阿基诺三世政府的意图产生了严重的疑虑。

在这种情况下，中国在黄岩岛对峙事件中采取强硬态度也就毫不令人意外。2012 年 4 月 10 日，菲律宾海军企图在南海黄岩岛附近抓扣中国渔民，被中国海监船制止，双方随后发生对峙，中菲关系滑到紧张边缘。最后，菲律宾船只撤走，中国实际控制了黄岩岛。此一事件后，菲律宾彻底倒向美国。2012 年 4 月 16 日，就在黄岩岛对峙开始之际，美菲举行了"肩并肩"军演。2012 年 4 月 30 日，美菲外交、防长举行"2 + 2"会谈。在黄岩岛对峙期间，菲律宾国防部长加斯明放出风声，说美国国务卿希拉里和国防部长帕内塔向菲律宾保证，将遵守 1951 年签署的共同防御条约。② 而美国海军陆战队太平洋战区指挥官杜安·蒂森中将也重申，美国将履行《美菲共同防御条约》规定的义务。③ 作为这一"承诺"的体现形式，当时美国还派出了弗吉尼亚级攻击性潜艇"北卡罗来纳"（North Carolina）号抵达苏比克湾。2012 年 6 月，中菲双方仍在黄岩岛对峙之际，美国国防部长帕内塔在新加坡香格里拉对话会上正式宣布，美国的海军将于 2020 年前将其大部分舰艇部署到太平洋地区。2012 年 9 月 5 日，菲律宾总统阿基诺三世签署命令，将所谓"卡拉延群岛"所在及

---

① Thomas Lum, *U. S. -Philippines Security Ties*, *Military Relations*, *and Conterterrorism Cooperation*, Congressional Research Service, p. 26.

② 《菲律宾称美国将遵守条约 保护菲免受任何攻击》，2012 年 5 月 10 日，中新网（http: //www. chinanews. com/gj/2012/05—10/3877309. shtml）。

③ 《美公开介入中菲南海对峙 称要履行共同防御条约》，2012 年 4 月 26 日，凤凰网（http: //news. ifeng. com/mil/4/detail_ 2012_ 04/26/14160595_ 1. shtml）。

周围海域命名为所谓的"西菲律宾海"。此外，中方也开始采取一系列反制措施。2012年5月10日，中国国家旅游局发出旅游安全提示，特别提醒中国游客除非必要暂缓前往菲律宾旅游。菲律宾不顾中国强烈抗议正式提交仲裁后，中国开始在自己控制的岛礁上进行陆域吹填和相关设施建设。阿基诺三世时期的菲律宾，也成为美国牵制中国的一个强硬的桥头堡。

二　美国联菲制华的主要体现

美国利用菲律宾、牵制中国在阿基诺三世时期体现得尤其明显，特别是在2014年至2016年期间达到高潮。具体体现在如下方面。

第一，强化同盟关系框架。2012年开始，美菲定期举行年度国防部长与外交部长的"2+2"对话，加大双边和多边联合军事演习的规模和频率。① 2014年4月，美国总统奥巴马访菲，行前双方签署了《增进防卫合作协议》（Enhanced Defense Cooperation Agreement，EDCA），其协议的主要内容是美国部队可以通过轮换驻扎的方式扩大在菲律宾的军事存在。与1998年签订的旨在为参加演习的美军部队开绿灯的《部队访问协议》相比，《增进防卫合作协议》事实上允许美军重开军事基地，不过是以"轮换"的方式规避了宪法的限制。正因为如此，这一协议在菲律宾国内引起争议。参议院坚持认为这是条约，应该交由参议院审议、批准。但最后最高法院支持了政府的意见，认为这只是协议。在2014年访菲期间，奥巴马公开宣称，"我们保卫菲律宾的承诺坚不可摧，美国将信守这一承诺。"② 同年10月，美国驻菲大使菲利普·戈德伯格也公开表态，美国对菲律宾的承诺坚定不移，"在语言和行动上"都得到了充分体现。③

第二，强化在菲律宾的军事存在。根据《增进防卫合作协议》，菲律宾提议开放八个军事基地供美军使用。最后协商下来，于2016年3月确

---

① 张洁：《南海博弈：美菲军事同盟与中菲关系的调整》，《太平洋学报》2016年第7期。

② Michaela Del Carllar, "Obama tells PHL, US troops: US will defend the Philippines," April 29, 2014 （http://www.gmanetwork.com/news/story/358797/news/nation/obama-tells-phl-us-troops-us-will-defend-the-philippines）.

③ Pia Lee-Brago, "US denies 'shaky' security commitments with Phl"（http://www.philstar.com/headlines/2014/10/26/1384541/us-denies-shaky-security-commitments-phl）.

定了五个，分别为巴拉望岛的安东尼奥·包蒂斯塔空军基地，菲首都马尼拉北面的巴萨空军基地、吕宋岛中部帕拉延市的马格赛赛堡基地、南部棉兰老岛的伦维亚空军基地，以及中部城市宿务的麦克坦－贝尼托·埃本空军基地。但不包括更为敏感和具有标志性意义的苏比克湾和克拉克空军基地。时任美驻菲大使菲利浦·戈德伯格告诉媒体记者，协议有效期为 10 年，美军将"很快"展开在这些基地的人员部署及相关后勤工作。①

　　第三，帮助菲律宾提升军力。为了感谢菲律宾的配合，"与《增进防卫合作协议》配套实施的还有为期五年、总额 4.25 亿美元的《东南亚海事安全倡议》，该项目由美国国防部承担，意在为东南亚国家的国防建设提供援助，而菲律宾则是其中最大的受益国，例如，仅在 2016 财年，美国通过这一倡议就将向菲提供 4200 万美元的援助，占到本年度整个倡议资助总额的 85%。"② 菲律宾时任驻美大使扶西·奎舍在 2016 年曾表示，美国当年已拨款超过 1.2 亿美元军援给菲律宾，金额为 15 年来最高，而 2015 年仅为 5000 万美元；马尼拉还在美国洽谈第四艘汉密尔顿级巡逻舰的军购，以加强菲律宾的海域巡逻。③ 在美国的鼓励下，菲律宾大力发展军力，其中多数可用于南海争端方面。例如，2015 年 7 月，阿基诺批准了总价值接近 600 亿比索军队现代化军购清单，其中包括：180 亿比索的两艘海军护卫舰、26.8 亿比索的三套防空雷达、49.7 亿比索的六架近空支援飞机、8.64 亿比索的多功能攻击机、11.16 亿比索的夜战系统、两架 C－130 大力神运输机和 54 亿比索的两架海军直升机等。④ 2015 年 8 月 15 日，菲律宾空军与海军宣布将在苏比克自由港建立基地，让战斗机及护卫舰可以即时回应争议海域发生的紧急情况。稍早，菲空军代表检查了苏比克湾国际机场，并拟支出 1 亿比索修改部分设施，采购的一些最新设备与飞机据悉将落户在此。⑤ 根据菲律宾《世界日报》的报道，这里的海军基地将成为向美国所购的 2 艘汉密尔顿级巡逻舰的母港。

---

① 《菲律宾向美国开放五座军事基地 其中一座基地靠近南沙》，2016 年 3 月 21 日，新华网（http：//www.cq.xinhuanet.com/2016—03/21/c_1118387802.htm）。

② 张洁：《南海博弈：美菲军事同盟与中菲关系的调整》，《太平洋学报》2016 年第 7 期。

③ 《美军援菲 1.2 亿美元创 15 年新高》，（菲律宾）《世界日报》2016 年 4 月 9 日。

④ 菲律宾《世界日报》网站，2015 年 9 月 14 日（http：//worldnews.net.ph/post/45670）。

⑤ 菲律宾《世界日报》2015 年 8 月 14、15 日。

第四，联合军演与巡逻。联合军演是美国强化与盟友关系的重要内容。根据美国国防部的报告，2015 年美国共与菲律宾进行了 400 多次的"计划好的事件"，其中包括重要的"肩并肩"（Balikatan）联合演习，超过 15000 名美国、菲律宾和澳大利亚军人和来自日本的观察员参加了在苏禄海举行的领土防御演习。[①] 更加危险的是，2016 年 1 月 12 日，美菲外长防长举行"2+2"会议，双方探讨在南海联合行动的可能性。其结果是，2016 年 4 月起，正在实施所谓"航行自由行动计划"的美国拉上菲律宾在南海海域实施海空联合巡逻。美方这样的做目的在于为军力薄弱的菲律宾壮胆，从而鼓励它采取更加"勇敢的"对抗中国的行动。

第五，鼓励并支持菲律宾提出的仲裁案。就南海岛礁权益问题向联合国海洋法仲裁庭提起诉求、实际上企图瓦解中国九段线主张的合法性，是阿基诺三世政府做出的一项重大外交决策，也正是这项政策，把中菲关系推入彻底的低谷。2013 年 1 月 22 日，阿基诺政府不顾中国政府的强烈反对，单方面就中菲在南海的有关争议提起仲裁。2015 年 10 月 29 日，仲裁庭做出管辖权和可受理性问题的裁决。2016 年 7 月 12 日，海牙国际仲裁法庭对南海仲裁案做出"最终裁决"，判菲律宾"胜诉"，并否定了"九段线"，还宣称中国对南海海域没有"历史性所有权"。对这个处心积虑弄到的裁决，对中国来说只是一张"废纸"[②]，而美国和菲律宾则视之为"历史性胜利"。中国一直怀疑美国介入了菲律宾仲裁决策。不管最后的真相如何，事实上确实是美国一直在为菲律宾提起仲裁案打气。除了在军事上派出军舰进行"航行自由行动计划"、与菲联合巡逻之外，美国还在政治上、外交上配合菲律宾，对中国施加压力。例如，美国助理国务卿拉塞尔 2014 年 2 月 5 日在国会听证会上要求中国就南海九段线做出明确说明，并指出中国划设防空识别区是向错误方向迈出的严重一步。另外，拉塞尔还向议员表示，美国政府针对南海以及中国制定了充分的机密战略。[③] 2015 年 7 月，拉塞尔说，当涉及遵守国际法的问题时，美国

---

① US DoD, *Asia-Pacific Maritime Security Strategy*, August 14, 2015, p. 24.

② 《戴秉国：南海仲裁结果不过废纸一张》，2016 年 7 月 6 日，凤凰网（http://news. ifeng. com/a/20160706/49302655_ 0. shtml）。

③ 《美助理国务卿要求中国明确说明南海九段线的意义》，2014 年 2 月 7 日，凤凰网（http://news. ifeng. com/mil/3/detail_ 2014_ 02/07/33573010_ 0. shtml）。

不会维持中立，将全力支持遵守规则的立场。① 在仲裁案出台前后，美国还做起各国的工作，游说它们支持仲裁。

三　中美博弈升级及其危险性

自"八九政治风波"以来，中国在外交上长期奉行韬光养晦的政策，在领土争端问题上也总体保持低调。但面对南海权益不断遭到侵蚀以及中国的国力增强的现状，中国国内也出现了对韬光养晦战略要加以反思的声音，提出在南海等涉及主权利益的问题上不应该再让步。在进入 21 世纪第二个十年时，这种情况表现得更为明显。2009 年 5 月，中国向联合国秘书长提交了附有南海九条断续线地图的外交照会。根据希拉里·克林顿的说法，在 2010 年 5 月举行的中美战略和经济对话上，中方第一次把南海争端描述为与台湾、西藏问题并列的中国"核心利益"。② 事实上，在南海是否明确为核心利益的问题上，中国国内还存在争议。但毫无疑问的是，中国在维护主权利益方面的坚决姿态越来越明显。2010 年底，戴秉国国务委员在外交部网站上撰文概括了中国的核心利益范畴："一是中国的国体、政体和政治稳定，即共产党的领导、社会主义制度、中国特色社会主义道路；二是中国的主权安全、领土完整、国家统一；三是中国经济社会可持续发展的基本保障。这些利益是不容侵犯和破坏的。"③ 国务院新闻办公室 2011 年 9 月 6 日发表《中国的和平发展》白皮书也强调："中国坚决维护国家核心利益"，并明确规定"中国的核心利益包括：国家主权，国家安全，领土完整，国家统一，中国宪法确立的国家政治制度和社会大局稳定，经济社会可持续发展的基本保障"。④ 2012 年 4 月开始的黄岩岛事件就是在这种背景下发生的，中国不会主动采取行动改变南海现状，但对于对方的侵权或挑衅行为，越来越趋向于

---

① 《对南中国海问题 美国表示不会"中立"》，2015 年 7 月 23 日，联合早报网（http：//www. zaobao. com. sg/special/report/politic/southchinasea/story20150723 - 505974）。

② Hillary Rodham Clinton, *Hard Choices*, New York：Simon & Schuster Paperbacks, 2014, pp. 67 - 68.

③ 《戴秉国：中国的核心利益有三个范畴》，2010 年 12 月 7 日，凤凰网（http：//news. ifeng. com/mainland/detail_ 2010_ 12/07/3379812_ 1. shtml）。

④ 《中国的和平发展》白皮书，2011 年 9 月 6 日，人民网（http：//politics. people. com. cn/GB/1026/15598625. html）。

毫不犹豫地进行强力反击。也正是基于这一逻辑，针对岛礁设施一直落后，而且越南、菲律宾等相关方面一直在进行建设活动的做法，中国自2014年以来也开始了自己的岛礁建设活动，但被菲律宾和美国方面大力渲染，并被美国当作军事介入、开展所谓航行自由行动的借口。

美国的介入增加了双方间间接结构冲突的可能。阿基诺三世时期的菲律宾在美国的鼓励和支持下，派出越来越多的海军、海警力量进入南海海域，抓扣中国渔民。一旦中菲两国军事遭遇并发生冲突，就会面临美国卷入进而发生中美冲突的风险。因为根据《双边防御条约》第4条规定，在太平洋区域对缔约国任何一方的本土或在其管辖下的太平洋岛屿领土，以及对它在太平洋的军队、公用船只或飞机的武装进攻，将危及它自己的和平与安全，两国将依照各自的宪法手续采取行动，以对付共同危险。将"在太平洋的军队、公用船只或飞机"而不只是领土视为条约覆盖对象，使得中菲舰机相遇都成为危险的事情。而判定某一事件是菲律宾受到"武装进攻"，或仅仅是意外摩擦，在很大程度上是可以任意解释的，这就增加了由于故意或误判进入中美冲突的可能。可能也是意识到这种风险，据说在黄岩岛对峙事件中，美国在幕后进行了斡旋，而不是澄清它是否应该根据《双边防御条约》做出军事反应。[①] 尽管黄岩岛对峙最终没有上升为武装冲突，更没有演变成中美冲突，但类似甚至更严重的事件仍然可能再次发生。一个可能的触发点是仁爱礁。1999年5月9日，菲律宾海军派遣一艘破旧的坦克登陆舰"57"号舰故意在仁爱礁坐滩，派士兵长期驻守、定期轮换，并在2012年中菲黄岩岛对峙发生之后强化在仁爱礁及其他菲占中国南沙岛礁的驻军。对此，中国当然是不甘心的，除了不断提出外交抗议、进行交涉之外，也派出船只对其进行巡逻。2014年3月，出现了菲律宾士兵乘渔船强行突破中国海警船封锁、向废弃军舰提供人员换防和物资补给的事件。2015年3月，菲律宾海军又给军舰上的士兵运送补给物品并遭到中国执法船的追逐。由于需要不

---

① Jim Komez, "Philippine diplomat to China: Don't turn shoal into island," *Philstar*, 15 May 2016 (http: //www. philstar. com/headlines/2016/04/13/1572446/philippine-diplomat-china-dont-turn-shoal-island); Ashley Townshend, "Duterte deal with China over Scarborough Shoal exposes US failure," October 31, 2016 (http: //edition. cnn. com/2016/10/31/opinions/philippines-china-us-scarborough-shoal-south-china-sea/).

断给舰上士兵进行补给并给可能锈蚀的军舰进行加固，菲方的活动有可能继续增加，从而增加了中菲摩擦的可能。而该舰的军舰性质，进一步增加了摩擦上升为军事冲突并导致美国卷入的可能性。

另外，美国的介入还增加了中美直接摩擦、对峙甚至冲突的可能。为了应对《联合国海洋法》通过后的各沿海国海洋权益增加的新形势，美国的回应不是批准《联合国海洋法》，而是推出了宣示美国权力的所谓航行自由计划（FON）。自 2009 年奥巴马执政以来，美国对航行自由计划进一步重视，其重心就是东南亚。[①] 自那以后，中美之间发生了诸多遭遇和摩擦事件，其中主要有：2009 年 3 月初，美国海军观测船"无瑕"号进入南海海域，遭到中国 5 艘船只跟踪并逼近；2013 年 12 月 5 日，美国海军提康德罗加级导弹巡洋舰"考本斯"号，在南海海域监视中国海军辽宁舰航母，与一艘中国两栖战舰"迎面遭遇"；2015 年 5 月 11 日，美国海军"沃斯堡"号濒海战斗舰驶近中国南沙群岛岛礁之一南威岛，中国海军派出一艘护卫舰紧密监视；2015 年 10 月 27 日，美军导弹驱逐舰"拉森"号进入中国南海南沙群岛中的渚碧礁邻近的 12 海里水域，受到中国海军"兰州"号导弹驱逐舰和"台州"号巡逻舰的跟踪、告诫、警告；2016 年 1 月 30 日，美国"柯蒂斯·威尔伯"号驱逐舰擅入属于西沙群岛的中建岛区域 12 海里。在中国进行南海岛礁建设期间，美国派出侦察机飞临中国正在扩建的岛礁的上空，从而引起战略界和舆论界对中美可能在南海爆发军事冲突的担心。[②] 这些措施表明美国不惜最大限度地扩张其海洋利益并不断地测试、挑战中国的战略底线。对此，中国也不想示弱，结果 2016 年 12 月 16 日就出现了美军潜航器在南海被中国海军"没收"的事件。这表明，尽管双方一直在就海空相遇安全的规则问题保持沟通、磋商并取得不少进展，但如果双方的战略意图是对抗性的，并蓄意采取一些危险性的动作，那么这些规则就会被故意规避或不发生作用，中美之间发生直接摩擦与冲突的可能性大大上升。

① 张景全、潘玉：《美国"航行自由计划"与中美在南海的博弈》，《国际观察》2016 年第 2 期。

② 《中美南海军事冲突的可能性有多大》，《环球时报》2015 年 5 月 25 日。

四 杜特尔特上台的影响

尽管奥巴马的对华战略在 2016 年上半年达到了高潮，但后半年却急转直下、形势大变，其主要原因在于菲律宾国内政局变化，一个来自棉兰岛的特立独行者杜特尔特当选新总统。区别于来自大马尼拉地区的传统政客，杜特尔特对外交与南海问题的见解与阿基诺三世所代表的亲美势力完全不同，他采取了完全不同的外交路线。主要体现在：第一，事实上搁置裁决，与中方共同管控南海局面。杜特尔特于 2016 年 6 月 30 日就任，7 月 12 日南海仲裁裁决出台。在 7 月 25 日发表的国情咨文中，杜特尔特虽然表示"强烈支持和尊重"裁决，但事实上采取了冷处理的态度，并没有借此对华施压。第二，积极探索与中国改善关系，并将中国作为就任后出访的第一个东盟以外的国家。杜特尔特就任总统后首批接见的外国大使中就有中国驻菲律宾大使，就任前还曾多次会见。相反，美国时任驻菲大使罗德里戈多次求见却不可得。2016 年 8 月，杜特尔特又派前总统拉莫斯为总统特使前往香港，与中方前驻菲律宾大使傅莹举行会谈，为改善中菲关系"试水"。经过不断接触，中方于 10 月 18—21 日在北京隆重接待了来访的杜特尔特，双方领导人握手言欢，达成诸多经贸合作协定，杜特尔特甚至在一次演讲中当着中国高层领导人的面说要与美国"分手"。另外，两国还签署《中国海警局和菲律宾海岸警卫队关于建立海上合作联合委员会的谅解备忘录》，南海局势迅速降温。第三，拉低对美国关系的层次。杜特尔特在竞选期间就对美国总统奥巴马和驻菲大使罗德里戈爆粗口，导致奥巴马在 2016 年 9 月东盟峰会期间取消与他的会晤。在 12 月亚太经合组织会议期间，杜特尔特则自曝假装生病回避与奥巴马见面。更重要的是，杜特尔特多次放话要停止与美联合巡逻、减少与美国的军演、关闭美国的军事基地，甚至是停止《增强防卫合作协议》等。而美国则以取消一些军售项目和停掉一些援助作为回应。

新总统的政策转变是有原因的：第一，杜特尔特的个人认知。在菲律宾的政治光谱中，杜特尔特是一个偏向左派的人物，曾经与一直和政府作对的菲共人民军关系良好，甚至一度称自己相信"社会主义"，这与传统的马尼拉政客大相径庭。他成长于棉兰岛，美国在占领菲律宾的过程中，曾对棉兰岛上的原住民进行屠杀，也在杜特尔特心中留下不愉快的印象。另外，他认为美国的情报机构卷入了帮助一个美国人逃脱爆炸罪犯指控的事，而他当年就是事发地达沃市的市长。① 第二，反毒等议题上的分歧加深了他对美国的敌视与中国的亲近。反毒是杜特尔特在竞选中提出的重要主张，他在执政后推出严厉的反毒政策。根据菲律宾警方的资料，仅仅从杜特尔特上任到 12 月中旬，已有超过 2100 名涉毒嫌疑人因"拒捕"而被执法人员击毙，另有将近 2900 人被不明人士杀害，外界则视为"法外处决"。对此，美国给予了严厉批评，而杜特尔特则反击美国无权说三道四。相反，中国则对其禁毒努力表示理解并提供了实际上的帮助，如中国商人出资建设戒毒所等。在经济发展方面，杜特尔特也比较认同中国那种投资实业、吸引外资的做法，而不是像阿基诺那样依赖海外菲劳汇款与服务外包产业的收益。第三，实用主义的执政风格，即认定南海对抗对菲没有好处，所以愿意发展对华关系以获取实际上的好处。根据菲律宾贸易与工业部的数据，即使是在中菲关系深陷低谷的 2015 年和 2016 年前三个季度，中国市场已成为菲律宾的最大出口国（加上香港）和进口国。② 与此同时，美国仍是菲律宾最大的外来投资国、第二大的官方援助国，以及主要的海外菲劳汇款（占到菲 GDP 的十分之一）的主要来源国。③ 正是由于这种实用主义立场，杜特尔特一直没有公开说要放弃裁决，甚至还偶尔放言总有一天要执行裁决。在批评美国方面，也是嘴仗多于实际行动，虽然不再有联合巡逻、联合军演也有望减少，菲律宾与美军事同盟关系并未实质上动摇。

面对杜特尔特政策的转变，奥巴马政府除了派出特使、保持观察外，由于其任期已近尾声，已来不及进行重大的反应与政策调整。2017年 1 月 20 日，与杜特尔特个性相近、都被称为"大嘴"特朗普上台，

---

① Prashanth Parameswaran, "The Limits of Duterte's US-China Rebalance: A deeper look at Rodrigo Duterte's effort to 'rebalance' ties between the United States and China," *The Diplomat*, October 24, 2016 (http://thediplomat.com/2016/10/the-limits-of-dutertes-us-china-rebalance/).

② 菲律宾贸易与工业部网站数据，访问日期：2016 年 12 月 5 日（https://drive.google.com/file/d/0B0ilL7KAK3i5b0JCTDlLYm8xTVk/view）。

③ Prashanth Parameswaran, "The Limits of Duterte's US-China Rebalance: A deeper look at Rodrigo Duterte's effort to 'rebalance' ties between the United States and China," *The Diplomat*, October 24, 2016 (http://thediplomat.com/2016/10/the-limits-of-dutertes-us-china-rebalance/).

菲美关系又开始出现一些新的变化。杜特尔特一度被人称为"菲版特朗普"。他也公开放出了喜欢特朗普、愿意同他打交道的想法。另一方面，特朗普对于人权议题不感兴趣，从而拔掉了美菲冲突中的一根重要导火索。在特朗普当选后，杜特尔特即致电表示祝贺，而特朗普在电话中对杜特尔特打击贩毒的做法给予了肯定，还邀他2017年访问白宫。特朗普上任后，虽然一如既往地批准了军方在南海的航行自由行动，但占据其首要外交政策议程的是朝核问题，并且希望取得中国在朝核问题上的合作，因此暂时无意在南海与中国对抗。这就为杜特尔特的进一步政策调整创造了空间。2017年5月，杜特尔特为了参加"一带一路"国际合作高峰论坛而第二次访华，他归国后即对媒体表示，菲律宾愿意同中国和越南共同勘探南海的自然资源。在8月2日至8日举行的第50届东盟外长会议上，菲律宾作为东道主，主动地不在《联合公报》中提及南海仲裁案。菲外长卡耶塔诺强调，南海的和平稳定最为重要，菲律宾不希望南海再起争端。针对美日澳三国近日就南海问题另外发表声明，他警告南海域外国家，菲律宾是独立主权国家，不需要其他国家告诉菲律宾做什么。① 总的来看，杜特尔特政府的政策就是把美菲同盟关系与南海议题隔离开来，在中美之间奉行一种更加平衡的政策。这就使得中菲之间的南海争议与中美竞争在一定程度上隔离开来，有利于管控中美冲突。自2016年下半年来，中美在南海上保持了相对的平静，较少有先前舰机"密切接触"的情况发生，与菲律宾的政策转变有很大的关系。

杜特尔特的政策调整是第三方的主动性影响中美关系的一个典型例证。实际上，类似的变化也发生在从阿罗约到阿基诺时期。在阿罗约时期，她在恐怖分子绑架菲律宾人质的情况下，不顾美国的反对将部队从伊拉克战场撤回，从而导致美菲关系倒退。她转而大力发展对华关系，双边关系一度进入"黄金时期"。但是，2010年阿基诺三世接任总统后，即采取了疏离中国、亲近美国的立场，如将军队的重点从国内安全转向领土防卫、推进更紧密的菲美安全关系、购买美国军事装备、根据《相

① 《菲律宾外长：南海的和平稳定最为重要》，2017年8月8日，新华网（http：//news. xinhuanet. com/world/2017—08/08/c_ 1121452344. htm）。

互防御条约》寻求华盛顿更明确的安全保证。① 特别是在南海问题上，他与美国一拍即合，向联合国海洋仲裁法庭提交仲裁，意图否定中国的九段线，结果使得中菲关系陷入空前低谷。从阿罗约到阿基诺三世，再到杜特尔特的政策反复，典型地诠释了第三方何以以及如何在两个大国间转换政策立场，并以其主动性影响到中美间的博弈态势。展望未来，尽管不排除特朗普南海政策变化的可能性，但杜特尔特的个性认知、偏好使得其政策即使面对美国的压力也能够执行下去。杜特尔特所要面对的是国内亲美势力执着的批评与反对，他能否克服这些反对在很大程度上取决于其政绩（以赢得民众的支持）以及应对各种复杂政治局势的执政手腕。而这些又再次诠释了第三方国内因素对于其外交政策以及中美博弈态势有着至关重要的影响。

第三节　冲突管控：中美菲的政策选择

由于菲律宾能够在中美间引起间接结构冲突，如何避免这一间接结构冲突的产生或使之缓解就是有关菲律宾与中美冲突管控问题的关键。从理论上讲，要在中美菲之间避免间接结构冲突，根本办法是"隔离"，即把中菲领土争端即南海问题与中美关系"隔离"开来，具体体现就是美国慎重地不卷入南海争端，而中国则尽量避免争端的升级并更加积极地致力于争端解决。美国作为中美菲关系中的支持大国，有更大的义务采取"隔离"战略。而对美国这个支持大国而言，所谓"隔离"的根本性办法是调整美菲同盟的性质，使其变成一个开放型、防御型的同盟。在这个过程中，菲律宾作为第三方也可以发挥重要的作用。下面就"隔离"、支持大国的责任以及第三方的选择等三个方面分而述之。

一　中美竞争的"隔离"

要实现南海争端与中美竞争的"隔离"，关键在于美国首先放弃利用

---

① Renato Cruz De Castro, "The 21st Century Philippine-U. S. Enhanced Defense Cooperation A-greement (EDCA)：The Philippines' Policy in Facilitating the Obama Administration's Strategic Pivot to Asia," *The Korean Journal of Defense Analysis*, Vol. 26, No. 4, 2014, p. 428.

南海争端牵制中国的做法，坚持它在主权问题上不选边、不介入的立场，同时避免采取任何偏袒行为。这不仅是管控中美冲突的必要，也是美国的一种道义责任。作为一个负责任的领导国家，美国不应该在这样争议性的问题上预设立场。在官方声明中，美国一直宣称不在南海争端中选边站。在克林顿政府时期，美国也曾回绝过菲律宾的游说，声明它对于有争议领土不持立场的政策。① 但是，在奥巴马政府时期，这一政策事实上被放弃了。时任美国助理国务卿的拉塞尔曾以官方身份发表了对中国主张的九段线有偏见的评论，如他在 2014 年 2 月 5 日的国会听证会上表示，"中国对南海的主权宣称模糊不清，这给当地局势造成不确定性，限制了达成相互满意的解决方法或者公平共同开发的前景。"② 而美国支持菲律宾提起南海仲裁案，事实上也以否决九段线为根本目的。特朗普政府执政后，在南海问题上保持相对低调的态度，但美国持续进行的南海"自由航行"以及特朗普 2017 年 11 月访问河内时关于美国可以充当调停者的讲话③，表明美国仍然无意置身事外。如果中美要避免间接结构冲突，美国就必须避免在主权问题上选边站的做法，真正做到对南海争端不持立场。至于要充当调停者的说法，也值得相关声索国谨慎对待。考虑到美国自身的霸权利益以及与各声索国之间存在的复杂利益关系，很难相信美国能够真正不偏不倚地调解争端。只要当事方坚持和平解决争端的原则，坚持以平等互利的方式解决问题，其他国家就无由置喙。如果由于各种原因而导致问题不能解决，因此而爆发冲突，按道理也应该由联合国出面来解决，美国缺乏直接干预的合法性。

在南海争端中，还有一个相关问题涉及中美冲突管控，那就是美国进行的所谓航行自由行动。美国一直以所谓航行自由行动的方式介入南

---

① Mauzy, K. Diana, Brian L. Job, "U. S. Policy in Southeast Asia: Limited Reengagement after Years of Benign Neglect," *Asian Survey*, Vol. 47, 2007, p. 627. 转引自 Cheng-Chwee Kuik, "The China Factor in the U. S. 'Re-Engagement' with Southeast Asia: Drivers and Limits of Converged Hedging," *Asian Politics & Policy*, Vol. 4, No. 3, 2012, p. 34.

② 《美助理国务卿要求中国明确说明南海九段线的意义》，2014 年 2 月 7 日，凤凰网（http://news.ifeng.com/mil/3/detail_ 2014_ 02/07/33573010_ 0. shtml）。

③ Steve Holland and Mai Nguye, "Trump offers to mediate on South China Sea," November 12, 2017 （https://www.reuters.com/article/us-trump-asia-vietnam/trump-offers-to-mediate-on-south-china-sea-idUSKBN1DC04H）.

海局势，从而增加了中美军事接触甚至发生紧张与冲突的概率。所谓航行自由行动看起来与南海岛礁主权争议无关，也与菲律宾无关，但事实上是美国介入南海主权争端的重要方式，而且有着与菲律宾相关的考虑。在菲律宾提起对中国仲裁案的关键时刻，奥巴马政府就往往通过航行自由行动来引起国际社会对南海局势的注意，以间接的方式从政治上、外交上和舆论上支持菲律宾。所以，尽管美国在其他地方也进行"航行自由行动"，但它在南海对这种行动的强化与大肆渲染是有明显的政治性与针对性的。美国的"航行自由行动"缺乏相关的事实与法律基础。从事实层面看，各类船只在南海的正常通过并不是问题，有些商船有安全上的担心也主要是由于海盗而非沿海国的政策干扰。中国在南海进行的岛礁建设不但不会损害航行自由，反而通过灯塔、医院甚至以后可能增添的搜救设施而促进和维护航行的便利与自由。只有南海区域爆发冲突或是战争，舰船的正常通行才会受到影响。也正因如此，才需要美国与中国共同管控争端，以从根本上维护航行自由。从法律层面看，一国军舰是否有权在其他国家的领海内不经允许通过以及在其他国家的专属经济区应该遵守何种规范，中国坚持的是《联合国海洋法》中规定的基本权利。至于对这种权利的诠释，如果美国确实有不同意见，那么就应该与其他国家进行谈判，或加入公约或修改公约。但美国不但没有加入联合国海洋法，而且它所谓的航行自由就是用来对抗相关国家依据《联合国海洋法》所进行的它所认为的"过度声索"的。从这点来看，美国在道义上是输理的，对《联合国海洋法》等国际规范采取的是有用则用、无用则弃的霸权式态度。在此方面，是美国而不是中国一再违反国际公认规则。要管控好中美争端，美国就必须以客观、公正的态度对待航行自由问题，减少并最终停止所谓航行自由行动，以坐下来谈判的方式解决与中国在相关海洋法规则方面的分歧。

当然，从避免南海争端升级为中美间接结构冲突的考虑，中国作为最主要的声索方，也有必要采取有效措施避免争端的扩大化和升级，并以充分的政治智慧，最后达成争端的和平解决。从根本上的外交利益考虑，中国应该在与周边国家的领土争端中追求双赢，在无法解决争端以前，至少能够做到搁置争议，或是争取共同开发。只有这样，才能确保周边环境的稳定，保障中国稳定地和平崛起。如果南海争端升级，就势必给美国造成可乘之机，容易在周边国家中产生信任赤字，这不但于争端解决不利，而且反陷中国于战略被动的态势。因此，如何坚持长远的战略认识，发挥更大的政治智慧，管控并化解争端就变得很有现实意义。其具体路径包括两个方面：一是在当事国之间找到解决分歧或管理分歧的办法，如中国与越南之间建立的南海问题工作小组以及中国与东盟之间就南海行为规则开展谈判，等等，都属于这一范畴。二是在争端没有解决的情况下，致力于发展与当事国的友好关系，从而消除引发争端的大环境。杜特尔特当选菲律宾总统后，中菲两国通过双边关系转圜实现南海争端的重归平静，就是这方面的成功尝试。如果把两个方面的路径结合起来，更有可能取得管控争端的更好效果。中方也曾试图这样做，例如在阿罗约执政下的中菲关系黄金时期，中菲还有越南的三方石油公司达成了《南海联合地震勘探协议》，为共同开发做前期准备工作，但后来因为受到来自菲律宾国内政治因素的干扰而中止。这说明，要在敏感的领土争端问题上取得具体的解决方案哪怕是进行共同开发仍然是复杂而困难的。对中国来说，近期内最好的选择或许仍是研究与当事国管控争端的具体办法，双边的方式包括建立联合的海警合作甚至执法机制、热线沟通机制等，多边则包括最终建立有效的南海各方行为规则，并争取在此基础上建立兼顾现实与各方利益的执行与管控机制。另外，鉴于各国都从政治高度考虑领土问题，所以发展与相关当事国的友好关系仍然是促使争端不恶化的根本性办法。

二　美菲同盟的再定位

理论上讲，如果没有美菲同盟，自然也就不会有菲律宾介入中美冲突的问题。但现实地看，由于美菲之间根深蒂固的联系，至少在可见的将来都不可能解散这一同盟。因此，对于这一同盟的理性看法应该以维护地区和平为根本目的，在兼顾理想与现实的基础上做出安排。根据此一框架，美菲同盟确实是需要进行调整与再定位的。

沃尔特的联盟理论揭示了一个显而易见的事实，即只有存在共同的威胁，相关国家才会组成联盟。[①] 换句话说，作为军事同盟，一般都存在

---

① 参见［美］斯蒂芬·沃尔特《联盟的起源》，周丕启译，北京大学出版社 2007 年版。

公开或潜在的针对国。根据这一理论来梳理美菲同盟，就会发现其深刻的地缘政治含义。在冷战时，美菲同盟的成立是为了防止所谓的共产主义扩张，在不同的时期里，其重点分别针对苏联（冷战时在越南金兰湾设有军事基地）、中国和越南。冷战结束之初，苏联解体，越南从柬埔寨撤军，中国当时的发展也暂时陷入低潮，美菲同盟的价值大大下降。正是因为如此，当菲律宾国内的民族主义浪潮反对美国军事存在的时候，美军也愿意从苏比克湾和克拉克空军基地撤出。随着共同威胁的弱化，同盟的重要性因此而相应下降是一个再自然不过的现象。但从20世纪90年代中后期开始，以《访问部队协议》的签署为标志，美菲同盟又开始强化。这就提出了一个问题：两国为什么要强化同盟？它们视谁为共同威胁，或是以谁为针对的对象？

对美国来说，美菲同盟的最重要但可能不便公开言明的目标就是牵制中国崛起。冷战结束极大地改变了东南亚的地缘政治态势：苏军和后来的俄罗斯已撤出了菲律宾对面的金兰湾，越南也从以前的对手成为美国要争取的战略伙伴，而崛起中的中国事实上成为美国要防范的主要对象。虽然20世纪90年代前期中国发展一度有所停滞，但在邓小平南行之后，中国经济开始重新回到快速轨道。但很明显的是，在一个并非以军事对抗为主的后冷战时代，尤其是中美间存在复杂相互依存关系的情况下，这样一个明显以针对中国为目标的军事同盟缺少存在的正当性，相关行为也没有合法与道义的理由。所以，美国既保持了与亚洲盟友的军事同盟，但又坚称这些同盟不针对中国。需要承认，美国冷战后强化同盟可能有更广泛的意图，例如针对东亚地缘政治变化的不确定性，特别是朝鲜的核威胁等。但也需要强调的是，其他威胁并没有达到美国需要维持一个庞大同盟体系来应对的地步，而且20世纪90年代中后期美国强化与菲律宾的同盟基本上是与中国走出"八九政治风波"后经济重新高速增长同步的。也就是说，冷战后的美国—东亚同盟体系有着更广泛的目标，但对中国崛起进行牵制甚至是遏制仍然是最主要的考虑。通过与日本、韩国、菲律宾、泰国的盟友关系以及设置在这些盟友国土上的众多军事基地，美国在冷战后强化了一个将中国排斥在外的东亚地区安全框架，并通过军事战略部署事实上包围了中国。在这种情况下，中国很难展现出对美国的信任。而从地区安全的角度看，美国的双边军事同盟体系具有明显的排他性特征，因此妨碍了一个包容性的地区安全机制的建立，其后果不是弥合而是制造了更多的安全矛盾。

对菲律宾来说，美菲同盟符合它的根本利益吗？概括来看，菲律宾目前存在的安全问题主要有：与中国和马来西亚的领土争端、内部的新人民军和伊斯兰武装叛乱以及恐怖主义威胁等。与美国的同盟有利于菲律宾应对这些威胁吗？让我们逐一分析。第一，主权安全方面，无论是与中国间的南海岛礁主权争端，还是与马来西亚的沙巴争端，都不是生存性的领土争端。即使双方在领土争端方面发生摩擦，也很难想象中国和马来西亚会进攻菲律宾本土。第二，内部叛乱方面，美菲同盟所起的作用不大。新人民军与伊斯兰反叛势力之所以能够长期存在并与政府对抗，并非因为它们在军事上享有对政府军的优势（事实恰恰相反），而是源于菲律宾仍然广泛存在的严重贫富差距、令人失望的法治与民主表现以及穆斯林认为受到歧视等，而这些问题只有菲律宾政府与人民而不是美国军队才能够从根本上加以解决。第三，反恐方面，美菲存在较广泛的共同利益。由于恐怖主义网络的全球性，作为恐怖主义主要针对对象之一，美国需要菲律宾有效铲除国内恐怖主义。而对菲律宾来说，美军提供的训练、武器与情报，则有利于其更有效应对根深蒂固的南部极端恐怖主义势力的问题。在2017年围剿马拉维恐怖分子的战斗中，美国、中国和俄罗斯提供的武器装备，为菲政府赢得胜利提供了有力帮助。

基于以上分析看，菲律宾最需要美国的方面其实是反恐，在其他方面作用不大。而且，即使是作为反恐伙伴，美国的角色也不应该是唯一和排他的。显然，现在的美菲同盟性质并不符合这一定位。根据本章第一节的介绍，美菲同盟的目标主要是应对"缔约国任何一方的领土完整、政治独立或安全受到武装进攻的威胁"，这显然主要是针对外部军事威胁而非内部反恐。因此，即使美菲同盟需要保留，也需要进行再定义，即把一个主要是有外部针对性、排他性的同盟转变为主要针对反恐等新型安全挑战的合作性同盟。在全球反恐任务艰巨，甚至伊斯兰国渗入菲律宾的情况下，美菲将军事合作重点集中在反恐方面已变得至关重要。双方应该将现有的联合演习、军备合作、训练等合作项目等均转向以反恐为重点。这既符合美国、菲律宾的利益，也符合地区利益。另外，美菲同盟也要逐步改变其排他性特征，尝试探索中美菲三方军事合作的可能性。对于中国来说，则要处理好自己国力增长与美国东亚存在的关系。中国政府多次重申，中国不寻求把美国力量赶出西太平洋。美国政府也多次声明，乐见中国繁荣与和平崛起。根据这些意愿，通过第三方建立某种形式的中美军事合作关系，应该是顺理成章的事。而菲律宾的反恐斗争、南海上的非传统安全问题（如海盗、环境保护、海难救助等）等为三方合作提供了很好的切入点。要做到这一点，首先需要美菲积极改变对美菲同盟的定位与认识，以更开放的姿态与中国一起打造有利于维护地区安全的包容性架构。

目前，杜特尔特总统事实上已经做出类似的调整，即将军队的主要任务由阿基诺三世时期的防范外部安全问题转向反恐这样的内部安全。在美国方面，特朗普也体现出对反恐更大的重视。这些迹象说明，美菲同盟的调整并非不可能，关键在于双方的政治意愿和是否能够抓住相关的政治、外交时机。如果双方能够在这些认识的基础上进一步调整美菲同盟的性质，将有利于减少自身的负面效应，转而在维护双方与地区安全利益、减少中美冲突可能性方面扮演积极角色。对此，中国也可以扮演一个积极推动者的角色，甚至是率先提出在地区反恐、三方安全合作等方面的建议，也有利于推动美菲改变认识，调整美菲同盟。

三　有限平衡与菲律宾外交

在实现南海争端与中美竞争相"隔离"、调整美菲同盟方面，菲律宾发挥着关键作用。根据本书的理论框架，第三方主要是通过扮演实力平衡者、制度推动者和观念沟通者的角色而发挥作用，菲律宾在其中扮演什么角色呢？

根据菲律宾的外交现实来看，它目前在中美间扮演制度推动者与观念沟通者方面作用甚微。这首先是因为当前菲律宾缺乏在地区与国际事务中扮演重要角色的雄心，满足于维护跟自身相关的重要利益。例如，根据 1991 年的《外交服务法》（Foreign Service Act），菲律宾外交部的主要使命有三个方面：维护和增进国家安全；促进和实现经济安全；保护海外菲人权利，促进其福利与利益。[①] 其实在 20 世纪 60 年代，菲律宾便

---

① 参见菲律宾外交部网站（https：//www.dfa.gov.ph/about/phl-foreign-policy）。

积极参与创建东盟。在马科斯时期，菲律宾一度"对美离心"、奉行自主①，在地区事务中的作用也较突出。但总的看，随着菲律宾1986年起的民主化，其主要精力日益以巩固国内民主制度、应对各类经济社会问题以及绵延至今的叛乱为主，无意也无力在地区与国际舞台上发挥重要作用。另外，它作为一个很早就接受了天主教文化而且受美国政治、社会、文化影响很深的国家，也缺乏那种能够深刻理解中美之间观念差异的能力，因此不适宜充当观念沟通者的角色。展望未来，如果菲律宾能够调整外交认识，并且其领导人展现出更广泛的外交雄心，有可能利用自己作为东盟成员（2017年担任主席国）和美国盟国的身份，在适合的条件下推动中美菲进行安全对话、多边联合军事演习以及建立多边反恐协作体制等。

除此之外，对菲律宾来说，能够在管控中美冲突方面做出最有效贡献的可能还是在于奉行有限平衡的政策。应该看到，从实力的角度看，菲律宾所能起的平衡作用是较小的。根据世界银行2015年的数据，菲律宾的国内生产总值只有2925亿美元，而中国、美国分别为110080亿美元和180370亿美元。② 也就是说，无论菲律宾的实力添加到哪一方，其影响均可以忽略不计。但是，作为美国的盟国与中国存在南海岛礁主权争端的国家，菲律宾已在中美间形成间接结构冲突。因此，只有奉行有限平衡政策，将与美同盟和与华争端区隔开来，在两个大国间保持相对的不偏不倚政策，增强自身外交的独立性而不是一切与美国同盟捆绑，才有利于减少中美的间接结构冲突和直接冲突可能，有利于南海和中美关系的和平与稳定。也就是说，通过奉行有限平衡政策，菲律宾至少可以减少自己作为一个间接结构冲突触发者的消极作用。考虑南海争端始终是东亚安全的一个热点，而美国仍视东南亚为重要战略地区，菲律宾即使仅仅发挥这一作用，也对管控中美冲突具有很大的现实意义。

需要强调的是，在后冷战时期，奉行更加平衡、独立的外交政策，而不是僵守与美国的同盟，对菲律宾也更为有利。面对大国政治，小国确实面临艰难的抉择，如到底该采取追随、遏制还是结盟等政策，要衡

① 沈红芳：《菲律宾外交政策的演变和主要对外关系》，《南洋问题》1983年第8期。
② http：//data. worldbank. org/.

量清楚并不容易。但至少对菲律宾这样一个在地理上十分邻近中国、在经贸关系上也越来越与中国关系紧密的国家而言，在中美关系中选择对地处遥远的美国"一边倒"是极其不明智的。如果中菲间发生冲突，对于菲律宾是核心利益的事情对于美国却可能只属于次要利益。这就决定了在更多的时候是菲律宾为美国充当"车前卒"，而很难期待美国在关键时刻来为菲律宾牺牲。事实上，许多类似处境的亚洲国家都采取了经济上靠中国、安全靠美国，不在中美间选边站的政策。新加坡是典型的例子，东盟整体上也是如此，它执行的是一种两面下注的战略，即致力于建立多样化联系，避免完全倒向任何大国。[1] 一些菲律宾学者，如德·卡斯特罗（Renato Cruz De Castro）曾提出过那样奉行一种准平衡战略（equi-balancing strategy），根据这种战略，菲律宾应该同时与各有竞争关系的大国保持接触，不与其中的任何一方建立重大的政治军事联系，不受限于任何联盟，也不卷入与大国间的长期争端，以及避免国际政治的极化现象（因为它常常限制小国的政策选择）。[2] 这种政策主张也类似于有限平衡政策，它固然会在中美竞争时使得第三方面临某种张力，但总的来说是为它们赢得了更多的博弈空间与筹码，总体上利大于弊。所以，一个更加平衡、中立而不是"一边倒"的政策才能为菲律宾自己谋得更多的实际利益。

从历史与现实来看，菲律宾奉行有限政策也是可能的。自从杜特尔特就任菲律宾总统之后，菲律宾对于与美国的同盟关系似乎出现了动摇，杜特尔特宣称要奉行一种独立的外交政策。表面上看，这一转折主要源于杜特尔特的个性。但如果回顾菲律宾冷战结束以后的外交历史，除了阿基诺三世时期那样无条件地向美一边倒之外，冷战后多数菲律宾总统尽管坚守与美国的同盟，其实不少都是采取在中美间保持谨慎平衡的政策。例如，拉莫斯总统修正了阿基诺夫人的反美政策，但也注意跟中国发展关系。而阿罗约夫人在大力发展对华关系的同时，也仍然坚持与美

---

[1]　Cheng-Chwee Kuik, "The China Factor in the U. S. 'Re-Engagement' with Southeast Asia: Drivers and Limits of Converged Hedging," *Asian Politics & Policy*, Vol. 4, No. 3, 2012, p. 44.

[2]　Renato Cruz De Castro, "The Philippines' Futile Efforts in Conducting an Equi-Balancing Strategy with an Emerging Dragon and a Soaring Eagle," *SPARK-the key link between IDEAS and ACTION*, 2014, p. 4.

国的同盟。当然，也有西方观察家认为，自拉莫斯以来的历届菲律宾政府就是采取的两面下注的政策，只不过阿罗约政府过于偏向中国，而阿基诺三世则过于倾向美国，而杜特尔特则正在把表盘向中国方向回拨。① 不管是哪种判断，都证明有限平衡政策在菲律宾是可行的。

总的来看，就对管控中美冲突的贡献而言，菲律宾主要还是限于奉行有限平衡的外交政策，以及在特定的情况下推动中美间的一些安全对话与合作。归根到底，菲律宾领导人应该对管控中美冲突的必要性以及自身的特色有其清醒的认识。就像 2016 年年初，在中美关系由于南海争端而紧张之际，前总统拉莫斯发表言论，提出"菲律宾应利用其地理位置阻止中美开战"。他有远见地说："我们必须承担起责任，阻止中、美之间爆发战争。而我们国家地处太平洋中央，面临南海，这两片海域海上商业繁荣，这是一个绝佳地理位置。"② 这种位置有利于菲律宾采取有限平衡的政策。根据菲律宾大学教授巴维尔娅的观点，"如果马尼拉能够采取一种相对于美国更加独立的政策、珍视同盟关系的美国也能够尊重这种独立的话，马尼拉能够在塑造美中关系方面扮演一个更加积极主动的角色。"③ 这种主动角色无论是对中美冲突管控还是菲律宾的自身利益均是有利的。杜特尔特的政策转变是对这一角色的初步靠拢，但由于菲律宾国内的复杂政治、社会因素以及美国变量的影响，他今后以及他之后的菲律宾领导人能否坚持和继续扮演这一角色，还远不确定。

结　语

作为南海争端的主要声索方与美国的长期盟友，菲律宾是导致中美产生间接结构冲突的主要来源之一。特别是从 2012 年到 2016 年中美菲围

---

① Prashanth Parameswaran, "The Limits of Duterte's US-China Rebalance：A deeper look at Rodrigo Duterte's effort to 'rebalance' ties between the United States and China," *The Diplomat*, October 24, 2016 (http：//thediplomat. com/2016/10/the-limits-of-dutertes-us-china-rebalance/).

② 菲律宾商报网站（http：//www. zaobao. com/wencui/politic/story20160127 - 575675），2016 年 1 月 27 日。

③ Aileen Baviera, "Changing Dynamics in Philippines-China-US Relations：Impact of the South China Sea Disputes," in Mingjiang Li and Kalyan M. Kemburi eds. , *New Dynamics in US-China Relations：Contending for the Asia Pacific*, London：Routledge, June 2014, p. 255.

绕南海争端进行紧张博弈期间，关于中美可能在南海发生冲突的可能性被越来越多地讨论。由于2016年6月上台的杜特尔特总统在整体外交、南海问题上进行了政策调整，转向一个更加平衡的外交政策，并且在事实上采取搁置南海争端的立场，中菲关系出现重大转圜，中美在南海冲突的可能性暂时下降。但从长远来看，南海议题仍然只是被搁置而不是被解决，而杜特尔特只有一任六年的执政时期，未来南海争端、中菲关系仍然存在极大的可变空间。虽然2017年年初美国也实现了政府更替，新总统特朗普更加重视朝核问题而非南海争端，但他完全有可能利用南海争端敲打中国，而且以不确定性著称的他仍有可能将外交重点转移到南海争端。因此，展望未来，中美以菲律宾和南海为中介变量在此发生冲突的可能性仍然很大。

在菲律宾这个案例中，管控中美冲突的一般性结论是：推动南海争端与中美竞争的"隔离"，将美菲同盟调整为主要以反恐为目标的非排他性同盟，以及菲律宾奉行有限平衡政策。考虑到当前中美菲关系以及南海局势的暂时稳定和当前菲律宾政府的政策也有利于实现管控中美冲突目标，相关各方的目标应该把重点放在未来中美冲突预防的角度上来。以此为考虑基准，重点应该放在两方面：第一，推动南海局势的制度化降温，避免局势的重新激化。短期内要实现问题的根本解决是不可能的，但各方特别是中菲可以通过建立制度化管控机制确保南海争端不成为声索国之间的重大问题。当前正在进行南海各方行为准则的谈判是一个切入点，关键在于该规则能否最终有效并管控局势。对中国来说，应该抓住当前南海局势稳定的良机推进谈判，以避免南海问题在未来成为再次恶化中菲关系、触发中美冲突的重大问题。第二，推动美菲同盟的转型。2017年菲律宾城市马拉维沦陷于恐怖分子之手几个月之久，突出了恐怖主义的严重威胁。中美菲应该以此为契机，加大在反恐方面的合作，并借此推动美菲同盟重点的转移。考虑到美菲尤其是美国在调整同盟性质可能积极性不高，中国有必要主动提出在中美菲三方开展一些三方安全对话、合作的倡议，甚至推动整个地区安全框架由中美互斥向相互包容方向转型，从而为从根本上消除中美冲突打下基础。

第 五 章

韩国与中美冲突管控

　　韩国与中美都有着非常紧密的关系。一方面，韩国是美国的坚定盟友。美国在朝鲜战争中捍卫了韩国的生存，现在还掌握着韩国军队的战时指挥权，两国在应对朝核威胁方面有许多共同立场。另一方面，韩国与中国的联系也越来越密切。其中最突出的当然是经贸联系，中国早已成为韩国的最大贸易伙伴，而美国不过是韩国的第三大贸易伙伴。在政治安全问题上，特别是朝核问题和半岛统一问题，中国也因对朝鲜的影响力而被韩国所看重。目前，韩国与中美之间均不存在直接的重大安全利益冲突，看起来很难引起两个大国间的间接结构冲突。但是，复杂的朝核问题导致了这种可能性。一个令人警醒的例子是2016年的萨德危机，韩国以应对朝鲜核武器威胁为由同意美国在韩国部署萨德系统，从而严重地损害了中国的战略安全利益，激起了中国的激烈反应。这个例子说明，围绕朝核问题，中韩之间可能出现重大安全冲突，而且不可避免地把美国卷入进来。一旦未来中韩在朝核问题和半岛统一问题上出现重大立场对立，那么韩国就完全有可能成为引发中美间接结构冲突的新因素。进一步看，韩国所在的地区朝鲜半岛和东北亚，是冷战结束后仍然残留冷战结构的唯一地区，而且也是当前亚洲安全形势最为紧急的地区之一，中美在这个地区都有着至关重要的重大利益。在这种情况下，韩国因素与地区稳定、中美关系的动向紧密结合在一起，因此值得我们深入关注。

第一节　作为第三方的韩国

　　要理解韩国在中美之间的第三方角色，除了理清它与中、美的关系外，还必须了解其作为中等强国这一外交总背景及其限制因素（主要是朝核问题）。这些因素在很大程度上决定了其在中美间的政策选择。

一　韩国在东亚的地位

要了解韩国对中美关系的影响，就必须首先了解韩国在东亚的地位。在世界上近 200 个国家和地区中，韩国的幅员、人口和资源条件并不突出，其面积仅有约 10 万平方公里，人口 5000 余万。在世界的近代史中，朝鲜半岛一直以中国藩属国、受西方侵略最终被日本殖民的弱国形象载入史册。1945 年复国后不久，又马上陷入一场伤亡惨重的战争。战后半岛一直分裂至今，而昔日同胞则变成了不共戴天的仇敌，至今仍然是彼此间安全威胁的主要来源。但是，韩国作为一个内忧外患一直不断的穷弱小国，最终依靠自己创造的经济奇迹改变了自己的国际地位。自 20 世纪 60 年代以来，韩国政府通过开始实行"出口主导型"开发经济战略，创造了举世瞩目的"汉江奇迹"，并发展出诸如现代、三星等世界知名的大企业，在制造业和科技产业方面成绩突出，其经济地位与国民收入也迅速提升。1996 年，韩国加入了经济合作组织（OECD），从而成为发达国家俱乐部中的一员，被人们普遍认为是后发现代化国家的一个成功范例。根据世界银行数据，2016 年韩国的国内生产总值（GDP）为 1.411 万亿美元，人均达到 27534 美元。① 与其他国家相比，韩国的 GDP 总量近些年一直在世界第 11—14 名之间变动。在韩国人自己眼里，韩国已经成为一个中等强国。②

富裕起来的韩国十分注意提高自己的国际地位与影响力。早在 1977 年，韩国经济刚起步不久，韩国政府就开始拨出政府预算提供对外官方援助（ODA）③，韩国学者也强调提供援助是发达国家的"独有的外交象

---

①　https：//data. worldbank. org/country/korea-rep.

②　例如，"中等强国外交"已成为韩国评论家所常用的词汇。参见《专家们：最大程度确保自己人是核心，要走中等强国外交路线》，2014 年 8 月 14 日，韩国中央日报中文网（http：//chinese. joins. com/gb/article. aspx？ art_ id＝123516&category＝002002）。

③　"History of Korea's ODA"（http：//www. odakorea. go. kr/eng. overview. History. do）.

征"①，因此乐于为此做出贡献。20世纪80年代末，韩国的对外援助进入一个高峰。1987年，韩国发起成立帮助发展中国家工业发展和经济稳定的经济发展合作基金（EDCF），1991年4月1日，韩国成立了旨在针对发展中国家实施无偿援助和技术合作的国际合作机构（KOICA）。另外，同年12月，还成立了国际交流财团（KF），其目的在通过与各国的交流活动增进世界对韩国的了解和认知，提升韩国的国际声望。但是，韩国自身的政治安全处境弱化了其国际地位。由于半岛分裂，朝韩大军仍然在三八线两侧对峙，韩国还不得不依赖美国保障其安全。作为交换，韩国甚至仍然没有对自己军队的战时指挥权（掌握在由驻韩美军司令担任的韩美联合部队司令手中），以及在国际政治议题中保持与美国的一致（包括冷战时派兵到南越参战）。

　　冷战结束前后，韩国一度发现了提高自己国际政治地位的机会。韩国一方面维持与美国的特殊关系，另一方面加速实现与中、苏等社会主义国家的关系正常化，并于1991年与朝鲜一起成为联合国正式成员国。1993年，金泳三作为韩国第一位民选总统上台执政后，提出要抓住冷战结束的有利时机，建设一个"新韩国""挺胸而立于国际舞台"，把韩国从"东亚的边缘国家"推向"世界中心"。根据金泳三的外交政策，时任外长韩升洲曾在一次题为《韩国新外交的基本内容》讲话中提出了五项基本任务：世界化、多边化、多元化、地区合作、面向未来。其中世界化提到，韩国的外交要为解决国际和平、控制军备、消除贫穷、保护环境以及有效利用资源等全球性的问题做出贡献，跟进世界发展的步伐，为建设一个正义、美好的世界而奋斗。② 但是，在金泳三政府尚未充分施展开其新外交之际，朝鲜于1993年3月宣布退出核不扩散条约，朝核问题因此爆发。危机时刻，美国一度考虑对朝鲜实行武力打击。反对朝核但又担心爆发全面战争的金泳三对此坚决反对，最终由美国前总统卡特出面斡旋，美朝于1994年10月21日签署《关于解决朝鲜核问题的框架协议》。朝鲜同意冻结现有的核计划，美国允诺为朝鲜建造两座1000兆

---

　　① ［韩］朴仁辉：《国际开发援助与韩国的外交战略：以国家利益为中心》，《当代韩国》2009年秋季号。

　　② 沈定昌：《韩国外交政策的发展过程及其变迁原因》，《韩国学丛书》第九辑。

瓦轻水反应堆。同年 12 月 1 日，驻韩美军向韩国交还了和平时期的指挥权，但战时作战指挥权仍在美军手中。通过此一危机，韩国不得不重新意识到自己安全处境的脆弱性以及依靠美国的重要性。韩国要真正成为有世界影响的中等强国，就必须先处理好切身相关的半岛问题，特别是核问题。

1998 年金大中执政后，提出了以促进南北和解与合作为目标的阳光政策，甚至于 2000 年访问平壤，与朝鲜共同发表了《南北共同宣言》。但是，阳光政策并没有得到美国的认可与支持，而且受到国内保守势力的反对。2002 年年初，美国总统乔治·W. 布什将朝鲜与伊朗、伊拉克一起称为"邪恶轴心"，视其为美国可以先发制人的核打击对象。面对美国政策的变化，朝鲜选择了孤注一掷，在 2002 年 10 月美国总统特使、助理国务卿凯利访问平壤时，当面承认了自己的铀浓缩计划，试图以核计划确保自己的安全，第二次朝核危机因此爆发。在中国的主持下，六方会谈于 2003 年启动，并于 2005 年达成朝鲜同意弃核的 9·19 共同声明。在危机一度缓和的背景下，继金大中上台后的卢武铉政府于 2005 年提出"东北亚均衡者外交"战略。"如韩国延世大学金基政教授所称，韩'均衡者外交'是指其外交要发挥三大作用：一是维持并深化东北亚地区秩序稳定的促进者作用；二是协调国家间矛盾的仲裁者作用；三是揭示国际事务进程的倡议者作用。"[1] 通过均衡者外交，韩国寄希望于从鲸鱼（大国）间的虾米成为调解和制约大鲸鱼之间纷争的"海豚"，甚至在未来韩国统一后成为东北亚地区的和平中心国。[2] 但要发挥均衡者外交的作用，就意味着要对依赖美国的传统同盟进行调整，对此美国是不高兴的。正因如此，美国国防部东亚事务次长劳里斯 2005 年 5 月 31 日很不高兴地向韩国驻美国大使洪锡炫表示：东北亚均衡者论与韩美同盟无法共存，倘若韩国欲结束韩美同盟关系，则悉听尊便。[3] 但在当时美国战略重心位于中东、六方会谈较好地管控了朝核问题的情况下，美国也愿意做出适

---

①　［韩］金基政：《如何看"东北亚均衡者论"》，《朝鲜日报》2005 年 4 月 16 日，转引自李军《试析卢武铉政府的"均衡者外交"》，《现代国际关系》2005 年第 12 期。

②　李军：《试析卢武铉政府的"均衡者外交"》，《现代国际关系》2005 年第 12 期。

③　魏志江、姜秀敏：《卢武铉的和平繁荣政策及其对中韩关系的影响》，《东北亚论坛》2006 年第 1 期。

当调整。2007 年，韩美两国达成协定，商定在 2012 年 4 月 17 日将战时的指挥权还给韩国军队。但朝核问题的再次恶化使得韩国推行均衡者外交的背景与条件不再存在。由于美朝对立根深蒂固，朝鲜最终选择了于 2006 年 10 月进行了第一次核试验，虽然后来达成了以最终弃核为目的的 2 · 13 共同文件，但六方会谈在 2007 年 10 月举行最后一轮以后再也没有恢复。朝核问题的恶化以及美国对卢武铉外交的抵制，使得均衡者外交难有实质成果。

2009 年 3 月，在全球金融危机大背景下上台的韩国总统李明博提出"新亚洲外交构想"的理念，呼吁韩国将过去倚重中日美俄的"四强外交"扩大到整个亚洲，并超越中日，成为亚洲主导国家。[①] 在就职讲话中，李明博表示要"把国民心目中的大韩民国的地图扩展到全世界"，"让大韩民国成为向世界输出新价值的一流的发达国家"，并将以更广阔的视野和更主动的姿态，去实施有助于韩国提升世界性影响力的"全球外交"。为了实践其"全球外交"理念，李明博提出了"能源外交""贡献外交"和"文化外交"三大课题。在"贡献外交"上，李明博表示韩国将开展与韩国经济规模相称的、实现人类普遍价值的对外援助外交，积极参与联合国维和行动，加大政府开发援助规模。通过加大韩国对国际社会的"贡献"，韩国希望扩大其在全球的影响力。[②] 尽管口号很响，李明博的全球外交实际上主要还是经济外交、价值外交，在政治安全方面无所作为。而且，在朝核问题与半岛形势持续恶化的情况下，还凸显出韩国自己都无法满足自己的政治安全的窘境。由于 2009 年 5 月第二次核试、2010 年 3 月的"天安舰事件"和 11 月的"延坪岛炮击事件"，韩国不得不进一步依靠美国来保障自己的安全。例如，2010 年 6 月 27 日，韩国政府发表公报说，应韩国政府要求，美国总统奥巴马同意将向韩国移交战时作战指挥权的时间推迟到 2015 年 12 月。在这种情况下，韩国想发挥所谓更大强国的作用事实上是极为有限的。

2013 年 2 月，朴槿惠在朝鲜第三次核试验的爆炸声刚刚消散时就职。由于意识到李明博政府对朝强硬政策缺乏效果，朴槿惠提出了"既不是

---

① 邵冰：《韩国"新亚洲外交构想"的实施及其前景》，《理论观察》2011 年第 2 期。

② 李拯宇、千玉兰：《韩国走向"全球外交"》，《瞭望》2008 年第 9 期。

阳光政策也不是施压政策，而是选择第三条路"的"朝鲜半岛信任进程"。所谓"朝鲜半岛信任进程"是指以坚固的安保为基础，通过建立韩朝互信，发展韩朝关系，实现朝鲜半岛和平，进而打下统一的基础。在整体外交政策上，朴槿惠提出"东北亚和平合作构想"，即构筑朝鲜半岛和平与统一的基础、建立东北亚地区的和平合作体系、为世界和平做贡献，并建议以美、中、俄、日、韩、朝等东北亚国家为中心召开"东北亚和平合作高级会议"。① 另外，朴槿惠政府还致力于提高在全球舞台上的地位。2013 年，韩国主导成立了致力于全球管理、在各种多边场合加强协调的中等强国合作体 MIKTA（墨西哥、印尼、韩国、土耳其和澳大利亚等五国的国名首写字母）集团，并曾就朝鲜核试验、土耳其恐怖袭击、气候变化、马来西亚航班 MH17 失事等议题发表联合声明。另外，朴槿惠把发展对华关系放到一个突出位置，冒着美国的反对参加了 2015 年9 月中国举行的抗日战争胜利阅兵仪式。但是，朝鲜在金正恩继位后，更加频繁地发射导弹，而且于 2016 年 1 月和 9 月分别进行了第四、第五次核试验，朴槿惠的外交和对朝政策遇到重大挫折。在此情况下，韩国决定进一步依赖美国。2014 年韩美两国决定再度推迟战时作战指挥权的移交（韩美在 2014 年举行的防长会谈上曾一致决定，在韩军具备了能够应对朝鲜核与导弹威胁的 2022—2023 年前后移交战时作战指挥权②）。2016年 7 月，韩国更是冒着严重得罪中国的风险，与美国共同宣布决定部署萨德反导系统。萨德系统在有效反击朝鲜导弹威胁方面的效果还有疑问，但构成美国有力改变与中国战略平衡中的关键一环。韩国决定引进美国的萨德系统，对它来说其政治意义（强化韩美同盟）大于军事意义（应对朝鲜威胁），但正因为如此也让中国极为愤怒，双边的经贸、人文交流都因此受到影响，中韩关系急速降温。

2017 年 3 月 10 日，朴槿惠因为崔顺实案被国会弹劾罢免，文在寅于5 月 10 日当选总统并立即就任。处理朝核问题是他外交议程上的当务之

---

① 张慧智、于艇：《朴槿惠政府的东北亚外交政策新课题》，《东北亚论坛》2014 年第1 期。

② 韩国中央日报中文网（http：//chinese. joins. com/gb/article. do？ method = detail&art_ id =160203），2016 年 11 月 29 日。

急，其对朝政策被称为"月光政策"（Moonshine），这是对金大中、卢武铉的"阳光政策"的呼应，而与朴槿惠政府大不相同。一方面，"文在寅主张以压倒性的国防优势为基础应对朝鲜半岛威胁，要求强化自主国防力量，尽早完成应对朝核非对称威胁的韩国型导弹防御体系（KAMD）和杀伤链（Kill Chain）系统"①；另一方面，他承认朝鲜政权存在这一现实，并主张将经济和安全分开并行推进，与李明博、朴槿惠政府"先解决安全问题再谈经济合作"的做法分道扬镳。但文在寅的对朝示好一度换来的却是朝鲜更多的导弹试射。2017 年 9 月 3 日，朝鲜进行了第六次核试验，11 月又进行了"火星 - 15"型洲际弹道导弹试验，并宣布"朝鲜实现了完成国家核力量的历史大业、火箭强国伟业"，使得文在寅的对朝外交面临严峻考验。但即使在朝核问题空前严峻的情况下，韩国仍不忘推进全方位外交。例如，2017 年 9 月文在寅在俄罗斯参加第三届东方经济论坛时提出了连通韩半岛、俄罗斯远东及亚欧大陆的经济合作的"新北方政策"，在 11 月访问东南亚时提出了把与东盟的关系提升到对中美日俄关系的水平、以 3P 共同体为核心的"新南方政策"。② 进入 2018年，金正恩接受文在寅邀请，派出代表团参加平昌冬奥会，半岛局势出现重大缓和，也在一定程度上改变了韩国在朝核问题上的窘境，有利于提升它在与美、中、俄、日等大国打交道时的发言权。

对冷战结束以来韩国外交的反思说明：尽管韩国努力提高自己的国际地位，在国际舞台上全方位地体现其作用，但事实上其主要的外交资源与精力仍不得不集中到影响其安全甚至生存的朝核问题上来。韩国对中美两个大国的政策以及其政策对中美关系的影响，也主要围绕着朝核问题来展开。作为一个中等强国，韩国试图掌握朝核问题的主导权，但事实上是朝鲜、美国和中国在更大程度上影响着朝核问题的走向。在有限的外交空间内，韩国有时希望在中美间采取平衡政策，但更多时候的选择是依靠美国来维护安全，这反过来又限制了它提高自己的独立政治

---

① 董向荣、安波：《韩国新总统文在寅：外交如何布局》，《紫光阁》2017 年第 6 期。

② 3P 指共建人人互助心心相通的人民（People）共同体、共保安全维和亚洲的和平（Peace）共同体、经济互惠利益共享的繁荣（Prosperity）共同体。参见《文在寅访印尼力推新南方政策》，2017 年 11 月 9 日，韩联社中文网（http：//chinese. yonhapnews. co. kr/newpgm/9908000000. html？cid = ACK20171109003500881）。

安全地位的努力。

二　中韩利益关系分析

当代中韩关系的历史并不长远。在 1992 年 8 月 24 日两国正式建交以前，中国一直承认朝鲜为半岛唯一合法政府，不但不与韩国发展政治、安全关系，就连经济、人文交流也极少。建交以后，中国坚持与韩国、朝鲜平行发展关系，但中韩关系发展迅速，特别是在经贸人文方面建立了紧密的往来关系。目前，中国已成为韩国最大贸易伙伴、最大出口市场和进口来源国，韩国则是中国第三大贸易伙伴国，2014 年中韩贸易额达 2525.76 亿美元；截至 2014 年年底，韩国在华留学生约 6.7 万人，中国在韩国留学生 6 万人，均居对方国家留学生人数之首；双方间的人员往来在 2016 年达到 1296.1 万人次。① 从整体关系来看，双方已形成一种基于邻近地缘、相似文化的利益共同体。但这并不说明双方没有利益分歧，特别是在政治安全关系方面，有些问题还相当突出。这些利益分歧主要有：

第一，海洋划界与权益争议。中韩两国隔海相望，中间的海洋宽度不足 400 海里。依据 1982 年的联合国海洋法公约（邻海国可拥有 200 海里专属经济区），就产生了一个如何划分专属经济区的问题。韩国主张等距离中间线原则，中国则主张公平原则，考虑依据海岸线比例、人口、历史传统等因素来划界。具体应采用何种原则划界，海洋法并没有明确规定。由此又产生了苏岩礁归属的问题，因为该礁正好位于双方专属经济区的重叠区。2001 年 1 月 26 日，韩国将苏岩礁非法命名为离於岛，并于同年在该礁非法设立 3600 吨重的大型海洋平台，建有直升机停机坪、卫星雷达、灯塔和码头等。关于海洋划界与苏岩礁归属问题，双方从 1996 年开始每年都举行划界谈判，截至 2014 年共举行过 14 轮的会谈，一直没有取得进展。2015 年 12 月，双方重启海洋划界谈判并提升至副部长级。但考虑到海洋权益的复杂性与敏感性，很难期待这一问题在短期内取得谈判成果。

---

① 中国外交部网站（http：//www.fmprc.gov.cn/web/gjhdq_ 676201/gj_ 676203/yz_ 676205/1206_ 676524/sbgx_ 676528/）。

由于在专属经济区划界方面存在原则性分歧，双方决定暂先搁置海域划界争议，先行解决渔业合作问题，并于2000年8月3日正式签订了《中韩渔业协定》。但是，协定签订之后，中韩间频频出现渔业纠纷，甚至多次酿成严重事件，引发两国间外交纠纷甚至是民间冲突。例如，2010年12月18日，韩国海警执法艇与一艘中国渔船发生了冲撞，造成2名中国船员死亡。2011年12月12日，一名中国渔船船长涉嫌刺死一韩国海警。2012年10月16日，一名中国船员被韩国海警发射的橡皮弹击中死亡。2016年9月29日，韩国海警在执法过程中使用爆音弹，造成我方三名渔民死亡。同年10月7日，一艘中国渔船撞沉一艘韩国海警快艇。之所以频频出现冲突，一些中方专家认为在于《中韩渔业协定》严重忽视了中国沿岸和近海区域的人口、鱼量、历史捕鱼权等实际情况，渔业资源分配更有利于韩方，结果是我国渔民传统渔场大量丧失，出现了为了生计不得不越界捕捞的局面。中方一些人因此呼吁修改或重拟新的渔业协定。[①]

第二，南北关系与半岛统一问题。重新实现半岛统一一直是韩国的国家政策目标。在此问题上，中国的官方立场十分明确，那就是支持半岛的自主和平统一。但在一些韩方学者看来，中国的政策其实是更愿意接受维持现状，是由于统一的可能性不大才支持统一。[②] 显然，在韩国看来，中国政策与韩国的目标是存在差距的。在韩国内部，不同的党派与领导人对如何实现统一的路径也不尽相同。金大中政府在2000年6月与朝鲜领导人金正日共同签署的《6·15共同宣言》中宣布要"实现和平统一""通过朝鲜民族的共同努力自主解决国家统一问题"，但后来的保守党政府如李明博对此持否定态度，朴槿惠政府在朝鲜第五次核试验后更是显示试图通过制裁推动朝鲜崩溃的立场。因此，中韩在半岛统一问题上的立场尽管表面上有不少接近之处，但实际上仍有不同，特别是韩国保守派政府的统一政策与中国立场往往存在重大差异。当前，半岛分

---

① 参见黄瑶、黄明明《中韩与中越渔业协定及其实施的比较分析——兼论中韩渔业冲突解决之道》，《中山大学法律评论》第2辑；郭锐、王箫轲《中韩海洋权益纠纷问题与我国的应对之策》，《国际关系研究》2013年第2期；等等。

② ［韩］李熙玉：《国际秩序的变化与中韩关系新面貌》，《韩国研究论丛》2013年第1辑。

裂的现状使得统一看起来遥遥无期，中韩在此一问题上的矛盾因此并不明显。但如果统一的时机出现，这一隐藏的重大利益分歧就很可能暴露出来，并成为影响中韩关系的一个重要变量。

第三，中国崛起与未来地区秩序问题。中国崛起正在成为改变世界与地区秩序的重要变量，作为中国的近邻，特别是作为历史上以中国为中心的朝贡体系下的藩属国，韩国对此尤其敏感。根据中国学者对韩国学者的访谈，"在对未来的预期中，当被问及'20年后哪个国家将成为世界上最强大的国家'时，有53.5%的被访者选择了中国，只有27.6%的被访者选择了美国"。[①] 而澳大利亚悉尼大学牵头日、韩、中、澳、印尼等国六个研究机构进行的一份调查表明，在接受调查的澳、中、印尼、日本和韩国受访者中，有67%的韩国受访者表明十年后中国影响最大，仅次于中国受访者（77%），超过了澳（64%）、日本（34%）和印尼（29%）；在中国是否会取代美国成为世界领先超级大国这一问题上，41%的韩国受访者选择了"将会取代"（中国57%，澳55%，印尼41%，日本17%），22%的人认为"已经取代"（澳14%，印尼12%，中国10%，日本6%）。[②] 尽管意识到中国崛起是大势所趋，但韩国对此还有不少疑虑，特别是精英阶层的戒备与恐惧心理更加明显。[③] 之所以出现这种情况，一个重要的原因在于韩国是当前国际体系的既得利益者：它与当前体系的守成大国美国结成同盟关系，并从这个体系中得到了安全保证（特别是在应对朝鲜威胁时）与实现了国家发展。当前，随着中韩经贸联系的加深，韩国对中国崛起所导致的经济利好开始接受，但安全疑虑并未解除，仍然处于经济上靠中国、安全上靠美国的分裂状态。另外，历史因素的影响也起了重要作用。虽然历史上朝鲜王朝曾是朝贡体系的积极参与者，但由于该体系的不平等特质使得现代的韩国对它抱有疑虑。这种历史的敏感性在东北工程争议中体现得特别明显，一个有关高句丽政权的历史性质看法的学术问题，在许多韩国人眼里成了严重的政治甚

---

① 董向荣、王晓玲、李永春：《韩国人心目中的中国形象》，社会科学文献出版社2012年版。

② Simon Jackman et al. , "The Asian Research Network：Survey on America's role in the Asia-Pacific," United States Studies Centre at the University of Sydney, June 2016, pp. 6, 51.

③ 汪伟民：《李明博的外交新思维与中韩关系》，《当代韩国》2008年冬季号。

至外交问题。在未来全球秩序特别是周边地区秩序问题上，中国尽管提出了许多概念（从和谐世界到中国—东盟共同体等），但尚没有提出自己清晰的地区秩序建设方案，这也在一定程度上加深了包括韩国在内周边国家的忧虑。这种战略层面的考虑虽无关具体利益，但总会在具体的安全外交决策部署中体现出来。正如有学者所指出的那样，"有强烈的证据显示韩国希望美国起到平衡中国权力的作用"。①

第四，朝核问题。对于韩国来说，在拥核道路上一路狂奔的朝鲜正在成为其最大的安全外交问题。朝鲜固然不太可能会主动挑起对韩国的战争，但它的核武器仍是经济繁荣、首都离军事对峙前沿仅数十公里的韩国的安全噩梦。而且，面对一个拥有核武器的朝鲜，意味着韩国在今后与朝博弈以及统一等问题上，将失去重要的发言权。而在对朝事务上，中国起着特殊的作用。一方面，中国因为参加朝鲜战争、与朝鲜缔结同盟条约而形成了与朝鲜的特殊关系；另一方面，中国又是当前极度孤立的朝鲜最主要的对外经济交往对象和援助来源。因此，在应对朝核威胁之时，韩国一方面依赖美国对它的安全保证，另一方面又不得不寄希望于中国在制止朝鲜拥核方面发挥作用。正如澳大利亚学者怀特所分析的那样，"只要朝鲜仍然对韩国构成威胁，首尔面临的问题将会是：在亚洲大国中，哪个国家更有可能把朝鲜关进笼子里？答案或许应该是美国，但仔细观察后会发现，答案更可能是中国。"② 正是围绕着对中国在朝核问题上作用的判断的变化，朴槿惠政府对华政策犹如过山车。她上台后寄希望于中国帮助解决朝核问题，因此加大了发展与华关系的力度，采取了许多被认为是疏美亲华的举动。但一旦未遂所愿，她又与美国共同决定部署萨德系统，并且不惜激怒中国。当前的文在寅政府更为重视中国在朝核问题上的作用，与中国政府的关系又开始回到正常轨道。但随着朝核问题的日益恶化，仍不能排除未来中韩在朝核问题上出现重大对立的可能。

综合来看，尽管中韩关系有着不同的利益纠葛，但对韩国来说，当

---

① David Martin Jones, Nicholas Khoo and M. L. R. Smith, *Asian Security and the Rise of China*, Cheltenham: Edward Elgar, 2013, pp. 51 – 52.

② ［澳］休·怀特:《中国抉择：美国为什么应与中国分享权力》，樊犇译，世界知识出版社 2013 年版，第 4 页。

前的朝核议题以及未来的统一议题起着决定性的作用，特别是它对中国能否以及如何在这些问题上起作用的判断，对于它处理与中美的三角关系起着关键性作用。海洋权益问题只是具体的利益问题，基本上没有影响到韩国的战略选择，地区秩序虽然重要但并不急迫，因此也只是韩国决策中的潜在因素。值得指出的是，尽管中韩经贸关系越来越密切，但经济因素仅仅处于次要地位，而且受到安全因素的严重影响。事实上，中韩都不乏从安全角度考虑经济关系的例子。例如，不少韩国人就担心中国会将经济影响力转化为政治外交等方面的影响力，曾经标榜反美的卢武铉政府"一反常态"闪电般地与美国签署自由贸易协定，就是旨在借助美国平衡中国对韩国经济的影响力。① 萨德危机爆发后一些韩国企业的在华发展受到影响，也被韩国认为是中国利用经济手段来达到政治目的的表现。随着朝核问题的恶化，中韩安全关系只会越来越重要。一旦双方在朝核问题以及半岛统一问题上出现重大利益分歧，韩国就有可能倒向美国，而美国也可能积极利用并卷入这种分歧，从而在中美间引发新的间接结构冲突。

三　美韩同盟

美韩同盟是"二战"、朝鲜战争和冷战的共同遗产。日本战败后，美国和苏联分别扶植成立韩国和朝鲜政权，半岛陷入分裂状态。朝鲜战争结束后，韩国在一种强烈的不安全感下于1953年10月与美签署了无限期的《韩美共同防御条约》。在冷战时期，美韩同盟成为保证韩国安全、遏制中苏的桥头堡。与此同时，韩国也不得不为美国的全球战略做贡献。在美国正式介入越南战争之后，韩国先后派出了作战部队5万余人。冷战缓和时期，美国一度考虑减少美韩同盟的作用，甚至在适当的时候从韩国撤军。② 但随后苏联的扩张态势使得美国继续强化了在全球的军事存在。苏联解体后，冷战在全球层次结束，但在朝鲜半岛仍然根深蒂固，

---

① 董向荣、李永春、王晓玲：《韩国专家看中国——以中韩关系为中心》，《现代国际关系》2011年第5期。

② 王传剑：《从"双重遏制"到"双重规制"——战后美韩军事同盟的历史考察》，《美国研究》2002年第2期。

加上又出现朝核问题，美韩同盟因此继续巩固而非弱化。在金大中和卢武铉时期，虽然美韩对朝政策产生分歧，同盟关系有所弱化，但经过一系列的调整与再定义，仍然坚如磐石。这是因为，由于在朝鲜战争中美国的保护使其免于被北方"吞并"以及感恩美援奠定了韩国经济发展的基础①，亲美已成为韩国社会的重要共识。对政府而言，维护美韩同盟则已成为其外交政策的基本支柱。即使是被认为有一定反美、疏美倾向的进步派上台执政，也坚持这一政策基准。

对韩国来说，韩美同盟的主要意义在于，它是一个可以有效应对北方威胁的安全同盟。双边的安全义务根据《共同防御条约》相关条文而确定，主要是三点：（1）缔约方认为任何一方的政治独立或安全受到外来的武装进攻的威胁时，应进行共同磋商，并将单独或联合地以自助和互助的办法，保持并发展适当方法以制止武装进攻。（2）双方认为在太平洋地区对缔约任何一方目前或以后各自行政控制下的领土的进攻，都将危及它自己的和平与安全，它们将按照其宪法程序采取行动以对付共同危险。（3）韩国给予美国在其领土以内及其周围部署陆空海军部队的权利。② 可见，通过条约规定，美国对韩国的安全承担了义务。虽然这种义务在字面上是双向的，韩国也曾派军在越战中支援美军，但条约的主要作用还是美国保护韩国。作为交换，韩国才同意美国在韩国驻军（根据 2014 年的数据为 29300 人③），而且还要分担驻军费用，并且在战时将军队交由美军司令指挥。根据 1966 年韩美签订《驻韩美军地位协定》（SOFA），美军还被赋予实际上的治外法权，而这也成为引发韩国国内反美民族主义的一个重要原因。对韩国来说，借助同盟应对朝鲜的威胁是其主要考虑。但从长远考虑，借美国平衡中国也是韩国维系与美同盟的重要内容。由于中国的迅速崛起以及未来国际秩序的不确定，加上韩国对传统中华朝贡体系的疑虑，韩国需要美国的战略与军事存在，以减少这种不确定性。所以许多韩国学者还有这种观点：即使实现半岛统一，

---

① 王生：《韩国外交的美国情结与现实抉择——接近美国并不会疏远中国》，《东北亚论坛》2008 年第 4 期。

② 条约文本可以参见 http：//avalon. law. yale. edu/20th_ century/kor001. asp。

③ http：//www. heritage. org/Research/NationalSecurity/troopsdb. cfm.

驻韩美军还有必要继续存在，一是美国维持在亚洲影响力的需要，二是为保持对中国的遏制。① 当然，对美国作为全球第一政治军事大国的崇拜以及对美国制度的肯定，也成为韩国维系与美同盟的重要心理动因。韩国历史上就有尊崇上国（文明的中心）而不只是大国的心态。传统中国曾是韩国的"上国"，慕华思想因此而生。而当前崛起的中国对于韩国来说只是一个大国，"上国"则是美国。② 这种认识的不同也对韩国在中美间的态度产生了重要影响。

如果从更广泛的战略视角而不只是安全的角度看，同盟并不只是照顾韩国的利益，它也是美国实现自己在半岛利益的一个重要工具。例如，美韩同盟最初还有一个控制韩国的目的，即不允许韩国以武力统一半岛。当时同盟条约缔结之初，这就是美国最为坚持的一个条件之一，因为它担心触发另一次朝鲜战争。另外，美韩同盟是美国全球战略的重要支点。在东北亚地区，有世界第三大经济强国日本，有暂时遭受挫折的俄罗斯，还有经济迅速发展、国力不断增强并有巨大发展潜力的中国。在美国看来，日本经济势力的扩张会动摇其在亚太地区的主导地位，中国政治影响的扩大会对其世界领导地位形成挑战，而俄罗斯这头睡狮在醒来之时，也将在世界上，至少是在东北亚对其领导地位构成威胁。③ 而在地处中俄日三国中间的半岛维持自己的军事存在，是对这一不确定事态的最好回应。所以，韩美同盟既是主要照顾韩国利益的安全同盟，也是照顾美国利益的战略同盟，而韩国也意识到这一点并基本上采取了呼应态度。2008 年 4 月，李明博总统访美，双方宣布建立面向 21 世纪的韩美战略同盟关系，提出韩美同盟应以价值同盟、互信同盟、和平同盟三项原则为基础，扩大各领域共同利益。2009 年 6 月，美韩峰会发表《美韩同盟联合展望》宣言，决定在朝鲜半岛、亚太地区、全球层面构筑"全面战略同盟"，这意味着朝鲜半岛成为奥巴马政府主推亚太再平衡战略上的重要

① 董向荣、李永春、王晓玲：《韩国专家看中国——以中韩关系为中心》，《现代国际关系》2011 年第 5 期。

② 董向荣、王晓玲、李永春：《韩国人心目中的中国形象》，社会科学文献出版社 2012 年版，第 179 页。

③ 王传剑：《从"双重遏制"到"双重规制"——战后美韩军事同盟的历史考察》，《美国研究》2002 年第 2 期。

一环，针对中国的意义明显。2010年7月，美韩外长、防长在首尔首次举行"2+2"会议，对双方外交和军事合作进行部署。2016年7月，美韩公开宣布在半岛部署萨德反导系统，双边的军事合作关系事实上进一步强化，战略同盟性质进一步增强。

　　无论是安全同盟，还是战略同盟，美国无疑占据着主动地位。这首先是利益需要不对称的缘故（韩国由于朝鲜日益增加的核威胁而更加需要美国），另外又通过美国优势的军事力量以及战时军事指挥权的制度设计得到了保证。但双边同盟不同于整体的双边关系，作为一个主权国家，韩国在对美关系中仍然保持了一定的主动性。事实上，从独裁政权时期的李承晚和朴正熙，到民主体制下的金大中和朴槿惠，韩国外交都在不同程度上体现了自己的意志。像2015年朴槿惠决定参加中国举行的抗日纪念大阅兵以及参加中国主导的亚洲基础设施投资银行，就明显不合美国的意愿。总体来说，韩国的对美同盟独立意志程度在很大程度与其执政党的党派属性、总统个人执政偏好相关。如保守政党（如李明博、朴槿惠政府）执政时，一般比较肯定与美同盟的作用。而在进步政党（如金大中、卢武铉、文在寅政府）执政时，对与美同盟作用不那么肯定，独立自主的意志也更加强烈。如卢武铉政府主张国防自主，要求美军早日返还军事基地，返还作战指挥权，明确表示"韩国政府不允许驻韩美军在没有得到韩国同意的情况下卷入东北亚各国间的争端"。[1] 当前的文在寅总统继承卢武铉的衣钵，也在与美国总统特朗普的通话中表明了"绝不允许朝鲜半岛再次发生战争"的意志。[2] 另外，当韩国在朝核问题上面临较严重的形势时，就比较肯定与美同盟（事实上不具备讨价还价的能力，也缺乏这样做的政策空间），甚至在一些事务上走在美国的前面。如果安全形势较为缓和，则独立自主意志体现更为明显。

　　通过分别分析韩国与中国、美国的利益关系，可知中韩并没有直

---

　　① 魏志江、姜秀敏：《卢武铉的和平繁荣政策及其对中韩关系的影响》，《东北亚论坛》2006年 第1期。

　　② 《韩美总统电话讨论对朝政策 文在寅：绝不允许战争》，2017年8月7日，环球网（http://world.huanqiu.com/hot/2017—08/11092055.html）。

接的重大安全利益冲突（双方都赞成朝鲜无核化）。韩国对独立外交的最终追求，甚至使得它有联中制美的潜在倾向。因此，在中美韩关系中，中美因此也不是简单的支持大国与冲突大国的关系。韩国之所以能够引起中美间的间接结构冲突，主要是因为它与中国有时在如何处理朝核问题时可能存在严重的路径与利益优先程度的分歧。这种情况可能会驱使韩国进一步加强与美国的同盟关系，甚至不惜因此损害中国的安全利益。特别是在朝核问题管控失败、半岛出现战争状态的情况下，中韩间可能出现重大安全矛盾与根本分歧，从而在半岛上出现中国与美韩同盟针锋相对的情况。当然，这只是一种可能的情况。韩国自身在朝核外交与大国平衡外交之间的"平衡"、朝核问题的演变情况，都能在相当程度上改变中韩关系，进而影响到中美之间的互动。

为了更好地了解韩国因素在中美冲突管控中的作用，接下来笔者将对中美韩三边互动关系做一个综合回顾，并根据这些背景与问题，结合第二、三章提出的管控冲突的理论框架与选择路径，对如何管控冲突以及韩国的作用发表自己的看法。

第二节　21 世纪以来中美韩关系的演变

之所以从 21 世纪而不是 20 世纪 90 年代中韩建交以来梳理三边关系，主要是考虑到：在第二次朝核危机爆发（2003 年）以前，中国并没有成为朝核问题的主要参与者；同时，由于当时中美国力对比并不突出、中美战略矛盾尚不突出，这些因素使得中韩建交后十年左右的时间里中美韩关系并没有成为一个重大的地缘政治现象。但是，这种情况在进入 21 世纪后发生了重大改变，因为相关因素均出现了逆转或重大变化：美国开始视中国为重大战略竞争对手，而中国深度参与到了第二次朝核危机之中，当然还有中韩关系在经贸、人文领域深入发展。围绕着朝核问题的中美战略互动以及韩国的政策动向，形成了这一时期中美韩关系的主要图景。

一 第二次朝核危机爆发与中国的参与

1998 年韩国总统金大中上任之初，建立在 1994 年《框架协议》基础上的朝核问题解决进程频频面临挑战，以能源换冻核的方案没有被有效履行。金大中的个人理念是推行以对话为主的阳光政策，1998 年 2 月，他在就任仪式中传递了愿意进行"南北最高领导人会谈和特使交换"的信号。在这样的政策背景下，现代集团名誉会长郑周永于 1998 年 6 月访问了朝鲜，与朝鲜方面达成了关于开发金刚山旅游的协议。对此，韩国政府予以积极支持，即使朝鲜于 1998 年 8 月发射了射程超过 2000 公里的大浦洞导弹之后也没有改变态度。2000 年 3 月，金大中总统在柏林自由大学的演讲中对其阳光政策进行了全面的论述，提出以保障朝鲜的安全、援助朝鲜的经济发展和协助朝鲜国际交流为条件，要求朝鲜彻底抛弃对南使用武力、遵守不拥有核武器的诺言和摈弃对远程导弹的野心。[1] 由于长期的敌对和隔离，朝韩互不信任根深蒂固，谁都不愿意迈出和解的第一步。但与卢泰愚政府和金泳三政府的对朝鲜和解协作政策立足于严格的相互主义相比，金大中政府的相互主义具有相当大的伸缩性。[2] 事实上，当时阳光政策是一种先予后取、多予少取的政策，从而迈出了南北和解的第一步。对此，朝鲜方面给予了积极的配合，半岛局势一度柳暗花明，其高潮是 2000 年 6 月 13 日至 15 日金大中访问平壤，与金正日举行了历史性的南北最高领导人会谈，并签署了具有历史性意义的《六一五南北共同宣言》，在南北和解方面迈出关键的一步。稍后，朝美关系也取得了进展，美国国务卿奥尔布赖特和朝鲜国防委员会第一副委员长赵明禄进行了交叉访问，双方发表了决心建立面向 21 世纪的新型美朝关系的《美朝联合公报》，甚至时任美国总统克林顿对朝的访问也在讨论之中。

如果按此趋势发展下去，阳光政策或许会取得有效的进展，但是美国的政府更替改变了这一切。2001 年年初，小布什成为美国总统，他的

---

① 金大中：《柏林自由大学总统演讲稿》，2001 年，转引自金甲品《阳光政策的本质和评价》，《韩国学论文集》第十辑。

② 金甲品：《阳光政策的本质和评价》，《韩国学论文集》第十辑。

政府虽然也曾计划与朝鲜进行协商①，但总的来说对朝鲜持有更加怀疑的态度，主张对克林顿的朝核问题进行全面检视，对于韩国"自行其是"的政策也有保留。② 2001 年"9·11"事件的爆发更是改变了美国对全球安全态势与美国战略的评估，小布什政府于 2002 年年初将朝鲜与伊朗、伊拉克一起称为"邪恶轴心"，这就完全改变了美朝关系的本质。③ 因为这一表态意味着美国的极端敌视态度甚至在必要时有意要消灭这些政权，媒体披露的美国《核态势审议报告》也将朝鲜列为使用核武器的对象之一。本来，朝鲜对阳光政策不是没有一点保留的，因为显然"阳光政策的目的是通过诱导朝鲜体制的变化，提前实现南北和解和和平统一这两个目的"④。只是在韩国示以善意的情况下，当时朝鲜也愿意缓和自己的行动。但是，事实上主导朝鲜半岛安全态势的美国发出的严厉态度，无疑是对阳光政策的釜底抽薪。"2002 年 2 月 20 日的韩美高峰会上，金大中试图说服布什，让他缓和对朝鲜的指责和逼迫，但布什丝毫没有改变对朝鲜的看法和立场。"⑤ 面对美国政策的急剧转变，有着强烈生存危机感的朝鲜采取与伊拉克截然不同的应对方式（后来萨达姆的命运更加坚定了朝鲜领导人对自己选择正确性的认识）。而此时新义州改革计划的失败也可能使得金正日丧失改革的信心，促使他转而采取对外挑衅政策。⑥ 2002 年 10 月美国总统特使、助理国务卿凯利访问平壤后，宣称朝鲜"已承认"铀浓缩计划，并指控朝鲜正在开发核武器。朝鲜则直白地表示，朝鲜"有权开发核武器和比核武器更厉害的武器"。同年 12 月，美国以朝鲜违反《朝美核框架协议》为由停止向朝提供重油。随后，朝鲜宣布

---

① 马仲可：《金大中"阳光政策"的两难处境与当前的朝鲜半岛形势》，《东南亚研究》2002 年第 4 期。

② 谭红梅：《韩国近三届政府对朝政策演化特点及实效评析——以"阳光政策"与"实用主义政策"考察为中心》，《社会科学战线》2011 年第 4 期。

③ Paul French, *North Korea: State of paranoia*, London and New York: Zed Book, 2014, p. 304.

④ 金甲品：《阳光政策的本质和评价》，《韩国学论文集》第十辑。

⑤ ［韩］《东亚日报》2002 年 2 月 25 日，转引自马仲可《金大中"阳光政策"的两难处境与当前的朝鲜半岛形势》，《东南亚研究》2002 年第 4 期。

⑥ Paul French, *North Korea: State of paranoia*, London and New York: Zed Book, 2014, p. 270.

解除核冻结，拆除国际原子能机构（IAEA）在其核设施上安装的监控设备，重新启动用于电力生产的核设施。2003 年 1 月 10 日，朝鲜政府发表声明，再次宣布退出《不扩散核武器条约》，但同时朝鲜表示无意开发核武器。第二次朝鲜核危机正式爆发。

此时的中国，面临与第一次朝核危机时截然不同的环境，在朝核问题中的重要性开始凸显。在上次朝核问题发生之时，中国正在忙于摆脱"八九政治风波"后西方对中国的制裁、围堵和重新布局改革开放，没有余力顾及朝核问题。因此，中国虽然曾于 1997 年、1998 年和 1999 年参与美韩提出的四方会谈，但作用并不突出。第二次朝核问题爆发后，韩国的阳光政策顿时跛脚，而美韩又陷入激烈对立，所以中国的积极作用就凸显出来。而且，经历了 20 世纪 90 年代中后期以来的经济高速增长和在东亚金融危机中的负责任表现，中国的实力和在周边发挥更加积极作用的信心都有增长，乐意于参与到朝核问题的解决过程中来。在这种情况下，中国政府经过积极斡旋，于 2003 年 4 月促成有朝鲜、中国、美国参加的朝核问题三方会谈。此前，朝鲜要求与美国举行一对一的谈判，而华盛顿方面一直要求举行多边会谈。没有中国的撮合，双方坐到一起是不可能的。在三方会谈期间，朝鲜提出一揽子的解决方案，单刀直入地私下对美称已拥有核弹。美同意对朝方案进行研究，但拒绝与朝进行双边接触。为了进一步对美国施加压力，朝鲜接着在 2003 年 5 月宣布退出《朝鲜半岛无核化宣言》，6 月对外宣称已完成对乏燃料棒的处理，实现了核武装化。当时美国正在进行伊拉克战争，而且随着时间推移战事胶着情况日益明显，已无力在阿富汗、伊拉克之外开辟第三个战场，不得不同意采取谈判解决的方针。在这一背景以及中国的撮合下，相关各方最终于 2003 年 8 月开始了六方会谈。

二 六方会谈时期

第一轮六方会谈于 2003 年 8 月 27 日开始，直到第二轮会谈（2004 年 2 月 15—28 日），主要目标是确定会谈的方向（如通过和平方式解决，实现朝鲜半岛的无核化，同时也强调了有必要解决朝鲜对安全的忧虑），并通过工作组使会谈机制化。实质性的谈判在第三轮（2004 年 6 月 23—26 日）开始展开，直至第四轮第二阶段（2005 年 9 月 13 日—9 月 19 日）

终于取得重要成果，即《九一九共同声明》。朝鲜在声明中承诺，放弃一切核武器及现有核计划，早日重返《不扩散核武器条约》，并回到国际原子能机构的保障监督之下。美方在声明中确认，美国在朝鲜半岛没有核武器，无意以核武器或常规武器攻击或入侵朝鲜。朝鲜和美国在声明中承诺，将采取步骤实现关系正常化。

对于极度缺乏信任的相关各方（主要是美朝之间）来说，要实现这些目标并不容易，稍有波折就可能损及会谈成果。对经济困难的朝鲜来说，解除制裁和获取援助是参与会谈和做出承诺重要动力之一。因此，就共同目标达成共识后，朝鲜方面显然期待美国以及其他相关各方在给予朝鲜实质好处方面释放出更大的善意。但是，美国并没有做好这样的准备。2005 年 12 月 6 日，朝鲜称，倘若美国不解除对于朝鲜制裁的话，朝鲜就不参加六方会谈。但得到的回报是该月底美国指责朝鲜当局伪造美元钞票并制裁了部分朝鲜公司。这样，六方会谈不但停滞了下来，而且局面较前更加脆弱，朝鲜转而采取了它熟悉的边缘战术，于 2006 年 10 月 9 日宣布成功地进行了一次地下核试验。国际社会对此十分愤怒，中国也通过使用"悍然"一词形容朝鲜的行为以示强烈不满。安理会通过了制裁朝鲜的决议，各方也因此意识到尽快重启谈判的重要性。美朝代表于 2007 年 1 月 16—18 日在柏林会晤。最终在第五轮第三阶段会谈（2007 年 2 月 8—13 日）后达成《落实共同声明起步行动》文件（即 2·13 共同文件），决定朝方关闭并封存宁边核设施，美启动不再将朝列为支恐国家的程序，朝日开始双边对话，逐步实现邦交正常化等。此后又多次举行团长会，2007 年 12 月 3 日至 5 日美国助理国务卿、朝核问题六方会谈美国代表团团长希尔还访问朝鲜考察宁边核设施去功能化的进展情况。2008 年 6 月 27 日，朝鲜炸毁了宁边地区核设施的冷却塔，这被视为解决朝核问题取得了标志性的进展。

六方会谈之所以能够在当时取得一定成果，除了当时朝鲜的核技术尚不成熟、以核换安全和援助仍然是朝鲜的重要外交动机以及金正日本人的审慎态度以外，离不开以下方面的因素。

1. 中美战略竞争的缓和促成了双方在朝核问题上的合作

小布什在上任之初，其实是将中国作为最重要的战略竞争对手来看待的。但是，"9·11"事件的突然爆发改变了美国的战略布局，而美国随后开启阿富汗战争和伊拉克战争，精力一直深陷反恐与中东。在这种情况下，美国明智地选择了与中国发展伙伴与合作关系，将对华定位从战略竞争对手转变成"利益攸关者"。而且，与前任总统通常任期内只访问中国一次相比，布什在总统任期内4次访问中国。小布什上任后一年内就两次来华，而且前后相隔时间只有4个月，他还来北京出席了奥运会开幕式，充分体现了对中国的尊重。在小布什总统任职期间，中美两国达成共识，建立战略经济对话和战略对话机制，使得双边的信任与合作关系都达到了一个新的水平。正因为双边的战略竞争比较和缓，也就不存在利用朝鲜半岛牵制对方的强烈的动机（如中国把朝鲜视为缓冲国，而美国则借机强化美韩同盟），能够在朝核问题上采取比较一致的立场，使得朝鲜钻空子的空间不大，不得不回到谈判的轨道上来。

2. 韩国卢武铉政府的对北缓和政策

2003年年初上台的卢武铉政府奉行事实上延续阳光政策的和平繁荣政策，提出了解决朝鲜核问题的三项原则：一是不允许朝鲜开发核武器；二是通过对话和平解决核问题，反对诉诸武力或以武力相威胁，决不允许朝鲜半岛发生战争；三是发挥韩国在解决核危机中的积极主导作用。在朝鲜核问题获得解决的情况下，韩国将全面展开对朝鲜的经济支援与合作，并结束冷战以来朝鲜半岛不稳定的停战状态，将停战机制转变为和平机制，在安保、南北关系和国际关系中制定相关制度，确保朝鲜半岛和平。这一政策的最终目标是实现朝鲜半岛与东北亚的共同繁荣。根据该政策主张，即使在朝鲜挑起核危机和六方会谈停滞的情况下，也应该继续保持与朝鲜的和解、沟通和经济合作。① 韩国的这一态度避免了局势恶化时火上浇油，而在会谈进行时则有利于推动谈判取得具体成果。而且，韩国还中断了韩美日有关朝核问题的三方协调机制，一度拒绝了韩美联合司令部拟订的"朝鲜作战计划"，原因是该计划要求韩国在朝鲜发生内乱而非受到进攻的情况下，允许美军行使作战权。这些行动都照顾了朝鲜的感受与利益，有利于鼓励朝鲜加入和谈进程。2007年10月2

---

① 魏志江、姜秀敏：《卢武铉的和平繁荣政策及其对中韩关系的影响》，《东北亚论坛》2006年第1期。

日，卢武铉与其夫人步行跨过军事分界线访问朝鲜，韩朝首脑经过会谈后发表《南北关系发展与和平繁荣宣言》，其中不仅谈到要准备结束军事敌对关系、推动建立朝鲜半岛和平机制、落实六方会谈所达成的有关共同文件，还公布了具体的经贸合作措施。正是在这种氛围之下，朝鲜才有可能破除戒备，推进无核化进程，推动并巩固六方会谈成果。

3. 基于共同目的的中韩协调

中国对韩国的对北和解政策持肯定的态度，因为当时中韩对朝核问题的立场十分接近。2000 年 3 月金大中发表"柏林宣言"后，南北就举行双方首次首脑会晤并达成了一致，中国对此立即表示了欢迎和支持。卢武铉基本延续了金大中的对北政策，为中韩政策协调创造了基础。正如一位中国学者所分析的那样，"中国积极劝说朝鲜重返六方会谈，致力于以和平外交手段解决朝鲜核问题，反对武力威胁或将朝鲜核问题提交联合国安理会并对朝鲜进行制裁，坚持对朝鲜的经济援助，此与卢武铉总统和平繁荣政策中的对北政策完全一致，因而奠定了中韩两国在解决朝鲜核问题以及六方会谈等促进半岛和平稳定的外交中进行战略合作的基础"。[①] 2003 年 4 月关于朝鲜核问题的北京三方会谈结束后，卢武铉主动通过电话与中国领导人交换了意见，就三方会谈有助于解决核问题，要根据朝鲜半岛无核化原则，继续协商和平解决核问题达成了一致。[②] 卢武铉于 2003 年 7 月访华，其首要目的就是为争取和平解决朝鲜核问题加强同中国的合作，成果也达到了预期。[③] 中方在联合声明中高度评价韩国政府为促进朝鲜半岛及地区和平与繁荣所作的积极努力，韩方则赞赏和支持中方为推动北京会谈做出的努力。朝鲜第一次核试验之后，2006 年10 月卢武铉总统对中国进行了工作访问。中方表示愿同包括韩方在内的有关各方加强磋商，密切配合，冷静应对，推动六方会谈进程。而卢武铉也表示愿与中方加强磋商，早日重启六方会谈。

这一时期的中韩关系不仅体现在朝核问题的协调上。借着 2003 年卢

---

① 魏志江、姜秀敏：《卢武铉的和平繁荣政策及其对中韩关系的影响》，《东北亚论坛》2006 年第 1 期。

② 李敦球：《十五年来中韩关系发展的回顾与瞻望》，《韩国研究论丛》第十六辑。

③ http://news. xinhuanet. com/world/2003—07/10/content_ 967073. htm.

武铉对中国的国事访问之机，双方还提出构建全面合作伙伴关系。这一构想符合双方当时的愿望。对中国来说，强化周边外交的重要性日益突出，而韩国在其中占有突出的位置。由于韩国的特殊地缘、政治位置，在处理对中国来说比较麻烦的对美、对日关系中，韩国都是关键的第三方。特别是在朝鲜坚持发展核武器、日益挑战中国利益的情况下，发展与韩国的关系有利于保持在半岛的影响力，符合中国长远利益的需要。对韩国来说，这首先与卢武铉本人的均衡者外交理念有关。既然是均衡，也就必然意味着从过度倾向美国到在诸大国中采取比较平衡的立场。因此，尽管卢武铉上任后访问的第一个国家仍然是美国（为了缓解美方对其反美的疑虑），但其对中国的外交投入力度不可能不增加。从更深层次看，双方紧密互动也是中韩利益关系日趋紧密所致。2003 年，中国超过日本成为韩国第二大贸易伙伴，2004 年又超过美国成为第一大贸易伙伴，迄今保持这一地位不变（参见表 5—1）。作为以贸易立国的国家，保持与中国的关系已变得越来越重要。当然，这也产生了韩国经济上靠中国、安全上仍然要靠美国的困境。根据峨山政策研究院 2016 年 3 月 22—24 日进行的调查，韩国受访者中有 64.1% 的人认为中国在经济方面有最大的影响（只有 27.5% 的人选择美国）；但在政治影响力方面，50.9% 的人选择了美国，而只有 35.2% 的人选择中国。[①] 这一困境与认识将在长期内影响韩国的外交。

表 5—1　　　　　韩国对中、美贸易额变化（单位：千美元）[②]

年份	中国			美国		
	出口	进口	收支差额	出口	进口	收支差额
2000	18454539	12798727	5655812	37610630	29241628	8369001
2001	18190189	13302675	4887514	31210795	22376225	8834569
2002	23753585	17399778	6353806	32780188	23008439	9771748
2003	35109715	21909126	13200588	34219401	24814365	9405036

① Asan Poll, *South Koreans and Their Neighbors*：*2016*, the Asan Institutes for Policies Studies, p. 17.

② 韩国海关数据（http：//www. customs. go. kr/kcshome/trade/TradeCountryList. do）。

续表

年份	中国			美国		
	出口	进口	收支差额	出口	进口	收支差额
2004	49763175	29584874	20178301	42849192	28782404	14066788
2005	61914983	38648188	23266794	41342584	30585836	10756747
2006	69459178	48556674	20902503	43183502	33654140	9529361
2007	81985182	63027801	18957380	45766102	37219300	8546801
2008	91388900	76930271	14458628	46376610	38364782	8011827
2009	86703245	54246055	32457189	37649853	29039450	8610402
2010	116837833	71573602	45264230	49816057	40402691	9413366
2011	134185008	86432237	47752771	56207702	44569029	11638673
2012	134322564	80784595	53537968	58524558	43340961	15183597
2013	145869498	83052876	62816621	62052487	41511915	20540572
2014	145287701	90082225	55205475	70284871	45283253	25001617
2015	137123933	90250274	46873658	69832102	44024430	25807672
2016	124432941	86980159	37452781	66462311	43215929	23246382

三　后六方会谈时期

在朝核问题通过六方会谈得到有效管理、有效推进之际，韩国出现政权更迭并因此发生了政策的变化。2008 年 2 月，保守的大国家党候选人李明博出任韩国新一任总统。简单地说，李明博政府的对朝政策就是"凡是卢武铉的政策都不行"（Anything but Roh Moo-hyun），认为过去十年的对朝和解合作政策失败，而实行无条件的对朝援助使得韩国在朝韩关系上失去了主动权。所以，李明博政府承认保守的卢泰愚政府在 1991年签订的《南北基本协议书》，但不承认进步的金大中、卢武铉政府与朝鲜签订的"6·15 共同宣言"及"10·4 首脑宣言"。[①] 李明博对朝政策的口号是"无核、开放、3000"，即若朝鲜抛弃核武器，韩国将支援朝鲜力争在十年内其人均国民收入达到 3000 美元。但这与朝鲜坚持也为六方

---

① ［韩］文正仁、李春福：《李明博政府的对朝政策：评价与展望》，《中国国际战略评论2009》，世界知识出版社 2010 年版，第 200、201 页。

会谈所肯定的"言语对言语、行动对行动"的同时行动原则不符。另外，李明博对朝鲜人权的批评、加强美韩同盟的举动，都让朝鲜觉得韩国在全面调整对朝政策方针。2008 年 3 月韩国参谋长联席会议议长金泰荣关于对朝鲜核基地进行"先发制人"打击的言论以及 4 月韩统一部长官金夏中关于朝鲜不弃核就不能扩大开城工业园区的讲话，更是引起朝方强烈反应，朝鲜先是驱逐了开城工业园区的韩方官员，后又不断进行导弹发射试验。① 在这种敌对气氛上升的情况下发生了 2008 年 7 月金刚山枪击游客事件，金刚山事业被韩方中断。朝鲜则展开相应报复，如 2008 年 12 月朝鲜国防委员会采取一系列措施，中断开城观光和朝韩间铁道运行，缩小开城工业园区并加强开城工业园区陆路运输的控制。2009 年 1 月 17 日朝鲜军总参谋部发言人宣布将进入对韩全面对决状态，1 月 30 日朝鲜祖国和平统一委员会发表声明，单方面宣布"消除政治、军事对立的协议事项"全部无效，并将废除《南北基本协议书》和附带协议书中的"西海北方界线相关条例"。而韩国也做出一战到底的姿态。② 2009 年 4 月 5 日，朝鲜宣布成功发射"光明星 2 号"试验通信卫星，结果受到联合国安理会的谴责。作为回应，朝鲜于 4 月 23 日宣布退出六方会谈，又于 5 月 25 日宣布当天"成功地进行了一次地下核试验"。朝核问题再次进入恶化轨道。

与此同时出现的中韩政策分歧使得朝核问题的管控变得困难。与对朝政策调整同步的是，李明博"修正了卢武铉政府时期的'亲朝亲中疏美'政策，而转变为'寻求与朝鲜、美国、日本和中国的四边平衡'外交，但是对韩美同盟关系重要性的强调，使得平衡的砝码更向美国倾斜，形成了一个以韩美同盟关系为核心的不规则的四边形"。③ 李明博曾明确宣称，对美外交占韩国外交的 50%，中国只占 20%。④ 他于 2008 年 4 月执政后首次访美时提出了"21 世纪韩美战略同盟"的概念，强调"韩美

① 魏志江：《李明博政府对朝政策调整及其影响》，《现代国际关系》2008 年第 8 期。

② ［韩］文正仁、李春福：《李明博政府的对朝政策：评价与展望》，《中国国际战略评论 2009》，世界知识出版社 2010 年版，第 202、203 页。

③ 王生：《韩国外交的美国情结与现实抉择——接近美国并不会疏远中国》，《东北亚论坛》2008 年第 4 期。

④ 汪伟民：《李明博的外交新思维与中韩关系》，《当代韩国》2008 年冬季号。

同盟应该共享东亚地区乃至全世界层面的战略利益,并以此为基础为全球和平做出贡献"。他在与小布什的会谈中商定取消原定该年年末为止将驻韩美军再精减 3500 人的计划,决定继续保持目前 28500 人的规模。对于对华关系,李明博政府口头上表示韩国绝不会忽视中国,强调中国在朝核问题上的积极作用,中韩两国关系还升级为"战略合作伙伴关系"。但是,李明博政府对美对华的重视程度是远不一样的。他将韩美同盟升格为"价值同盟",并试图在美韩同盟与中韩合作之间"拉开战略上的差距"。① 因此,双方的分歧不可避免地要显露出来。特别是在朝核问题上,中国对金大中、卢武铉推行的阳光政策持赞许态度,对李明博的政策调整明显抱有忧虑。例如,当 2008 年 8 月中国国家主席胡锦涛回访韩国时,韩国表达了想要通过可被称为"无核、开放、3000"新版本的"相生共荣政策"改善南北关系的意愿,但中国还是使用了"和解与合作"的用词,在支持韩国的对朝政策态度上有所保留。② 2010 年相继发生"天安舰事件"和"延坪岛事件"之后,美国立刻宣布将保卫其韩国盟友并要求中国加入谴责朝鲜的行动,而中国却警告美国不要采取过激的军事行动。③ 在中方看来,在天安舰沉没不能确定是否由朝鲜炸毁所致的情况下,草率谴责朝鲜是不妥当的,而且过激行为只会恶化局势。但韩国因此对中国大为不满,中韩关系也不断降温,而美韩关系则进一步增进。

更重要的是,随着奥巴马于 2009 年 1 月底正式就任总统,美国的朝核政策变为消极的战略忍耐。所谓战略忍耐,就是只有朝鲜在核问题上做出可见的让步后,美国才会与朝鲜进行接触;美国不会为朝鲜重返六方会谈提供任何补偿。在《闰日协议》④ 失败之后,奥巴马政府更加坚定了实施战略忍耐的决心。在对外交谈判采取消极态度的同时,美国积极与日本、韩国协调立场,加紧构建美日韩三角同盟,推动国际社会对朝

① ［韩］李熙玉:《国际秩序的变化与中韩关系新面貌》,《韩国研究论丛》2013 年第 1 辑。

② 同上。

③ ［美］保罗·J. 史密斯、刘阿明:《中美合作应对朝核问题的动因与限度——基于国家利益的分析》,《美国问题研究》2015 年第 1 期。

④ 2012 年 2 月 29 日,美朝达成《闰日协议》,旨在以美国的粮食及其他援助换取朝鲜暂停核开发活动的承诺。但次月朝鲜即宣布将进行卫星发射,美朝协议再次失效。

鲜进行经济制裁与外交孤立，以达到迫使朝鲜改变行为的目的。① 2009 年
6 月，在韩国总统李明博对美国访问期间，双方发表的联合声明专门提到
将为韩国提供"包括美国核保护伞在内的威慑力量"，这是自 1953 年朝
鲜战争结束后，美国首次以书面形式确认承诺向韩国提供核保护伞。② 在
这种情况下，中国试图恢复六方会谈的努力，不但遭到朝鲜的抵制，也
在美国那里遭到冷遇。而在中国的战略家看来，美国的这种冷淡态度也
有借机巩固美国在东北亚同盟与军事存在的企图，而这种努力又是牵制
中国崛起的一部分。这一判断也不可避免地影响到中国对朝政策的变化，
加深了朝鲜作为中国战略缓冲区的地缘价值，双方的高层沟通较前更加
活跃起来。2009 年 10 月，中国国务院总理温家宝对朝鲜进行正式友好访
问。之后，金正日分别在 2010 年 5 月、8 月和 2011 年 5 月对中国进行访
问，还于 2011 年 8 月访俄后途经并顺访中国东北地区。朝鲜的孤立事实
上被打破了，与此同时美韩则保持着紧密的同盟关系。在中美韩对朝政
策协调事实上破产的情况下，金正恩上台的朝鲜于 2013 年 2 月 12 日进行
了第三次核试验，朝核问题进一步恶化。

　　2013 年年初朴槿惠和习近平分别就任韩国总统和中国国家主席之后，
中美韩互动一度出现新的变化。朴槿惠意识到李明博强硬对朝、密切靠
美的朝核政策无法解决问题，提出了半岛信任进程（即以坚固的安保为
基础，通过建立韩朝互信，发展韩朝关系，实现朝鲜半岛和平，进而打
下统一的基础），并产生了利用中国加大对朝压力的做法。中国当然乐见
中韩关系改善。2013 年 6 月，朴槿惠率领庞大代表团访华，获得了高规
格的接待。2014 年 7 月，习近平对韩国进行了回访，这是中国领导人就
任后首先访问韩国而不是朝鲜。为了获取中国的支持，朴槿惠还顶着美
国的压力加入了中国发起的亚投行并参加了 2015 年 9 月中国举行的抗战
胜利阅兵仪式。中国是支持韩国半岛信任进程的，但双方在一些政策问
题上仍存在差异。例如，中国坚持使用"半岛无核化"而不是韩国喜欢

---

　　① 刘俊波：《从"战略忍耐"看奥巴马的对朝政策》，《国际问题研究》2010 年第 6 期。
　　② 戴士权：《李明博政府的实用主义外交及其对中韩关系影响初探》，《东北师范大学学报》（哲学社会科学版）2010 年第 4 期。

的"朝鲜无核化",对于六方会谈重启的条件,双方也存在差异。① 朴槿惠在 2014 年新年演讲中提出"统一大发论",也引起了中国的警惕。2016 年年初,朝鲜进行了第四次核试验,中国加入了空前严格的安理会 2270 号决议案。但是,韩国对中国能否严厉对朝施压越来越没有信心。2016 年 7 月 8 日,韩美联合宣布部署中国一直强烈反对、影响中国战略安全的末段高空区域防御(萨德)系统,中韩关系急剧降温,甚至连经济和人文交流也受到严重影响。与此同时,韩国对中国的看法也转趋负面。2016 年有多达 52.5% 的人认为中国是韩国统一的最大障碍,比例较前一年几乎翻倍(峨山政策研究院分别于 2014 年 8 月 20—22 日、2015 年 8 月 11—13 日和 2016 年 3 月 22—24 日进行的调查②)。另外,有 46.3% 的人认为中国应该在解决朝鲜核相关问题方面扮演积极角色③,但只有 35% 的人相信中国将在解决朝鲜核相关问题上采取积极角色④。

2017 年 5 月文在寅取代被弹劾的朴槿惠担任韩国总统后,韩国对中美的政策有所回调。作为前总统卢武铉的密友,文在寅的政策与卢武铉有许多相似之处。文在寅在 2012 年第一次参加总统竞选时曾出版《以人为先》的访谈录,他在书中指出:"李明博时期只注重强化韩美同盟,而与周边外交却被疏远,其中导致中韩关系退步和损坏两国的信任是最大的外交失策。"在 2017 年新的访谈录《大韩民国之问——全新的国家》中,他表示:"我也亲美,但是,当前韩国,对美方的要求进行协商、知道说'不'的外交是必要的。"⑤ 而对于解决萨德危机、恢复对华关系,文在寅展示了更加积极的立场。如前所述,其对朝政策也与中国有颇多共同之处。因此,对于文在寅就任韩国总统后的中韩关系,中国抱有较高期望。在文在寅 5 月 9 日当选韩国总统后,习近平在第一时间向其发贺电。而文在寅也反应积极,在当选韩国总统后第四天就派出代表团到北

---

①　http://www.china.com.cn/international/txt/2013—07/01/content_ 29276855.htm.

②　Asan Poll, *South Koreans and Their Neighbors：2016*, the Asan Institutes for Policies Studies, p.11.

③　Ibid., p.12.

④　Ibid., p.12.

⑤　董向荣、安波:《韩国新总统文在寅:外交如何布局》,《紫光阁》2017 年第 6 期。

京参加"一带一路"高峰论坛。① 但文在寅的对华立场并不想以损害美韩关系为代价。2017年6月28日，文在寅在其上任仅51天后就启程访美，创下韩国总统上任后最快访美纪录。他访美时与特朗普总统共同发表《联合声明》，强调要加强韩美同盟和对朝政策合作。另外，7月28日，朝鲜再次进行洲际导弹试射后不久，文在寅即下达指令立即追加部署剩余的四辆"萨德"发射车。虽然中韩最终就如何解决萨德危机达成了共识，各项交流也开始逐次恢复，文在寅也于2017年12月正式访华，双方关系实现了阶段性改善，半岛局势进入2018年后也开始缓和，但未来仍面临许多变数。其中最根本的当然还是朝核问题，一旦局势再次恶化，如果中韩间不能协调好立场，就不能排除关系再次冷淡甚至交恶、韩国进一步倒向美国甚至部署更多萨德系统的可能性。在那种情况下，中美在半岛的战略竞争也势必进一步加剧。

第三节　冲突管控：中美韩的政策选择

根据本书的理论框架，要管控中美在朝鲜半岛上的可能冲突，首先是支持大国与冲突大国均要实行"隔离"战略：支持大国要明晰对第三方的权利与责任，然后冲突大国应该管控与第三方的冲突。当前，韩国不是中美军事冲突的引爆点，中韩之间没有直接军事冲突的可能。可能的情况是因为朝核问题导致韩朝间发生军事冲突，然后引发中美的军事介入。所以，在这个案例中，中美在冲突管控中的责任是不同的，美国的主要责任是管理好美韩同盟，而中国的主要责任则是与国际社会一起管理朝鲜在核试验与导弹试验方面的可能挑衅。如果朝鲜的行为不能得到有效的管理，中韩可能出现更多利益分歧，进而影响到韩国在中美之间的政策选择，甚至生成新的中美间接结构冲突。与中美相比，韩国在三国互动中并非总是被动的，它有一定的主动性，其政策选择也至关重要。

一　美国与第三方关系的管理

考虑到美韩同盟功能的双重性（遏制朝鲜与牵制中国），即使美国完

① 王俊生：《文在寅政府百日外交新政：差强人意》，《世界知识》2017年第9期。

全没有针对中国的意图，在朝核问题仍然存在的情况下，要解散这一同盟是不可能的。但是，从中美冲突管控的角度看，美国必须弱化同盟牵制中国的功能，并发展这一同盟与中国的对话关系，为最终形成半岛安全机制做准备。如果美韩一直企图保持这一同盟的封闭性，甚至意图建立包括日本但排斥中国的地区同盟体系，那么只会严重恶化中美、中韩之间的互信，加剧地区的不稳定。只有维持同盟的开放性，而不是通过诸如萨德系统部署来强化同盟、牵制中国，中美在朝鲜半岛陷入关系紧张甚至冲突的可能性才会减少。

要做到这一点，从根本上看，取决于中美之间的战略大妥协，即美国不但从言语上而且从行动上，不但从政策上而且从制度上容纳中国的崛起，而中国则承认美国在东亚以一种制度化、长期化的形式存在，并在安全领域发挥重要作用。比如说，美方解散双边同盟，而中国则愿意参加一个包括美国及其现有盟友在内的、以制度而非武力为基础的地区安全机制。考虑到双方间的权力竞争以及信任赤字，要在短期内做到这一点是困难的。但即使目前做不到这一点，从中美冲突管控的角度看，美方也必须抑制利用美韩同盟牵制中国的意图。考虑到核问题的危险性与朝鲜行为的不可预测性，将对华战略竞争与遏制朝鲜威胁混为一谈是极为危险的，这很容易导致中美竞争被朝鲜因素所绑架以及地区局势紧张，反过来增加中美冲突的可能。其原因主要有：第一，美国强化同盟的任何措施都会被朝鲜视为进一步的威胁，从而刺激其进一步发展其核与导弹能力，半岛局势从而进一步升温并脆弱化。第二，在中国感受到战略威胁加重的情况下，朝鲜的地缘缓冲价值势必上升，从而降低中国参与解决朝核问题的积极性。第三，美韩同盟的强化也势必意味着中韩关系的走低。尽管韩方可能坚持强化美韩同盟只是为了应对朝鲜威胁，但在中国看来这种同盟的强化势必有针对中国的成分，韩国的行为无异于选边站。中韩关系的恶化又势必增加双边的摩擦点（从朝核问题甚至扩大到领海划界、渔业争端、经贸纠纷、苏岩礁问题等），从而加剧地区局势的动荡。而美国是韩国的盟国，对其承担着安全上的义务。因此，中韩关系紧张会反过来强化美国因素的卷入，中美在朝鲜半岛发生冲突的可能性走高。

因此，美国应该明智地认识到：在复杂的朝鲜半岛地缘政治形势下，利用美韩同盟牵制中国是危险的。从中美冲突管控与地区安全稳定的角度考虑，应该逐步增加封闭的美韩同盟的开放性，特别是与中国建立起良性合作关系。具体而言，可以通过如下措施来进行：

第一，政治上的功能转移，把对华遏制转变成对华开放。当然，中国无论如何不可能加入美韩同盟，这一是有违中国的不结盟理念，二是在朝核问题没有解决、中朝仍然保持特殊关系的前提下，中国加入与朝鲜保持敌对关系的同盟是不合适的。但是，美韩同盟与中国之间可以建立定期的政治安全对话机制，特别是外长和防长以及工作层面建立定期的对话、交流机制。这些机制不必针对特定的问题，其主要功能是通过不断的互动逐步建立战略互信。

第二，消极层面的行为管理。主要是美韩同盟不采取可能被认为是针对中国的双重功能措施，如部署萨德系统。为了应对朝鲜威胁，美韩同盟势必会进行一定的军事能力部署与建设。但是，考虑到美韩对朝鲜的军事优势，这种军事应对也应该是适当的，不要反过来对朝鲜形成刺激。更重要的是，在强化对朝鲜遏制过程中，应该采取那些单独针对朝鲜而不是有可能用来针对中国的军事能力与活动。例如，相关的军演应该以朝鲜为对象，相关的武器部署也仅限于朝鲜半岛的地理范围。当然，有些军事活动与武力部署可能很难区分是否仅针对朝鲜，或是既针对朝鲜也针对中国。在这种情况下，美韩应该与中国进行充分对话，取得中国的谅解，而不是单方面推进部署。

第三，积极层面的行为建设。针对中国与美韩同盟间现存的严重不信任，除了采取消极的行为管控之外，还应该主动推进有助于双方互信的合作举措。主要包括：（1）推进建立信任措施（CBM），如美韩军队与中国之间的交流、互访，彼此军事透明化，军事行动通报等。（2）加强非传统安全领域合作。在传统安全一时难以突破的情况下，强化双方，特别是中国与美韩在环境、海难、救灾、渔业等领域的合作，这有助于培育共同利益，增进互信。

二　中国与第三方关系的管理

正如第三章所述，朝鲜本身是中美关系中的第三方，它与中国有盟约关系但与美国存在严重的安全对立，其政策走向有可能直接导致中美发生冲突。朝鲜作为朝核问题的最主要变量，其动向将对朝核问题本身以及韩国在中美间的政策选择产生重大影响，因此本章在此处特就与朝鲜关系管理的问题进行分析。而且，在没有单独一章对朝鲜进行案例研究的情况下，在此处论述如何管理与朝鲜的关系，特别是管控朝鲜可能的挑衅行为有重要的现实意义。根据本书第二章的理论框架，在中美朝三边关系中，主要是中国起着支持大国的作用，因此负有对与第三方关系加以管控的主要责任。但是，考虑到中朝同盟的特殊性以及朝核问题起源的复杂性（美国的对朝敌对政策负有很大的责任），管理与朝鲜关系的责任不应该也不可能仅仅由中国承担，美韩也应该承担起自己的责任。

要管理好与朝鲜的关系，就必须深入了解这个民族及政权。很多人认为作为朝鲜最为依赖的国家，中国应该对朝鲜有着特别大的影响力。但事实并非如此，特别是朝核问题的发展历程表明中方对其影响力有限。① 之所以如此，与朝鲜民族及政权的独特性有关。有学者指出："韩民族是一个在漫长的历史中备受侵略的苦难民族，是一个多'恨'的民族。因此，韩民族也是一个非常容易'受伤'的民族，对来自外部世界的任何不公正和歧视非常敏感。"② 在这方面，朝鲜与韩国都是一样的。但朝鲜不同的是，其政权长期孤立于外部世界，而且担心来自任何外部世界的信息与压力削弱其政权。这也就决定了较韩国而言，其他国家更难对其行为产生影响。在军事安全这样被视为朝鲜命脉的领域，朝鲜更是对任何国家的干预与影响都保持高度的警惕。所以，即使当前中国是其几乎唯一的重要合作伙伴，而且历史上有过在朝鲜战争中并肩战斗的经历，以及双方间签订了相当于同盟条约的《友好合作互助条约》，中国要对其施加影响也并不容易。这也是朝核问题拖宕已久，即使中国并不乐意看到朝鲜拥核但仍无法加以制止的重要原因。

要改变这种情况，中国只能从这种现实情况出发，在以下方面逐步增加对朝鲜的影响力。第一，领导人间的个人联系。由于朝鲜实行的是一人化统治，领导人的想法对内政外交极其重要，中国领导人是否以及如何去影响朝鲜领导人的想法也就变得极其重要。这种影响必须建立在

---

① 参见李开盛《中国对朝核问题影响的定量分析》，《世界经济与政治》2007 年第 4 期。

② 詹德斌：《韩民族"恨"的心理特征与韩国外交》，《国际政治研究》2013 年第 3 期。

互动的基础之上。在毛泽东、周恩来、邓小平和金日成之间，以及江泽民、胡锦涛和金正日之间，都通过历史因素和现实互动建立了较密切的个人联系。金正恩自从 2011 年年底当政至 2018 年初，一直没有访问中国，而中国也没有主席和总理级别的领导人访问朝鲜。这种情况固然是中国不满朝鲜的核试验而采取的关系冷淡措施所致，但客观上也损害了中国对朝鲜的影响力。2018 年 3 月底，金正恩实现了对华首访，紧接着又于 5 月访华。中朝领导人在这两次访问中密集互动，中方对朝影响力实现回升，朝鲜半岛的缓和局势也得到了巩固。第二，对朝鲜的贸易与援助。由于受到国际社会的制裁以及韩朝对立，朝鲜的对外贸易严重依赖于中国。加上其国内经济活动困难、能源供应紧缺，来自中国的援助也对其政权生存发挥着至关重要的作用。在这种情况下，贸易与援助可以成为中国影响朝鲜行为的一个手段。但是，多年来的事实证明制裁在促使朝鲜弃核方面是无效的。这一方面是因为其坚定的拥核意愿，另一方面也是因为朝鲜在应对制裁方面有着坚强的承受与修复能力。[①] 因此，要使经济因素对朝鲜行为产生影响，可能就必须抛弃不切实际的目标（马上弃核）以及将制裁与"伸手外交"相结合，主动把朝鲜拉上谈判桌。[②] 第三，两国政府与军队间的正常交流。这种交流对于保持双方信息畅通、建立基本信任以及推动合作十分重要。作为签订《友好合作互助条约》的盟友，本应该还要保持更加密切的军队交流与军事联系，甚至举行联合军事演习。但是，这种盟友关系在一定程度上名不副实，因为两国政府与军队之间不仅没有盟友间的密切合作，彼此交流较中国与其他国家的正常交流甚至还要少很多，而中朝边界可能也是世界上警戒最为严密的几条边界线之一。遵守国际制裁并不意味着要停止与朝鲜的正常交流，如何增加包括两军交流在内的中朝间各领域沟通，仍然有其正当性与必要性。

　　以上分析表明，要管控朝鲜行为，中国就有必要把朝核问题与重塑对朝关系结合起来，而不是因为朝核问题就将对朝关系置于简单化的冷

---

　　① 关于对朝制裁效果，参见林今淑、金美花《评估安理会制裁对朝鲜经济的影响》，《现代国际关系》2016 年第 5 期；李婷婷《以贸易为例：对朝制裁应打破片面强调"中国责任"的误区》，《世界知识》2016 年第 6 期。

　　② 关于伸手外交，参见郝群欢《联合国对朝制裁的效果及其制约因素》，《现代国际关系》2017 年第 5 期。

冻状态,而是应该有一套软硬结合的措施。包括:第一,对两国领导人之间的直接接触持开放态度。这种接触并不意味着对其有关核试验政策的肯定,而是旨在更加直接、更加有效地说服其停止核计划进程。在互不信任根深蒂固的情况下,这样的直接交流对于劝说朝鲜放弃挑衅政策、促使朝鲜认识到中国的坚定态度有好处。第二,在不同的层级推进具体政府与军队部门之间的相互交流,而且不因制裁而损及朝鲜的对外人员交流,以推动其走上正常的对外交流轨道。第三,更加灵活地使用各种手段对朝鲜做工作。除了遵守联合国制裁决议外,在朝鲜拒绝中国提议特别是继续进行核试验与导弹试射的情况下,可以考虑单方面通过缩减贸易与援助手段进行"静悄悄"的压力测试。但如果朝鲜有弃核或冻核的意愿,可以考虑重申《中朝友好合作互助条约》,明确中国对朝鲜的安全义务,承诺给予大规模经济援助。应该承认,在当前中朝关系仍面临挑战以及朝核问题积重难返的情况下,做到上述各点并不容易。中方在这些方面的战略意愿、认识与政策技巧,是实现这些目标的积极变量。

需要注意的是,管控朝鲜的行为的责任并不能仅仅落在中国肩上。而其他方面如美韩对朝鲜行为的管控,也并非仅限于制裁一途。在笔者看来,美韩的政策如果要真正有利于对朝鲜挑衅行为的管控,主要是要做到:第一,在朝鲜未来进行挑衅的情况下,不进行异于常规、多于以往的军事部署和活动。在半岛局势有所好转的时候,或是在有可能推动局势向好转的关键时期,美韩应该降低相应部署与活动的规范,如军演的人数与次数,以及减少具有刺激性目的(如斩首行动)的演习。这样才能不为朝鲜挑衅提供借口或刺激,同时主动推动局势进一步降温,减少朝鲜未来挑衅的可能。第二,在朝鲜进行挑衅后,进行有效、有针对性但非扩大性的反制。特别要强化信息宣示与沟通,避免双方武装力量的直接接触,以免产生误判,引发不必要的冲突甚至战争。第三,或许更重要的是,美韩应该克制自己关于推翻朝鲜政权的想法,并避免向朝鲜传达出任何这类信息。对于政权的不安全感是朝鲜采取挑衅行为的最大动力,因此,美韩克制这类行为有利于消除朝鲜挑衅的动力。目前,美国特朗普政府以及韩国文在寅政府已展示出分别不同于各自前政府的姿态,2017 年 9 月,美国国务卿蒂勒森提出"四不"政策(不寻求朝鲜政权更迭、不寻求朝鲜政权垮台、不寻求半岛的加速统一、不寻求借口越过三八线）就是一个积极的表态。① 第四，避免任何一方在自身的国家利益考虑下单方对朝动武，从而把另一方甚至整个半岛拖入战争状态。第五，尽一切措施与朝鲜开展人文以及非制裁领域的经济交流，以推动朝鲜及其人民与外部建立更好的信任关系。美韩往往基于制裁的目的切断这些交流，从长远来看无疑是不明智的。

三 韩国的政策选择

作为一个美韩同盟的从属者，特别是作为没有战时军队指挥权的国家，韩国奉行独立外交政策的能力常常被低估。毫无疑问，美国在同盟中占据着主导地位。但无法否认的是，如下因素突出了韩国的独立作用：第一，作为自认为的民主国家领袖，美国无法直接通过一个电话左右韩国领导人的决策（就像冷战时苏联领导人对东欧国家所做的那样），而是必须通过双边同盟规定的交流机制（如外长、防长对话，联席会议等）来贯彻自己的意图。除了战时指挥权这一权限与优势外，美国并不享有其他可以指挥韩国的制度性权力。结果，美国对韩国的影响主要是通过优势实力所导致的影响力（可以提供更大的利益或压力），以及制度文化的影响力（韩国精英通常在美国接受教育）来实现的。而一旦韩国政府表现对这些影响力的抵制，美国就毫无他法。事实上，金大中的"阳光政策"与卢武铉的"平衡者"外交都是拂逆美国意愿的。而这些政策后来的失败，也与包括朝鲜核进展在内的整体地缘政治态势有关，并非只是美国反对的结果。第二，韩国是一个有着极强民族尊严感的国家。虽然保守的亲美派一直存在，而且在政坛、舆论界中扮演重要角色。但韩国人普遍对于主权十分敏感，而且民间一直存在反对美军存在的民族主义声音，从而使得韩国对于接受美国的影响十分犹豫。这样的结果就使韩国政府事实上拥有很大的主动权，特别是在不直接与军事相关的政策领域。而且要看到，韩国政府实行的是五年总统一任制，政府与总统的更替较为频繁，这也就导致了国家的外交政策因不同党派不同领导人上台

---

① "Face the Nation September 17, 2017 Transcript: Tillerson, McCain, Burns, Novick," September 17, 2017, CBS NEWS（https：//www.cbsnews.com/news/face-the-nation-september-17-2017-transcript-tillerson-mccain-burns-novick/）.

而频繁发生变化。一般而言，保守政党（如李明博、朴槿惠政府）更加亲美，对朝鲜的政策更为严厉，而进步党派则恰恰相反（如金大中、卢武铉和文在寅政府）。对美、对朝政策往往又影响到对华政策，这就导致韩国在中美间的政策经常发生摇摆。

因此，韩国的主动性不是问题，问题是韩国能否制定一个既有利于自己利益又有利于中美冲突管控的外交政策。韩国十分清楚，中美发生冲突不符合韩国利益。关键的是，如何实现这一点，韩国可能并没有特别想明白。一方面，韩国不希望中美发生冲突，不希望发生韩国被迫在两个大国间选边的情况。但另一方面，韩国许多人认为中美是大国、双方自己应该管理好这种关系，因此常常对中美冲突趋势抱着一种隔岸观火甚至有时试图从中取利的态度，如决定部署萨德就是一个例子。韩国要真正发挥它所自认为的中等强国作用，实现地区的和平稳定，就必须改变这种短视和矛盾的认识，以一种更加积极的态度协助管控中美冲突。这种政策可以包括如下几个方面：

1. 从韩美同盟到中美战略平衡

处理好与不同大国关系是地处地缘政治夹缝中的韩国外交的首要课题。正如韩国学者自己所指出的那样："100 年前的旧韩末时期，我们在国内政变的泥潭中彷徨于中国和日本之间作出选择。一个世纪之后的今天，我们又面临了'中国还是美国'的抉择。"[1] 但事实上，选择的必然结果并不是结盟。对一个处在两个有竞争关系大国中间的第三方来说，如果它与其中一个大国存在不可调和的核心利益之争，那么与另一个大国结盟或许还可以理解。如果并不存在这样的利益冲突，却仍然选择与另一个大国结盟，就有点不明智了。韩国的情况是，它不但没有与中国的核心利益冲突，而且地缘上与中国邻近，在利益上存在重大依赖于中国的地方（中国是其最大贸易伙伴，朝核与统一等议题也少不了中国的支持）。未来中韩可能会因为朝核问题和半岛统一问题而发生重大冲突，但这种情况仍不确定，仍然有很大的可塑性。在这种情况下选择向美国

---

① 金大中：《夹在中国霸权主义和美国保护主义之间的韩国》，2016 年 8 月 2 日，韩国日报网（http：//cnnews. chosun. com/client/news/viw. asp？ cate ＝ C08&mcate ＝ M1001&nNewsNumb ＝ 20160845590&nidx ＝45591）。

一边倒是很不明智的。有一些韩国人可能有需要遏制中国崛起的想法，这是极其危险的。例如，"首尔大学一位教授称，中国批评美国的霸权，但中国正在美国化，正在变成美国式的霸权国，因此韩国将来更需要加强韩美同盟。韩国与中国在历史上就有很长时间的朝贡关系，中国再次崛起，韩国在外交领域里肯定会更加不舒服。韩国只有靠近美国，而且我们也发现这对中国很奏效"。[①] 当然，大部分人韩国可能会坚持，与美结盟并非为了对付中国，而是为了遏制朝鲜。但是，在美国有以美韩同盟牵制中国意图的情况下，不管韩国主观意图如何，其选择强化与美同盟的客观结果就是把自己置于中国的对立面，特别是在一些行为明显（如萨德）有对付中国企图的情况下。

笔者并不是主张韩国退出美韩同盟，在朝核威胁没有解决的情况下，这种期待是不现实的。而是主张：第一，像前述分析的那样，韩国应该与美方一起把同盟的对象明确而且以一种可以让中国信服的方式集中在朝鲜，尽可能地限制在战略、武器部署与军事行动方面那些可能针对中国的行为。第二，在外交战略上奉行有限平衡战略，平等地与各个大国发展关系。有些韩国专家也曾强调，韩国政府应在中国和美国之间保持更平衡的角色，而不是一味追随美国。[②] 金大中、卢武铉时期的韩国战略更加接近于大国平衡战略，事实上也取得了不错的效果，那段时期也是朝核问题最为平静、取得明显进步的时期。但是这一政策没有得到美国的支持，因为美国认为它保护韩国免受朝鲜的威胁，作为交换，韩国也应该支持美国对中国的战略牵制。有鉴于此，韩国应该与美国加强战略沟通，说明利用半岛形势对华牵制危险性太大，同盟应该明确专门针对朝鲜可能的威胁。在美朝之间，韩国可以奉行选边站的同盟策略，但在中美之间，韩国还是应该保持均衡者角色。正如前言，通过均衡来维持和平是脆弱和短暂的。但对于仍然选择与美国结盟的韩国来说，能够实行均衡政策已是前进了一大步。当然，要推动韩国在管控中美冲突中发

---

① 董向荣、李永春、王晓玲：《韩国专家看中国——以中韩关系为中心》，《现代国际关系》2011 年第 5 期。

② 董向荣、王晓玲、李永春：《韩国人心目中的中国形象》，社会科学文献出版社 2012 年版，第 176 页。

挥更大的作用，奉行平衡政策还只是第一步，最终还有赖于其他政策的跟上。

2. 以地区合作推动中美战略竞争缓解

与迅速的经济发展相比，东北亚的地区合作（尤其是在政治安全领域）十分落后。正如第三章所分析的那样，整个东亚地区呈碎片化格局，东北亚尤甚。因此，抛开特定的国家视角，推进东北亚的地区合作是促进地区稳定与和平的根本任务。而对于在历史上就受害于地区大国相互竞争的韩国而言，推动致力于地区一体化的合作有利于保障其安全与和平，也是根除朝核问题、消除美韩同盟中针对中国功能的根本性解决办法。这一目标意味着，韩国应该积极扮演制度的推动者与信息认知的沟通者的角色，因为中美、中日间的权力竞争关系，由它们中任何一国来推动地区合作都肯定会受到对方的反对。而对韩国来说，它推动东北亚地区合作有某种相对优势。第一，它既是美国的盟国，也与中国保持着总体良好的关系。第二，在相互竞争的中日之间，它也由于处于比较中间的角色而相对更易为两国所接受。目前，韩国在推动中日韩地区合作中发挥了特殊的作用，中日韩合作秘书处也设在首尔。第三，作为具有一定经济实力与外交资源的中等强国，韩国也具备这样做的物质条件与影响力。尽管要实现目标并不容易，但关键还是韩国是否有此战略认识，并开始为此而进行长期的努力。

如果能够在东北亚建立某种地区安全合作机制，那么中美就实现了某种形式的制度化共处，从而在一定程度上化解了地区权力竞争危机，也就有利于避免双方由权力博弈走向冲突，或者是将权力博弈导入一种制度化处理的渠道，即双方通过规则博弈的方式竞相在地区安全制度中追逐自己的利益，或提升自己的影响力。显然，这一地区机制不但应该包括中美和韩国，日本、朝鲜甚至是蒙古国也应该包括在其中。六方会谈曾是一个很好的基础，在会谈顺利时不少人开始谈论在会谈基础上建成一个地区安全机制的可能性。随着会谈的长期停滞以及朝核问题的日益严重，这样的前景看起来似乎相当渺茫，但作为一种规范性前景仍不能放弃。而且，朝核问题越是趋于严重，越是有可能到变化的临界点。一旦局势发生重大变化，仍然需要相关各方坐下来讨论如何管理局势的问题。有远见的领导人将把握住这样的机会，推动一种临时的机制上升为一种相对固定的地区安全机制。事实上，"一战"后的国际联盟和"二战"后的联合国，都是在重大危机之后的结果。要在朝鲜半岛上抓住类似的机会，就需要预作规划与筹谋。2018 年半岛局势缓和再度提供了这样的机会，能否抓住这个机会则取决于相关国家领导人的政治决心与智慧。而韩国作为在美朝间穿梭的关键角色，在推动以地区安全机制从根本上解决朝核问题方面可以发挥更大的作用。在建立地区安全机制以前，韩国还可以推动现有美韩同盟体制与中国之间的对话与交流，在中美之间搭起更多制度化的沟通桥梁，以减少中美之间的消极互动，维系和增进中美之间的稳定与和平。

3. 奉行理性务实的对朝政策

在朝核问题上，朝鲜与美国是最主要的博弈方，而韩国与中国的作用也十分重要。韩国的影响力相对中美来说可能弱一点，而且朝鲜一直追求跨过韩国的对美外交。但是，韩国的作用由于以下几方面的因素而不可忽视：第一，朝韩和解的推动者，朝韩和解是化解朝核问题的重要条件，而韩国作为当事方，其作用无可替代。2018 年初以来出现的半岛局势缓和，就与文在寅执着推动对朝接触有直接的关系。第二，朝核谈判的实施方，如果谈判达成协议，很可能要为朝鲜提供对朝援助以作为其弃核的补偿，而韩国是不可缺少的援助提供方。第三，关键否决者，即韩国对重大决策（对朝动武或谈判）拥有事实上的否决权，作为同盟国的美国也无法无视其立场。第四，局势的可能破坏者，即韩国有能力破坏其不想看到的结果，如李明博时期，韩国通过强硬的对朝政策破坏了和解气氛与谈判进程。

需要注意的是，韩国的外交决策特别是对朝政策反映了其民族性中的一面（在这一点朝鲜韩国作为同一民族有共同之处），那就是行为决绝，变化幅度大，有时不太考虑长期后果。这部分是因为，韩民族是一个在漫长的历史中备受侵略的苦难民族，是一个多"恨"的民族。因此，韩民族也是一个非常容易"受伤"的民族，对来自外部世界的任何不公正和歧视非常敏感。① 但这种敏感心态对于理性外交是不利的，在极其复杂而且危险的东北亚地缘政治中，韩国奉行一种理性的对朝政策至关重

① 詹德斌：《韩民族"恨"的心理特征与韩国外交》，《国际政治研究》2013 年第 3 期。

要，要避免政策的情绪化与极端化。回顾韩国应对朝核问题的历程，其政策大致有两派：一是金大中与卢武铉时期的对朝缓和政策，二是李明博时期和朴槿惠政府的对朝强硬政策。从实际的执行情况来看，这两种政策均有其问题。对朝和解政策的大方向是正确的，关键是缺少可以制约朝鲜挑衅的相关政策与有力措施，以及往往难以取得美国的充分谅解与配合。现在看来，当时金大中和卢武铉的政策可能过于理想主义。而对朝强硬政策表面看上去能够给朝鲜以遏制，但事实上往往刺激朝鲜从事进一步的挑衅措施。从李明博和朴槿惠政策的事实后果看，他们的政策其实恶化了局势，把朝鲜推向更加难以逆转的拥核进程。文在寅政府上台后，有把这两种政策结合起来的趋势，并取得一定进展。最终能否成功，关键在于能否坚持对朝和解的大方向，同时保留有效的对朝遏制手段，并在这个过程中同时取得中美的合作：在与朝和解方面要取得美国的谅解，而在有效遏制朝鲜方面则要取得中国的支持。这种政策可能相对复杂，它不但要求韩国政府始终秉持理性的态度，而且还要能够克服民间的各种情绪化的声音与意见，需要相当有力的政治基础、成熟的政策设计与外交技巧去实现它，也是检验其是否能够真正作为中等强国而发挥外交作用的重要标志。

结　语

韩国与中国、美国之间都没有直接的重大安全利益冲突，而且与双方都维持着比较好的关系：它是美国的军事盟友，是中国的战略合作伙伴。当前，它没有在中美间导致间接结构冲突，但可在中美冲突管控中发挥关键的作用，这主要是因为：第一，朝核问题的变化以及韩国对中美在解决朝核问题上作用的认识，使得韩国对中美政策经常发生变化，这种变化影响到中美在半岛上的势力消长与互动；第二，作为具有较强经济实力与一定国际影响力的中等强国，而且是与中美均建立起较强联系的国家，具有在某些议题与场合下协调中美关系、促进中美冲突管控的能力与条件。而对韩国自身来说，管控好中美冲突也是解决好朝核问题、维护自身安全与国际地位的必要前提。特别是朝核问题，它之所以能够延续至今并且越来越严重，在很大程度上是因为其利用了中美间的战略矛盾。如果韩国能够推动中美缓解战略矛盾，将有利于从根本上缓解和解决朝核问题，同时为其自身国际地位的提升提供筹码和创造空间。

朝核问题的恶化还增加了处理好中美竞争中韩国因素的紧迫感，因为中韩一旦在朝核问题与半岛统一上出现立场的完全对立，那么韩国将可能引发新的中美间接结构冲突。因此，我们必须有足够的战略预防，通过对美韩同盟的积极调整、对朝核问题的有效管理和韩国的主动角色，推动实现中美冲突管控。当前的关键问题是：韩国应该改变自身对于外交的认识。它希望作为中等强国发挥作用，但又不愿意蹚中美竞争的"浑水"。它迫切地希望解决朝核问题，但又对导致这一问题难以解决的中美战略矛盾充耳不闻。这在很大程度上因为其民族性格、外交文化与战略认识。对此，韩国必须以理性、综合性思维考虑问题，把自己利益与地区稳定结合起来，承担起自己的责任，以积极的姿态参与到中美冲突管控中来。基于此，韩国最起码的是要摆脱那种一味依靠美韩同盟的姿态，在中美之间奉行有限平衡的政策。同时，最好是能够进一步扮演制度推动者与观念沟通者的角色，以地区合作的方式推动中美在东北亚实现持久的制度化共存，这是将其自身利益与中美和平结合起来的根本之道。

结 论

　　中美关系的发展有起有落，人们的评价也时好时坏。但不管在什么时候，都没有彻底消除中美发生武力冲突的可能性。特别是在中美实力日益接近而美国的世界霸权仍然稳固之际，中美冲突的可能性仍将按照传统政治逻辑而进一步增加。但无论中美关系如何发展，一个显然不同于以往的事实是，中美之间经济上相互依存、通过核武器相互威慑。而且，从民族特性与历史过往的经验来看，两个国家都没有那种为了地理与权力上的扩张而不惜武力相向的军国主义传统。因此，美国不想与中国作战，而中国也不想与美国陷入军事冲突之中。① 这一复杂的背景迫使我们既要正视中美潜在冲突的现实，也要看到两个大国探索良性共处、和平竞争的可能。

　　为实现这一可能，就需要对如何管控中美冲突进行更加广泛而务实的探讨。考虑到多数研究都关注中美之间的直接结构冲突，本书将重点放在间接结构冲突即因为第三方而触发的中美结构冲突上来。以前的研究虽然也探讨第三方因素，但主要是把中美冲突放在一个双方互动的角度下进行分析，把第三方仅仅当作一个工具性的、从属性的变量。而本书强调第三方的主动作用，并通过三边关系的框架对中美冲突进行分析。笔者认为，相较之下，间接结构冲突更为常见，因为中美对于直接冲突均持极其谨慎的态度。而且它更为复杂，因为参与间接结构冲突的行为体更多，其过程更难控制。为了对这一冲突进行深入的理解，本书试图

---

　　① Bo Zhiyue, "Could the South China Sea Cause a China-US Military Conflict?", May 27, 2015 (http: //thediplomat. com/2015/05/could-the-south-china-sea-cause-a-china-us-military-conflict/) .

为该冲突的起源和管控建立一个理论框架。根据这种框架，间接结构冲突的来源是：第三方国家与中美其中一个大国（冲突大国）存在重大安全利益冲突，而与另一个大国（支持大国）保持安全同盟。这使得中美陷入一种间接的结构矛盾：冲突大国不愿意舍弃自己的安全利益而与第三方对抗，而支持大国则由于安全义务而需要支持第三方。由于当前的国际规范与中美竞争态势赋予第三方以充分的主动性，中美很容易被拖入一种非预期的冲突中来。从管控中美冲突的角度看，需要第三方通过扮演力量平衡者、制度推动者和观念沟通者而发挥作用。考虑到大国力量对比总是处于变化之中，第三方发挥后两种角色对于推动大国间的持久和平更加重要。

中美间接结构冲突在东亚尤其严重，主要是因为美国在东亚拥有广泛的双边同盟体系，而中国则与一些东亚国家存在重大的安全利益争端。而且，民族主义赋予东亚国家以更大的自主性，而东亚地区的碎片化则给它们创造了发挥更大作用的空间。另外，正如有学者所指出的那样，东亚国家与中国或美国之间的一些安全条约或约定实际上使得这些地区国家得以"把手指放在扳机上"。① 但东亚国家在中美关系中所扮演的现实角色是不同的。除了引发中美间接结构冲突的第三方（主要是日本、朝鲜和菲律宾），还有不少第三方国家作为其他角色而介入中美冲突之中。其一是作为关键因素的第三方，即没有引发结构性冲突，但要么地处关键位置而为中美所看重，要么与两个大国的地缘竞争议题密切相关，从而对中美竞争产生关键影响的国家，它们主要有韩国、越南、新加坡和印尼。其二是作为次要因素的第三方，即既没有引发结构性冲突，也没有对中美竞争产生持续的重要影响，但可能在某些议题、领域或特定情况下影响到中美关系的国家，它们主要是缅甸、蒙古国、泰国、马来西亚、柬埔寨、老挝等。这些国家在不同程度上影响了中美竞争，有些可能还能够为促进中美冲突管控发挥积极作用。特别是其中作为美国盟友的韩国，如果它与中国在朝核问题上的立场走向完全对立，那么就有可能与中国出现重大安全利益冲突，从而成为中美间接结构冲突的新的

---

① Amitai Etzioni, *Avoiding War with China*, Charlottesville and London：University of Virginia Press，2017, p. 85.

引发因素。

　　面对这种间接结构冲突，中美以及相关第三方都应该予以积极的正视和应对。避免中美两个大国间的冲突，不但有利于地区的稳定与和平，也有利于它们各自的利益。

　　对于中美两个当事大国来说，应该积极将第三方与中美竞争相"隔离"、管理好与第三方关系。对此书中已有充分论述，这里需要再次强调的是，作为具有结构性权力竞争关系的新老大国，中美需要以一种真正包容的心态实现和平、良性共存——不但在全世界，而且要在双方视为关键的东亚地区。只有反对任何一个单一大国统治地区的尝试，中美才有可能从战略怀疑走向战略保证（strategic reassurance），并建立起新型大国关系。[①] 这样做并非是否认两国战略竞争的现实，以及在新老权力变迁中无原则地和稀泥，而是希望将两个国家的竞争置于一个更加开放、和平的框架之内。当前的美国毫无疑问需要中国在东亚安全方面发挥积极作用，而即使今后中国取代美国成为世界头号大国，它也需要美国继续在东亚扮演一个稳定的角色。避免"修昔底德陷阱"的共同利益，解决诸如朝核等地区性安全议题的共同需求，以及应对非传统安全威胁的共同挑战，使战略合作而非竞争成为中美未来的理性选择。战略竞争无法避免，但应该也可以通过一种和平、有规则的方式进行。在笔者看来，最理想的方式就是一种地区机制内的和平竞争：建立一个包括中美在内的地区政治安全机制，双方均在这一机制的框架内开展活动。这一机制不排除各自可以建立其他的地区性合作关系，但这种合作关系不应该与这一机制相违背。在这样一种机制之下，第三方与大国间的冲突关系将得以协调，而同盟关系则变得没有必要，间接结构冲突也才会从根本上得以清除。要做到这一点，就需要中国对地区政治安全机制构建抱以更加积极的心态，而美国则要改变对东亚双边同盟体系的过时迷恋，双方都把重点从当前的权力竞争转移到未来的（地区）制度竞争上来。

　　第三方国家也应该为此而扮演重要的角色。东亚的第三方国家与中美两国都有着不同程度的联系，对它们来说，如何在中美冲突管控中发

---

① Suisheng Zhao, "A New Model of Big Power Relations? China‑US strategic rivalry and balance of power in the Asia‑Pacific," *Journal of Contemporary China*, Vol. 24, No. 93, 2015, p. 391.

挥作用，主要的挑战还不是能力问题，而是认识与心态问题。从心态上看，有些东亚国家可能试图利用中美矛盾为其牟利，因此对于中美矛盾甚至分歧采取一种事实上"乐观其成"的态度。但这些国家没有意识到的是，中美关系既有隐性的分歧与矛盾，也有深厚的共同利益与合作基础。对第三方来说，任何试图利用甚至挑动中美矛盾以从中渔利的做法可能带来一时之利，但最终往往伤及自身，因为地区欠稳定势必要涉及第三方。第三方的抗损害能力较低，甚至有可能成为敌对大国的首要打击对象。从认识上看，一些第三方国家由于过度强调国力的作用而贬低了自身的主动能力。但至少对那些与现有某一大国结盟的国家而言，如果它能够选择有限平衡政策，在中美之间奉行更加客观的政策与立场，将有助于缓解中美间接结构冲突。另外，即使第三方国家在权力对比方面不占优势，它们还可以在制度构建、观念沟通方面发挥更加主要的作用。而且，根据本书的分析，后两个角色其实较权力平衡者更加重要。这就需要东亚国家，尤其是那些在中美冲突中扮演结构性或关键性因素的国家，它们如果能够致力于自己在地区制度构建与管理方面的能力建设，深入而且平衡地理解、对待两个大国间的分歧，就能够在管控中美冲突方面做出重要的贡献。

参考文献

一　中文

蔡鹏鸿：《越美关系新动向及其影响》，《当代世界》2015年第8期。

蔡鹏鸿：《中美海上冲突与互信机制建设》，《外交评论》2010年第2期。

曹玮：《搁置外交——解决领土争端问题的外交理念新探索》，《太平洋学报》2011年第1期。

常书：《印度尼西亚南海政策的演变》，《国际资料信息》2011年第10期。

陈庆鸿：《菲律宾军事现代化及其前景》，《国际资料信息》2012年第8期。

陈旭：《国际关系中的小国权力论析》，《太平洋学报》2014年第10期。

戴秉国：《坚持走和平发展道路》，2010年12月7日，人民网（http://politics. people. com. cn/GB/1026/13417144. html）。

戴石、顾纯磊：《从李光耀到李显龙：新加坡对华外交策略的变化与困局》，《江苏社会科学》2017年第2期。

戴士权：《李明博政府的实用主义外交及其对中韩关系影响初探》，《东北师范大学学报》（哲学社会科学版）2010年第4期。

丁原洪：《乌克兰危机的历史经纬与现实启示》，《和平与发展》2014年第2期。

董向荣、安波：《韩国新总统文在寅：外交如何布局》，《紫光阁》2017年第6期。

董向荣、李永春、王晓玲：《韩国专家看中国——以中韩关系为中心》，《现代国际关系》2011年第5期。

董向荣、王晓玲、李永春：《韩国人心目中的中国形象》，社会科学文献出版社 2012 年版。

董柞壮：《联盟类型、机制设置与联盟可靠性》，《当代亚太》2014 年第 1 期。

方拥华：《中菲关系的回顾与展望》，《东南亚》2005 年第 4 期。

高飞：《简评中国处理领土争端的原则及理念》，《外交评论》2008 年第 5 期。

谷名飞：《马来西亚的国防外交策略与中马安全合作前景》，《东南亚纵横》2015 年第 7 期。

郭锐、凌胜利：《民族主义与韩国外交政策》，《世界经济与政治论坛》2010 年第 3 期。

郭锐、王箫轲：《中韩海洋权益纠纷问题与我国的应对之策》，《国际关系研究》2013 年第 2 期。

郝群欢：《联合国对朝制裁的效果及其制约因素》，《现代国际关系》2017 年第 5 期。

胡安琪：《2014 年新加坡：政治、经济与外交》，《东南亚研究》2015 年第 2 期。

胡德坤、黄祥云：《美国在中日钓鱼岛争端上"中立政策"的出来与实质》，《现代国际关系》2014 年第 6 期。

黄瑶、黄明明：《中韩与中越渔业协定及其实施的比较分析——兼论中韩渔业冲突解决之道》，《中山大学法律详论》第 2 辑。

江涛：《美国重返亚太背景下的中泰关系》，《华侨大学学报》（哲学社会科学版）2014 年第 2 期。

金甲品：《阳光政策的本质和评价》，《韩国学论文集》第十辑，辽宁人民出版社 2003 年版。

鞠海龙：《中菲海上安全关系的突变及其原因与影响》，《国际安全研究》2013 年第 6 期。

李敦球：《十五年来中韩关系发展的回顾与瞻望》，《韩国研究论丛》第十六辑，世界知识出版社 2007 年版。

李金明：《美济礁事件的前前后后》，《南洋问题研究》2000 年第 1 期。

李金明：《中菲南海争议的由来与现状》，《海交史研究》2013 年第 1 期。

李军：《试析卢武铉政府的"均衡者外交"》，《现代国际关系》2005 年第
　　12 期。

李开盛：《地区国际主义与中国东亚外交》，《外交评论》2008 年第 3 期。

李开盛：《东北亚地区碎片化的形成与治理——基于折中主义的考察》，
　　《世界经济与政治》2014 年第 4 期。

李开盛：《军事存在与无核化：美国朝核政策浅析》，《美国研究》2009
　　年第 4 期。

李开盛：《论碎片化状态下的东北亚竞合困境》，《太平洋学报》2014 年
　　第 9 期。

李开盛：《认知、威胁时滞与国家安全决策》，《世界经济与政治》2004
　　年第 10 期。

李开盛：《中国对朝核问题影响的定量分析》，《世界经济与政治》2007
　　年第 4 期。

李少军：《大国何以开展小国外交?》，《社会观察》2013 年第 12 期。

李婷婷：《以贸易为例：对朝制裁应打破片面强调"中国责任"的误区》，
　　《世界知识》2016 年第 6 期。

李显荣：《说说抵近侦察那些事儿》，《世界知识》2014 年第 14 期。

李益波：《奥巴马政府时期美国与印尼的军事安全合作》，《美国研究》
　　2016 年第 1 期。

李益波：《浅析美柬关系的新变化》，《现代国际关系》2014 年第 11 期。

李优坤：《马哈蒂尔外交中的"说"和"做"》，《东南亚》2006 年第
　　3 期。

李拯宇、千玉兰：《韩国走向"全球外交"》，《瞭望》2008 年第 9 期。

廖小健：《冷战后中马关系的互动与双赢》，《当代亚太》2005 年第 4 期。

林今淑、金美花：《评估安理会制裁对朝鲜经济的影响》，《现代国际关
　　系》2016 年第 5 期。

凌胜利、郭锐：《反美主义与韩国外交政策》，《辽东学院学报》（社会科
　　学版）2011 年第 1 期。

刘飞涛：《浅析美国对日本历史问题态度的变化》，《国际问题研究》2007
　　年第 3 期。

刘丰：《美国的联盟管理及其对中国的影响》，《外交评论》2014 年第

6 期。

刘江永：《地缘政治思想对中美日关系的影响》，《日本学刊》2015 年第 3 期。

刘俊波：《冲突管理理论初探》，《国际论坛》2007 年第 1 期。

刘俊波：《从"战略忍耐"看奥巴马的对朝政策》，《国际问题研究》 2010 年第 6 期。

刘卿：《美越关系新发展及前景》，《国际问题研究》2012 年第 2 期。

刘卫东：《新世纪中的中美日三边关系》，中国社会科学出版社 2014 年版。

刘艳峰、邢瑞利：《印尼外交战略演进及其南海利益诉求》，《南洋问题研 究》2016 年第 2 期。

陆建人主编：《东盟的今天与明天：东盟的发展趋势及其在亚太的地位》， 经济管理出版社 1999 年版。

骆永昆：《浅析马来西亚外交战略的发展及其特点》，《和平与发展》2013 年第 5 期。

吕春燕、徐万胜：《试析韩日情报合作的进展、促因与影响》，《和平与发 展》2017 年第 1 期。

吕平：《奥巴马执政时期美国对独岛争端的控管研究》，《东疆学刊》2017 年第 4 期。

马博：《杜特尔特"疏美亲中"政策评析：国家利益与个人偏好》，《国 际论坛》2017 年第 4 期。

马德义：《苏联对普韦布洛号事件的低调政策》，《西伯利亚研究》2009 年第 2 期。

马立国：《从地缘政治角度看冷战后中蒙关系》，《学术探索》2013 年 9 月。

马仲可：《金大中"阳光政策"的两难处境与当前的朝鲜半岛形势》， 《东南亚研究》2002 年第 4 期。

门洪华：《建构中国东亚秩序战略的框架》，《国际观察》2015 年第 1 期。

聂慧慧：《越共十二大以来越南政治、经济与外交形势》，《国际研究参 考》2017 年第 2 期。

祁怀高、石源华：《中国的周边安全挑战与大周边外交战略》，《世界经济与政治》2013 年第 6 期。

钱春泰：《中美海上军事安全磋商机制初析》，《现代国际关系》2002 年第 4 期。

郗清良：《小国大外交——新加坡大国平衡战略的形成与演变》，《东南亚纵横》2005 年第 1 期。

秦亚青：《权力·制度·文化：国际关系理论与方法研究文集》，北京大学出版社 2005 年版。

阮宗泽等：《中美新型大国关系：挑战与契机》，中国国际问题研究所研究报告第 1 期，2013 年 9 月。

邵冰：《韩国"新亚洲外交构想"的实施及其前景》，《理论观察》2011 年第 2 期。

申林：《蒙古"第三邻国"外交析论》，《当代世界》2013 年第 4 期。

沈定昌：《韩国外交政策的发展过程及其变迁原因》，《韩国学丛书》第九辑，中山大学出版社 2011 年版。

沈红芳：《菲律宾外交政策的演变和主要对外关系》，《南洋问题》1983 年第 8 期。

沈志华：《毛泽东、斯大林与朝鲜战争》，广东人民出版社 2013 年版。

石维有：《冷战以来中泰关系的巨大变化及其决定因素》，《玉林师范学院学报》（哲学社会科学版）2005 年第 6 期。

时永明：《菲律宾军事基地问题与菲美关系》，《国际问题研究》1991 年第 6 期。

宋清润、倪霞韵：《中美在缅甸问题上的分歧与合作展望》，《亚非纵横》2012 年第 6 期。

苏日毕合：《蒙美关系探析——从蒙古国"第三邻国"的视角》，《内蒙古民族大学学报》（社会科学版）2014 年第 4 期。

苏若林、唐世平：《相互制约：联盟管理的核心机制》，《当代亚太》2012 年第 3 期。

孙西辉、金灿荣：《小国的"大国平衡外交"机理与马来西亚的中美"平衡外交"》，《当代亚太》2017 年第 2 期。

谭红梅：《韩国近三届政府对朝政策演化特点及实效评析——以"阳光政策"与"实用主义政策"考察为中心》，《社会科学战线》2011 年第

4 期。

汪伟民：《李明博的外交新思维与中韩关系》，《当代韩国》2008 年冬季号。

王传剑：《从"双重遏制"到"双重规制"——战后美韩军事同盟的历史考察》，《美国研究》2002 年第 2 期。

王帆：《联盟管理理论与联盟管理困境》，《欧洲研究》2006 年第 4 期。

王帆：《美国对华战略底线与中美冲突的限度》，《外交评论》2011 年第 6 期。

王辑思、〔美〕李侃如：《中美战略互疑：解析与应对》，北京大学国际战略研究中心，2012 年 3 月。

王嘉伟：《冷战后美国对蒙古外交战略的影响》，《国际研究参考》2016 年第 8 期。

王俊生：《文在寅政府百日外交新政：差强人意》，《世界知识》2017 年第 9 期。

王生、罗肖：《国际体系转型与中国周边外交之变：从维稳到维权》，《现代国际关系》2013 年第 1 期。

王生：《韩国外交的美国情结与现实抉择——接近美国并不会疏远中国》，《东北亚论坛》2008 年第 4 期。

王晓飞：《新加坡大国平衡外交研究（1965—2014）——基于现实主义均势理论的视角》，云南大学博士学位论文，2015 年 3 月。

韦长伟：《冲突化解中的第三方干预研究综述》，《甘肃理论学刊》2011 年第 2 期。

魏志江、姜秀敏：《卢武铉的和平繁荣政策及其对中韩关系的影响》，《东北亚论坛》2006 年第 1 期。

魏志江：《李明博政府对朝政策调整及其影响》，《现代国际关系》2008 年第 8 期。

吴白乙：《中国对"炸馆"事件的危机管理》，《世界经济与政治》2005 年第 3 期。

吴浩：《越战时期美国与菲律宾的同盟关系——以美菲两国围绕菲律宾出兵越南问题的交涉为例》，《南洋问题研究》2015 年第 2 期。

吴心伯：《反应与调整：1996 年台海危机与美国对台政策》，《复旦学报》

（社会科学版）2004 年第 2 期。

谢晓光、岳鹏：《小国挑战大国的原因与策略》，《国际政治科学》2013
　　年第 4 期。

谢益显主编：《中国当代外交史》，中国青年出版社 1997 年版。

徐祖迎：《公共冲突管理中的第三方干预》，《理论探索》2011 年第 2 期。

叶建军：《美国应对"反进入和区域拒止"战略评析》，《现代国际关系》
　　2011 年第 6 期。

于志强：《佐科治下印度尼西亚的外交政策：回归务实和民族主义》，《东
　　南亚纵横》2015 年第 7 期。

余起芬编：《国际战略论》，军事科学出版社 1998 年版。

俞亚克：《战后菲美关系概论》，《东南亚》1987 年第 12 期。

岳平：《越南大国平衡外交呈现新特点》，《世界知识》2017 年第 13 期。

詹德斌：《韩民族"恨"的心理特征与韩国外交》，《国际政治研究》
　　2013 年第 3 期。

张慧智、于艇：《朴槿惠政府的东北亚外交政策新课题》，《东北亚论坛》
　　2014 年第 1 期。

张洁：《南海博弈：美菲军事同盟与中菲关系的调整》，《太平洋学报》
　　2016 年第 7 期。

张景全、潘玉：《美国"航行自由计划"与中美在南海的博弈》，《国际
　　观察》2016 年第 2 期。

张景全：《从同盟机制角度看美国对日本历史问题的态度》，《当代亚太》
　　2006 年第 9 期。

张培锋：《析乌克兰的平衡外交》，《今日东欧中亚》1997 年第 6 期。

张瑞昆：《从老挝看美国"重返"东南亚》，《东南亚之窗》2010 年第
　　1 期。

张沱生、[美] 史文主编：《中美安全危机管理案例分析》，世界知识出版
　　社 2007 年版。

张沱生：《中美撞机事件及其经验教训》，《世界经济与政治》2005 年第
　　3 期。

张锡镇：《中泰关系近况与泰国社会厌华情绪》，《东南亚研究》2016 年
　　第 3 期。

赵伟东、彭颖：《美国力促中美海警达成"海上相遇行为准则"探究》，《公安海警学院学报》2016 年第 4 期。

中国南海研究院：《美国在亚太地区的军力报告》，时事出版社 2016 年版。

周明：《择日再来：回首"普韦布洛"号事件》，《国际展望》2003 年第 6 期。

周琦、李开盛：《中越关系的两个面向及其"张力"》，《湘潭大学学报》（哲学社会科学版）2011 年第 6 期。

朱锋：《南海主权争议的新态势：大国战略竞争与小国利益博弈——以南海"981"钻井平台冲突为例》，《东北亚论坛》2015 年第 2 期。

《超越分歧，走向双赢——中美智库研究报告（中方）》，2017 年 5 月 22 日。

《中美关于海空相遇安全行为准则谅解备忘录》，2014 年 12 月 6 日，中国国防部网站（http：//www. mod. gov. cn/regulatory/2014—12/06/content_4617799_ 3. htm）。

［澳］休·怀特：《中国抉择：美国为什么应与中国分享权力》，樊犇译，世界知识出版社 2013 版。

［古希腊］修昔底德：《伯罗奔尼撒战争史》，谢德风译，商务印书馆 2007 年版。

［韩］李熙玉：《国际秩序的变化与中韩关系新面貌》，《韩国研究论丛》2013 年第 1 辑。

［韩］朴仁辉：《国际开发援助与韩国的外交战略：以国家利益为中心》，《当代韩国》2009 年秋季号。

［韩］文正仁、李春福：《李明博政府的对朝政策：评价与展望》，《中国国际战略评论 2009》，世界知识出版社 2010 年版。

［加］江忆恩：《文化现实主义：中国历史上的战略文化与大战略》，朱中博、郭树勇译，人民出版社 2015 年版。

［美］保罗·J. 史密斯、刘阿明：《中美合作应对朝核问题的动因与限度——基于国家利益的分析》，《美国问题研究》2015 年第 1 期。

［美］威廉森·默里、［英］麦格雷戈·诺克斯、［美］阿尔文·伯恩斯坦编：《缔造战略：统治者、国家与战争》，时殷弘等译，世界知识出版

社 2004 年版。

［美］Brantly Womack：《美国与中越关系》，陈海峰译，《东南亚纵横》2008 年第 12 期。

［美］阿拉斯泰尔、伊恩·约翰斯顿、罗伯特·罗斯：《与中国接触——应对一个崛起的大国》，新华出版社 2001 年版。

［美］艾利森、［美］布莱克威尔、［美］温尼编：《李光耀论中国与世界》，中信出版社 2013 年版。

［美］汉斯·J. 摩根索著，肯尼思·W. 汤普森修订：《国家间政治——寻求权力与和平的斗争》，徐昕、郝望、李保平译，中国人民公安大学出版社 1990 年版。

［美］肯尼思·华尔兹：《国际政治理论》，上海人民出版社 2003 年版。

［美］理查德·罗斯克兰斯、［美］史蒂文·E. 米勒主编：《下一次大战?："一战"的根源及对中美关系的启示》，陈鑫、程旸译，新华出版社 2016 年版。

［美］刘易斯·邓恩主编：《构建长期稳定、合作的中美战略关系》，中美专家"二轨"联合研究成果，2012 年 12 月。

［美］陆伯彬：《中国海军的崛起：从区域性海军力量到全球性海军力量?》，赵雪丹译，《国际安全研究》2016 年第 1 期。

［美］罗伯特·L. 扬布拉德：《"新社会"下的菲美关系》，《南洋资料译丛》1977 年第 12 期。

［美］罗伯特·阿特：《美国大战略》，郭树勇译，北京大学出版社 2005 年版。

［美］罗伯特·基欧汉、约瑟夫·奈：《权力与相互依赖》，北京大学出版社 2002 年版。

［美］罗伯特·基欧汉：《霸权之后——世界政治经济中的合作与纷争》，苏长和、信强、何曜译，上海人民出版社 2001 年版。

［美］罗纳德·塔门、亚采克·库格勒：《权力转移与中美冲突》，《国际政治科学》2005 年第 3 期。

［美］沈大伟主编：《纠缠的大国：中美关系的未来》，丁超、黄富慧、洪漫译，新华出版社 2015 年版。

［美］斯蒂芬·沃尔特：《联盟的起源》，周丕启译，北京大学出版社

2007 年版。

［美］沃尔特·拉塞尔·米德:《美国外交政策及其如何影响了世界》,曹化银译,中信出版社、辽宁教育出版社 2003 年版。

［美］小约瑟夫·奈:《理解国际冲突:理论与历史》,张小明译,上海人民出版社 2012 年版。

［美］亚历山大·温特:《国际政治的社会理论》,秦亚青译,上海人民出版社 2000 年版。

［美］詹姆斯·多尔蒂、小罗伯特·普法尔茨格拉夫:《争论中的国际关系理论》(第五版),世界知识出版社 2003 年版。

［日］米原谦:《现代日本的民族主义》,崔世广译,《日本学刊》2013 年第 3 期。

［新］黄朝翰:《中新关系前景:新加坡面临的新挑战》,《河南师范大学学报》(哲学社会科学版) 2014 年第 1 期。

［新加坡］卢姝杏:《新加坡的外交原则及其对华政策 (1990—2010)》,《东南亚研究》2011 年第 5 期。

［英］克里斯托弗·科克尔:《大国冲突的逻辑:中美之间如何避免战争》,卿松竹译,新华出版社 2016 年版。

［英］尤尔根·哈克:《中美在缅甸的地缘政治竞争》,王梓元译,《中国与世界》第三辑,中国社会科学出版社 2013 年版。

二 英文

Aaron L. Friedberg, "The Future of U. S. -China Relations: Is Conflict Inevitable?" *International Security*, Vol. 30, No. 2, 2005.

Aileen Baviera, "Changing Dynamics in Philippines-China-US Relations: Impact of the South China Sea Disputes," in Mingjiang Li, Kalyan M. Kemburi eds. , *New Dynamics in US-China Relations: Contending for the Asia Pacific*, London: Routledge, June 2014.

Aileen San Pablo-Baviera, "Waltzing with Goliath: Philippines' Engagement with China in Uncharted Waters," *Chinese Studies Journal*, Vol. 10, 2013.

Amitai Etzioni, *Avoiding War with China*, Charlottesville and London: University of Virginia Press, 2017.

Andrew Browne, "U. S. Gambit Risks Conflict With China," May 13, 2015, http: //www. wsj. com/articles/u-s-gambit-risks-sucking-it-into-conflict-with-china-1431505129.

Anne-Marie Gardner, "Diagnosing Conflict: What Do We Know?" Fen Osler Hampson, David M. Malone eds. , *From Reaction to Conflict Prevention: Opportunities for the UN System*, Lynne Rjenner Publisher, Inc. , 2002.

Asan Poll, *South Koreans and Their Neighbors: 2016*, the Asan Institutes for Policies Studies, 2016.

Bonnie S. Glaser, "Conflict in the South China Sea," New York: council on Foreign Relations, April 2015.

Charles Lockhart, "Flexibility and Commitment in International Conflicts," *International Studies Quarterly*, Vol. 22, No. 4, 1978.

Cheng-Chwee Kuik, "The China Factor in the U. S. 'Re-Engagement' with Southeast Asia: Drivers and Limits of Converged Hedging," *Asian Politics & Policy*, Vol. 4, No. 3.

Chyungly Lee, "Conflict Prevention in Northeast Asia: Theoretical and Conceptual Reflections," Niklas Swanström ed. , *Conflict Prevention and Conflict Management in Northeast Asia*, Central Asia-Caucasus Institute and Silk Road Studies Program, 2005.

David C. Gompert, Astrid Stuth Cevallos, Cristina L. Garafola, *War with China: Thinking Through the Unthinkable*, the RAND Corporation, Santa Monica, Calif. , 2016.

David Martin Jones, Nicholas Khoo, M. L. R. Smith, *Asian Security and the Rise of China*, Cheltenham: Edward Elgar, 2013.

Elbridge A. Colby, Abraham M. Denmark, John K. Warden, *Nuclear Weapons and U. S. -China Relations: A Way Forward*, Washington D. C. : Center for Strategic and International Studies, March 2013.

G. John Ikenberry, "Between the Eagle and the Dragon: America, China, and Middle State Strategies in East Asia," *Political Science Quarterly*, Vol. 131, No. 1, 2016.

Gilbert Rozman, "The North Korean Nuclear Crisis and U. S. Strategy in Northeast Asia," *Asian Survey*, Vol. 47, No. 4, July/August 2007.

Helen Clark, "Get Ready, China: Is a U. S. -Vietnam Alliance Possible?" June 6, 2015, http://nationalinterest. org/blog/the-buzz/get-ready-china-us-vietnam-alliance-possible-13062.

Hillary Rodham Clinton, *Hard Choices*, New York: Simon & Schuster Paperbacks, 2014.

Ian Storey, *Southeast Asia and the Rise of China: The search for security*, London and New York: Routledge, 2011.

James Dobbins, David C. Gompert, David A. Shlapak, Andrew Scobell, *Conflict with China: Prospects, Consequences, and Strategies for Deterrence*, RAND Corporation, 2011.

Jay L. Batongbacal, "The 2012 Scarborough Shoal Standoff: A Philippine Perspective," *Chinese Studies Journal*, Vol. 10, 2013.

Jenny Lin, "Navigating US-China Relations: Complicated by China's 'Unrelenting Strategy'", *PacNet*, No. 15, Pacific Forum CSIS, March 5, 2013.

Joel R. Campbell, "US Foreign Policy towards Northeast Asia", *PERCEPTIONS*, Winter 2012, Volume XVII, Number 4.

John J. Hamre, "Overview: An American Perspective on US-China Relations," *Joint US-China Think Tank Project on the Future of US-China Relations: An American Perspective*, July 2017.

Kei Koga, "The rise of China and Japan's balancing strategy: critical junctures and policy shifts in the 2010s," *Journal of Contemporary China*, Apr 18, 2016.

Kenneth Lieberthal, Wang Jisi, *Addressing U. S. -China Strategic Distrust*, The John L. Thornton China Center at Brookings, 2012.

Kenneth N. Waltz, "Nuclear Myths and Political Realities," Marc A. Genest ed., *Conflict and Cooperation: Evolving Theories of International Relations*, Beijing: Peking University Press, 2003.

Kenneth N. Waltz, "The Origins of War in Neorealist Theory," *The Journal of Interdisciplinary History*, Vol. 18, No. 4, 1988.

Michael D. Swaine et al. , *China's Military & The U. S. -Japan Alliance in 2030: a strategic net assessment*, Washington, DC: Carnegie Endowment for International Peace, 2013.

Michael Green, Kathleen Hicks, Mark Cancian eds. *Asia-Pacific Rebalance 2025: Capabilities, Presence, and Partnerships*, CSIS Report, January 2016.

Michael J. Green, Richard C. Bush, Mira Rapp-Hooper, "Asia-Pacific Security Issues in the U. S. -China Relationship," *Joint US-China Think Tank Project on the Future of US-China Relations: An American Perspective*, July 2017.

Michael S. Chase, Timothy R. Heath, Ely Ratner, "Engagement and Assurance: Debating the U. S. -Chinese Relationship," November 5, 2014, http://nationalinterest. org/feature/engagement-assurance-debating-the-us-chinese-relationship-11608.

Mingjiang Li, Kalyan M. Kemburi, eds. , *New Dynamics in US-China Relations: Contending for the Asia Pacific*, London: Routledge, 2014.

National Security Strategy of the United States of America, December 2017.

Niklas L. P. Swanström, Mikael S. Weissmann, *Conflict, Conflict Prevention and Conflict Management and beyond: a conceptual exploration*, Central Asia-Caucasus Institute & Silk Road Studies Program, Washington D. C. : Johns Hopkins University, Summer 2005.

Noel M. Morada, *Multilateralism and Regional Order: Essays on Major Power Relations and East Asian Security*, National Defense College of the Philippines.

Paul French, *North Korea: State of paranoia*, London and New York: Zed Book, 2014.

Peter Wallensteen, "Northeast Asia: Challenges to ConflictPrevention and Prevention Research," Niklas Swanström ed. , *Conflict Prevention and Conflict Management in Northeast Asia*, Central Asia-Caucasus Institute and Silk Road Studies Program, 2005.

Raymund Jose G. Quilop, "Preventive Diplomacy in the Asia Pacific: Challenges and Prospects for the ASEAN Regional Forum," *Asian Studies*, Volume 38, Number 2, 2002.

Renato Cruz De Castro, "The 21st Century Philippine-U. S. Enhanced Defense Cooperation Agreement (EDCA): The Philippines' Policy in Facilitating the Obama Administration's Strategic Pivot to Asia," *The Korean Journal of Defense Analysis*, Vol. 26, No. 4, 2014.

Renato Cruz De Castro, "Weakness and Gambits in Philippine Foreign Policy in the Twenty-first Century," *Pacific Affairs*, Vol. 83, No. 4, December, 2010.

Renato Cruz De Castro, "The Philippines' Futile Efforts in Conducting an Equi-Balancing Strategy with an Emerging Dragon and a Soaring Eagle," *SPARK-the key link between IDEAS and ACTION*, 2014.

Renato De Castro, "The Philippines Confronts China in the South China Sea: Power Politics vs. Liberalism-Legalism," *Asian Perspective*, Vol. 39, 2015.

Robert Farley, "3 Ways China and the U. S. Could Go to War in the South China Sea," June 6, 2015, http://nationalinterest.org/feature/3-ways-china-the-us-could-go-war-the-south-china-sea-13055.

Robert Lyle Butterworth, "Do Conflict Managers Matter? ——An Empirical Assessment of Interstate Security Disputes and Resolution Efforts, 1945—1974," *International Studies Quarterly*, Vol. 22, No. 2, 1978.

Ronald J. Fisher, "Methods of Third-Party Intervention," Berghof Research Center for Constructive Conflict Management, April 2001.

Russell Ong, "China's Strategic Competition with the United States," New York: Routledge, 2012.

Simon Jackman et al., "The Asian Research Network: Survey on America's role in the Asia-Pacific," United States Studies Centre at the University of Sydney, June 2016.

Suisheng Zhao, "A New Model of Big Power Relations? China – US strategic rivalry and balance of power in the Asia – Pacific," *Journal of Contemporary China*, Vol. 24, No. 93, 2015.

Thomas Lum, *U. S. -Philippines Security Ties, Military Relations, and Contert-*

errorism Cooperation, Congressional Research Service.

US DoD, *Asia-Pacific Maritime Security Strategy*, August, 14, 2015.

Vinod K. Aggarwal and Min Gyo Koo, "An Institutional Path: Community Building in Northeast Asia," in G. John Ikenberry and Chung-in Moon, eds. , *The United States and Northeast Asia: Debates, Issues, and New Order*, New York: Rowman & Littlefield Publishers, Inc. , 2008.

致　谢

　　本书系国家社会科学基金项目"中美东亚冲突管控机制研究"的成果，也是我主持的"周边外交系列"丛书的一部分。它最终得以完成并出版，离不开多方面的支持与帮助。

　　在向国家社科规划办公室申报这一项目时，我曾犹豫多时，是本人所在单位——上海社会科学院国际问题研究所——的领导刘鸣常务副所长的坚持与推动，才使得我下定申报的决心并得以幸中。在研究开展的过程中，我决定以菲律宾和韩国为案例，对第三方在管控中美东亚冲突方面的作用进入深入研究。2015 年，我有幸得到国家留学基金委员会的资助，赴菲律宾大学亚洲中心访学半年，其间曾与许多菲律宾学者交流，到一些地方访问。Aileen Baviera、Ivy Ganadill、Chito Sta Romana、Roland Simbulan、Ulrich Rotthoff 等许多菲律宾朋友给我以重要帮助，没有他们，我不可能顺利完成对菲律宾的调研行程。2016 年，我受韩国峨山政策研究院之邀，得到了半年的访学机会。在韩期间，咸在凤、崔刚、李在贤、James Kim、车在福、金兴圭、李正男、Leif-Eric Easley、赵晓林、洪垠政、朴钟哲、朴鸿绪、具声哲等对我帮助尤多，使我克服了许多学术上、生活上的挑战。尤其要强调的是，我在这两个国家访学、调研的时候，正是两国分别因为南海争端、"萨德"问题而与中国陷入关系僵持甚至恶化的时期，但当地的朋友们并没有因为当时的"国之交"而拒绝"民相亲"，相反给予了我热情的接待，并提供各种交流机会。这种民间的纽带，我想可能较国家间的政治、外交关系更能说明中国与相关周边国家的深厚联系。

　　本书的最后完成，还离不开我的同事们特别是我主持的"一带一路与地区合作机制"智库团队的同事们的支持。这个团队是上海社会科学院创新工程的一部分，成员都由青年科研人员组成。谢谢他们理解与支持我的工作，并积极参与团队讨论，为包括本书在内的系列成果提供了中肯的批评意见与热情的思想火花。许多同事对我主持的这一国家课题的立项、结项以及创新工程团队的运作提供了支持，在此无法将他们的名字一一列出，但对他们的感激之情始终在心。

本书的出版，则要特别感谢中国社会科学出版社的相关领导以及责任编辑赵丽女士。赵女士始终对本书的出版给予大力的推动与热情的支持，没有她的协助，这本书至少不会较快地面世。如果说拙著的出版是因为有一个优秀的"助产士"的话，她当之无愧这个称号。

最后，还要感谢一直支持我工作的朋友与家人。没有他们的爱与奉献，我无法将足够的时间投入到研究之中，自然也就不会有这本书的出现。